博瑞森图书
BRACE

企业阅读 本土实践

管理·人文·生活

企业网络营销系列

快速见效的企业网络营销方法

B2B 大宗B2C

Internet Marketing Method

张进◎著

 中华工商联合出版社

图书在版编目（CIP）数据

快速见效的企业网络营销方法：B2B、大宗 B2C/张进著 .—北京：中华工商联合出版社，2018. 3

ISBN 978-7-5158-2211-2

Ⅰ. ①快…　Ⅱ. ①张…　Ⅲ. ①企业管理－网络营销　Ⅳ. ①F274－39

中国版本图书馆 CIP 数据核字（2018）第 029551 号

快速见效的企业网络营销方法：B2B　大宗 B2C

作　　者：张　进
责任编辑：于建廷　臧赞杰
责任审读：郭敬梅
封面设计：久品轩
责任印制：迈致红
出版发行：中华工商联合出版社有限责任公司
印　　刷：北京兰星球彩色印刷有限公司
版　　次：2018 年 5 月第 1 版
印　　次：2018 年 5 月第 1 次印刷
开　　本：710mm×1000mm　1/16
字　　数：329 千字
印　　张：20. 25
书　　号：ISBN 978-7-5158-2211-2
定　　价：88. 00 元

服务热线：010－58301130
团购热线：010－58302813
地址邮编：北京市西城区西环广场 A 座
19－20 层，100044
http：//www. chgslcbs. cn
E-mail：cicap1202@ sina. com（营销中心）
E-mail：gslzbs@ sina. com（总编室）

本书延续作者第一本书的风格：务实。书中所有内容都是作者本人亲历的实战工作方法和成功的客户案例，而且和第一本书的案例不重复，多为近几年的新客户案例。这些新客户的网络营销数据和截图都取自当时或者是写本书时的网络查询结果。只要读者感兴趣，仍然可以边读本书，边在网上验证这些数据的真实性。这与市面上大多数网络营销书有所不同，那些书的案例要么是世界著名的企业，要么是知名的大型网站，它们的经验很难应用到中小型企业甚至是小微企业身上。本书的数据和案例90%都来自于作者服务的中小型企业。

此书的另外三个亮点是：

（1）实际工作中的小工具也穿插在书中，非常适合中小型企业应用，如网络营销周报表、关键词获取来源分析表、企业网络营销系统流程图等。

（2）本书系统地揭示恶意点击的主要来源和防控方法，值得每个搜索推广从业者借鉴。

（3）专门设置第七章分享作者及其客户在网络营销工作中的经验，全是干货。

本书适合的读者：中小型企业的老板、企业经营者、市场部和销售部工作人员、创业者、网络营销从业者、网络营销学习者……本书适合的企业类型：B2B企业（如一家纸箱厂或一家服务外包公司）、大宗 B2C 企业（如一家汽车维修企业）、B2B + B2C 企业（如一家中央空调销售公司）；不适合的企业类型：电商平台企业、淘宝店、日用消费品企业。

序

2012年6月，我应博瑞森公司之邀，出版了《传统行业如何用网络拿订单》一书，正如当初网络营销给我带来许多惊喜一样，这本书也给我带来了意想不到的收获，不但让我接触到更多的读者和客户，也让我的业务扩展到新的领域。这些读者和客户当中就有世界500强企业SAP公司（全球最大的ERP软件商），我的网络营销团队能够给SAP公司的多个代理商同时提供服务。这种能在同一个行业的几个竞争对手间做数据分析的机会，在网络营销界是很难遇到的，我们因此在网络营销技术上有了更进一步的提高，甚至能很自豪地说：百度，我们发现你也有算不清的时候。另外，ERP软件行业里不缺IT和网络高手，甚至是黑客，有着比其他行业更恶劣的网络生存环境，网站被黑、广告被恶意点击、网站排名难于登天……我们正是在这种条件下总结出超强的添力战法，让这些代理商立于不败之地并不断壮大。几年来，我也零星地把部分工作经验和成功案例发表在我的博客和汇编书中，积累到今天需要再写一本书奉献给广大读者。

书名最初是《B2B企业的网络营销》，B2B企业比较好理解，这些企业的产品是另一些企业需要的，如机械设备、包装制品等，也可称为工业品企业；或者是这些企业的服务对象是另一些企业，如企业管理咨询公司、厂房装修公司、商务礼品公司等，也可称为企业服务机构。但这样的命题无法包括我的几个 B2C 企业客户，我把这些企业称为大宗 B2C 企业，其特点是企业的产品与服务确实面向家庭个人，不同于一般的 B2C 业务（如在京东、淘宝上开展的日用消费品零售业务）、大宗 B2C 业务，由于金额高、服务复杂、周期长等特点，个人客户仍需要像 B2B 企业的采购员一样学习相关业务知识和流程，认真筛选合适的服务商。这种 B2C 企业所采用的网络营销方法跟 B2B 企业大致相同，主要是以搜索引擎营销为主，如汽车销售、培训、留学、家用设备维修、家装、投资理财、医疗美容等行业。而且大宗 B2C 企业的网络营销成功案例似乎比传统的 B2B 企业更精彩，所以最终把书名定为《快速见效的企业网络营销方法：B2B 大宗 B2C》。

最后，感谢博瑞森公司再次为我出书，感谢我的团队对出书工作的大力支持，感谢我的读者和客户提供的大量数据，感谢我的家人对于写书占用大量家庭生活时间的理解。

快速见效的企业网络营销方法：B2B 大宗B2C  

第一章

企业最需要的网络营销形式：简单实用

第一节　网络营销概念的变迁

有不少在 20 世纪 80 年代末 90 年代初学图书情报专业的大学生，最终从事了网络营销行业，最具代表性的就是百度 CEO 李彦宏（1991 年毕业于北大图书情报专业）。想想也对，那个时代只有这个专业离现在的网络和搜索引擎最近。我也是 1991 年毕业于南京农大的图书情报专业，依稀记得当时的课程有：分类、检索、索引、数据库、打字、关键词等，这些理论和基本功在日后的网络营销工作中得到应用和发挥，大学的课程其实就是为以后的网络时代做准备的。

20 世纪 90 年代中期，我第一次创业开办的是广告公司，那时唯一能开展的网络营销是邮件营销，但凡我们收集到的企业样本和名片上有邮箱的，我们就把自己的公司简介以邮件方式发给对方。20 世纪 90 年代末，国内终于有了像样的综合门户网站，多为各地方电信局建立的地方门户网站，主要向网民提供新闻和论坛服务。我那时也是西安古城热线（陕西电信局创办的地方门户网站）的一名编辑，当时各地的门户网站并不需要盈利，只需要吸引人们上网就行，这样电信就可以收取高昂的流量费。非电信系统的门户网站以新浪、网易为代表，它们确实需要自负盈亏，吸引更多的浏览量后就可以卖广告了，这才有了真正意义上的网络营销。我们今天仍能见到的软文广告、banner 图广告、正文关键词广告等都是从那个时候发展起来的。

由于当时的网速很慢，网络广告多以图片和文字形式呈现，营销观念还是传统的线下媒体思维，新浪更像是办在线上的报纸：门户网站上的各种广告图对应的是线下的户外广告、报纸广告；门户网站上的软文广告对应着线下的报纸软文广告；分类信息广告对应着线下的大黄页和电话号码本；邮件群发广告对应着线下的邮寄广告；企业官网的内容对应的是企业的宣传册和样本……只有论坛的互动，算是独立的线上思维，也是自媒体和黏性营销的雏形，当下在微信、QQ 上使用的主要营销手段，在早期的论坛上也能看到。2000 年前后，第一代门户网站大多经营不下去了，单靠把线下的媒体搬到线上，走入了死胡同，直到 google 的横空出世，才迎来了搜索引擎营销的兴旺和行业门户网站的大发展。

我第一次听说有关 google 营销是在 2003 年，当时我还在西安从事广告印刷业务，北京的一个朋友给我打电话说："张进，到北京来做印刷业务吧，我知道你会经营网站，你就建一个印刷厂的网站，能在 google 上拿到不少的订单。"我当时已经决定去上海发展，2004 年年初，我在西安为上海的包装厂做筹备工作，系统地使用 google 寻找上海的供应商。那时的供应商大多没有企业网站，只是在一些 B2B 平台上设立了免费的或者是付费的店铺，我通过这些店铺选择合适的供应商。

这些 B2B 平台以阿里巴巴、慧聪为代表，算是第二代门户型网站。大多数第一代门户型网站的消亡是因为它们拿网络当报纸经营，既要养许多编辑，又想拿到广告大单，这两项都很难。而二代门户型网站在这两点上完全不同，网站内容主要是由企业和网民提供，站长只需要审核和引导，人员成本大大降低，甚至一个站长可以经营多个行业门户网站；广告位也被拆分成个人和小微企业可以接受的低价格，甚至是免费的。加上有了外部的搜索引擎（如 google、百度、雅虎）和内部的搜索引擎（如阿里巴巴站内的搜索引擎），网民更喜欢使用这些行业平台寻找产品和供应商，于是这些平台有了长足的发展。

2005 年 5 月，我当时还是包装厂的厂长，第一次建设了吸塑包装厂网站，做了简单的 SEO 优化。仅仅半个月，就有客户通过 google 找到我们的网站并来公司洽谈合作。我当时也在各种相关的行业平台上发布免费信息。凭借这个网站的自然排名和行业平台上的免费信息，就能让我的业务咨询不断。

2007 年起，只通过不花钱的 SEO 和灌水开展线上业务越来越困难，因为不管是在 google 还是百度上，搜索结果中广告总是占据着最好的位置。我也不得不用起了付费的 google 和百度的搜索推广，同时也成为阿里巴巴的付费会员——诚信通。

早在 2006 年，陆续有些企业找我来做网站推广。到了 2008 年，有一个玩具贸易商不但需要我做企业网站的 SEO，还需要我帮他们经营淘宝店。到了 2009 年，随着淘宝业务增多，我不得不辞去厂长的工作，专心带团队做网络营销和淘宝店的经营。2010 年，当天猫商城出现时，我们也开了天猫玩具专营店。2013 年，由于种种原因，我们又退出了电商行列，专注于向 B2B 企业提供网络营销服务。

2013 年，当我的团队把搜索引擎营销应用得炉火纯青时，微营销成了营销界的热门话题。我的一些老客户问我为什么不给他们提供微营销服务，我反问他们："你去看看微营销的成功案例，有没有一例类似你们这些企业的?"确实没有。我的一位客户不信，认认真真地经营了一年的微信订阅号，0 订单成绩，当然品牌形象作用是有的，可谁又能拿这种无形的成果去考核网络营销工作呢？不久，微营销做得最火的个人消费品微店也出现了危机，面膜微店由于涉嫌传销、卖假货，一夜之间成了过街老鼠。我也在微信群营销上做过努力，确实还有成单（见第八章第十一节）。但从工作效率上讲，不如搜索引擎营销简单、有效。

回顾我这 20 多年的经历，算是中国网络营销发展史的一个缩影。网络营销在 20 多年的发展历程中是个不断变化的概念：先是 20 世纪 90 年代中期的邮件营销，再是由 20 世纪 90 年代末的门户网站广告唱主角。21 世纪初，网络界刮起门户网站建设热潮，与企业相关的 B2B 网站（如阿里巴巴）成为营销的主战场。与此同时，人们习惯了用 google 查找信息，搜索引擎营销成了中小型企业的营销主角。2005 年前后，百度取代了 google，成为中国最强的搜索引擎，博客营销也成了时代的宠儿。2010 年前后，行业门户网站的大爆发、分类信息网站的成熟、微博的崛起，让企业有了更多选择的同时，也让我们更茫然。对于还有零售业务的企业，诱惑更多：淘宝网、团购网、分销平台、京东、1 号店……今天，手机端营销、微信营销也来凑热闹。到底该选哪个？谁才是企业最有效的营销工具？越新的网络营销手段就越好吗？……

这些问题都会在接下来的章节里得到解决。

第二节　网络营销“总”当时：早起的鸟儿有食吃

经常有老板问我：“你看我的企业什么时候开始做网络营销最合适。”我一律回答：“越早越好。”

（1）网络竞争对手越来越多。2005 年，我在一家吸塑厂开始做网络营销时，没有花一分钱的广告费，而业务咨询每天不断，当时全国范围内做网络营销的吸塑厂只有几家。现在同样的一家吸塑厂，每月花 1 万元广告费也达不到当时的效果。道理很简单，做网络广告的吸塑包装厂多了，估计全国有上千家，僧多肉少。以后只会越来越多，所以当你想做网络营销时，就应立刻动手。

（2）准入门槛越来越高：10 年前做百度搜索推广，个人只要掏钱就能开户，也不需要各种证明，甚至没有企业网站也能做。现在做百度搜索推广，门槛很多。首先，企业要有独立的网站，网站又必须经过工信部和公安部双重备案。其次，百度要求必须有移动端网站。最后，还要证明公司在正常运转，而不是个空壳公司……随着网络市场的规范，门槛只会多，不会少，所以早做可以少些麻烦。

（3）成本只会越来越高：我刚开始做百度搜索推广时，“吸塑”一词每点击一次，广告费用只有 0.3 元，现在要 20 元左右，其他行业也是如此。如果给你 30 万元的网络广告费，让你有两种选择：一种是在一年内把钱花光；另一种是分三年把钱均匀花光。在其他因素都相同的情况下，第一种选择的效果更好，因为到了第二年，10 万元的广告费只相当于第一年 5 万元广告费的效果，第三年的 10 万元广告费可能只有第一年 2.5 万元的效果。越早做网络营销，你是在省钱。

（4）手段越来越复杂：在2005年，我通过网站的SEO优化，就让我的业务不断。同样那一年，有的吸塑厂只做google或者百度搜索推广，有的吸塑厂只会发布免费信息，有的吸塑厂只做了阿里巴巴的诚信通会员，也同样业务不断。现在单靠一种网络营销手段很难奏效，必须综合应用好几种手段，才能达到合理的投入产出比。以后还要结合微信甚至更新的网络手段，系统会变得越来越复杂。所以，早点做网络营销，会让事情变得简单些。

（5）网络资源越来越稀缺：2005年，吸塑行业有网络营销意识的企业只有几家，我抢注了一批与吸塑行业相关的域名，如www. xisuwang. com（吸塑网的拼音）、www. xisuchang. com. cn（吸塑厂的拼音）、www. paoke. net（吸塑包装的一种产品，泡壳的拼音）、www. xisumo. net（吸塑模具）、www. xisuji. org（吸塑机的拼音）……这些域名目前都被各工厂使用，它们的网站自然排名要优于其他吸塑厂。一是因为注册得早，二是因为域名里都含有关键词的拼音。现在如果哪个吸塑厂想注册类似的域名就很难了，而且新的域名要等很久才能有好的排名，这也是大家都抢老域名、短域名的原因。很幸运，我们公司在2015年抢到了一个四个字母的域名：www. tist. com. cn（注：我们公司叫上海添力网络科技有限公司，取公司英文Tianli Internet Scince Technology的首字母）。看到这里，如果你心动了，不如直接行动，抢几个跟你们公司相关的、有价值的域名。

网络资源的稀缺不仅仅表现在域名上，也表现在广告位上。2016年以前百度搜索结果页最多可以有18个广告位，而现在只有5个了。资源稀缺还体现在网络管理越来越规范，免费的广告越来越少。以百度知道为例，栏目刚建立之初，回答结果中可以吹嘘一下，留企业的电话、网址；而现在只要有企业的任何信息，肯定审核不通过。如果一个百度知道账户总是发广告，就会直接被拉入黑名单，永远处于回答不采纳的状态。所以，越早做网络营销，资源越多。

（6）网络营销见效周期越来越长：2005年，我第一次做网络营销，从建网站到第一个客户进来，前后只有15天，如果你当时用其他手段做营销，作用也是立竿见影。现在如果一个企业主想做网络营销，建一个PC端+移动端网站，少则两个月，多则半年。接下来还需要找一个网络营销的操盘手，要么雇一个，要么外包给第三方，这也需要点时间；域名注册、网站备案、开通广告账户，也需要一个月以上的时间；新网站的内容和大量免费信息，能在百度上有排名也需要几个月的时间……现如今要做网络营销，没有一年半载不会有明显的效果，以后这个周期只会长不会短。所以，早做网络营销见效快。

（7）企业网络防护盾牌需要长时间打造：不断有企业找我们解决负面信息的问题，有的是被对手抹黑，有的被应聘者泄愤。但我确实做不到立刻帮他们删除，只能说用更多的正能量信息把这些负面信息压制到不起作用的地步。但这需要时间，需要前期大量地发布企业信息，再等百度收录，然后把这些负面信息挤到搜索结果的后面几页。这个时间少则三个月，多则一年半载。而对于已经系统地做过几年网络营销的公司，这些负面信息压根不起作用，这些负能量的人需要付出高昂的代价去抹黑，他们要么知难而退，要么是在做无用功。鉴于企业的网络防护系统需要长期打造，所以越早做网络营销，风险越小。

综上所述，本节我之所以用《网络营销“总”当时》的标题，是因为不管你的行业在线上竞争多么激烈，赶紧去做网络营销，相对于以后再做总是省成本的，也是对的。

第三节　网络营销从公司起名开始

一家公司从成立的第一天起，就要起许多名字：公司名、标志名、商标名、产品名、网名、网站名、微博名、微信名、企业订阅号名等。对于注重起名的老板，一般都会找专业人士或者是创意公司帮助起名，但很少有人会找网络营销师帮忙，事实上，公司的各种名字对于公司的网上业务影响很大。

我于2004年来到上海，在一家工具进出口公司旗下的包装厂当厂长，公司老总为包装厂起名“上海泰瑞机械设备有限公司”。从字面上看和包装没有任何关系，当然他有自己的想法，希望这个厂今后能组装出自有品牌的工具。但我于2005年在网上开展吸塑包装业务时很尴尬，经常有新客户打电话咨询时，质疑卖设备的公司怎么做吸塑包装，甚至常常有买吸塑包装设备的人找到我们，以为我们是卖设备的。我只好在网上把公司名改成“上海泰瑞吸塑包装厂”，改过后咨询量有所增加，而且业务也很对口。在我离开这家公司后，我的继任者朱厂长也干了三年后，与别人合伙成立了一家吸塑包装厂，名字就叫“上海泰瑞吸塑包装厂”。别以为这个名字只是借用了以前公司的网络宣传资源这么简单，在百度上分别搜索“上海吸塑包装厂”和“浦东吸塑厂”，搜索结果的首页一般都会有百度地图，你会看到图 1－1 和图 1－2 的结果。

在上海市搜索上海吸塑包装厂_百度地图

A 上海泰瑞吸塑包装厂　全景
地址：上海浦东新区申江南路6650-1号
电话：021-68150278,1...
B 上海雄英吸塑包装厂　全景
地址：中国上海市上海市南汇区横沔新...
电话：4006115220
C 上海裕恒吸塑包装公司　全景
地址：民唐路780弄1临
D 上海顺捷吸塑包装公司　全景
地址：上海市奉贤区
查看全部16条结果>>
map.baidu.com

图 1－1　在百度搜索“上海吸塑包装厂”的搜索结果首页地图展现效果

在上海市搜索浦东吸塑厂_百度地图

A 上海平桥吸塑包装制品厂　全景
地址：周祝公路1785
电话：(021)58152095
B 上海泰瑞吸塑包装厂　全景
地址：上海浦东新区申江南路6650-1号
电话：021-68150278,1...
C 上海港日吸塑机箱厂
地址：沈中路125
D 上海雄英吸塑包装厂　全景
地址：中国上海市上海市南汇区横沔新...
电话：4006115220
查看全部4条结果>>
map.baidu.com

图 1－2　在百度搜索“浦东吸塑厂”的搜索结果首页地图展现效果

也就是说，这家公司如果在网上不做任何宣传，仅仅靠好的公司名就能接到订单。

时下，最流行的微信公众平台也涉及起名的问题。自 2014 年第四季度，微信升级到 5.4 版本后，微友就可以利用搜索功能查找企业的微信公众号，比如我想在微信上找一家广告公司，在微信上搜索到的公众号如图 1－3 所示。

图 1-3　在微信公众号里搜索“上海广告公司”的搜索结果首屏展现效果

第一条搜索结果是卖发票的，第二条是没有认证的个人，很有讽刺意味吧。一向以广告宣传专家自居的广告公司在微信起名问题上输给了卖发票的和个人，不能排到这些人的前面，当然也有微信监管不严的问题（注：此搜索时间点是 2015 年 2 月，现在确实看不到这样的现象了）。

总结：在网络无处不在的时代，为公司起名尽量使用客户的习惯用词。比如一个生产设备的工厂而不是一个卖设备的贸易公司，起名时尽量叫“北京××设备厂”，而不是“北京××设备有限公司”。因为真正想找厂家的客户，多半会搜索“××设备厂”而不是“××设备公司”，他们怕找到中间商。最差的就是你根本从公司名上看不到任何信息，如“上海雄英实业有限公司”（其实也是一家吸塑包装厂），你需要在网上花很大力气告诉别人公司是做什么的，好在雄英这家公司一直很注重网络营销，所以你才能在刚才的百度地图上看到这家公司。

另外，只要各网络平台不反对，尽可能多用同义词、相关词来为公司起不同的名字。以印刷行业为例，“上海景浩彩印有限公司”在网上发布信息时，就是以多种公司名出现的：“彩印厂”“印刷厂”“印务公司”“胶印厂”“彩盒印刷厂”等。这些名字不是随便乱起的，都是从长年的网站访问数据归纳出来的，肯定是客户在网上经常搜索的关键词。

第四节　企业可能用到的网络营销手段

一、网络媒体广告营销

我们在各大综合门户网站（新浪、网易、雅虎等）和行业门户网站（如装修协会网站）上看到的各种图片广告就是网络媒体广告。根据所在网站的知名度大小和浏览量等，广告费也会高低不一，像国内的一些大网站，其广告费用甚至比电视广告费用还高。一般都是一些知名企业和高利润的企业会在上面花钱做广告。我认为，这类广告适合大公司做形象广告，或是有新产品推出时做一阵广告，产品主要是以个人日用品为主。这种广告的优点是立竿见影，只要做广告立刻就能收到效果，缺点就是费用高。中小企业不适合采用这种方式，应当关注一些行业内的门户网站（如建材公司可以关注中国装修行业协会网站），这些行业网站的规模比较小，影响力相对较低，广告费用也会低得多，但对于行业内的宣传特别有效。如图 1－4 所示，中国建筑装饰协会的官方网站首页上布满了广告。

图 1－4　中国建筑装饰协会的官方网站

二、搜索引擎营销

市面上大部分关于搜索引擎营销的书籍都是狭义的搜索引擎营销（SEM + SEO），而广义搜索引擎营销内涵更多。这是本书的主要内容，放在下一节单独讲解，并在后面的章节逐步展开。

三、贸易信息平台营销

我们熟悉的综合贸易信息平台：一类是综合性的信息平台，如阿里巴巴、慧聪、made in china、环球资源网等，这里包罗万象，什么行业都有。另一类是行业性的信息平台，如中国包装网、装修网、中国家具网等。一方面，成为这些 B2B 网站的企业会员，就会得到这些网站的推荐，再加上自己使用这些信息平台的一些营销技巧，就会得到一些业务；另一方面，由于这些门户网站的访问量大，在相应的位置投放广告也能得到一些业务。但在众多贸易信息网站中，到底在哪个网站做广告，会有多大的效果，不好讲。有经济实力的企业，一开始可以多投入几个 B2B 信息平台，再根据效果决定在哪个网站上多投入，在哪个网站上少投入，甚至是不投入。通过这种手段开展业务的优点是，即使你不会建网站，也能建一个看起来还不错的网站（借助于这些平台的自助建网软件）；缺点是，只要有一天你不给这些平台续费，辛苦建成的网站也就没有了。通过贸易信息平台获取业务已经成为某些企业的主要营销手段，但大家需要注意的是，这些平台也都是搜索引擎营销的高手，有强大的网络营销团队在运作，确保大量的资源可以从搜索引擎上攫取，所以贸易信息平台上的网络营销与搜索引擎营销密不可分。

四、分类信息网站和黄页网站营销

几乎每个人都有过这样的经历：刚装好计算机系统，在浏览器上就被绑定了一个主页，上面是一些常用网站，这就是分类信息网站。比如许多人喜欢用的 www.hao123.com，还有电视广告上经常看到的 58 同城和赶集网，都是分类信息网站。这类网站有些像传统的电信大黄页，厚厚一本包括了许多单位的电话和广告信息，方便人们查找。不喜欢打字或者对网络不太熟悉的人比较喜欢用这种方式一级一级地分类查找相关信息，而不像刚才提到的搜索引擎，需要在搜索栏输入准确的关键词才能找到想要的信息。中小型企业可关注与自己行业相关的分类信息网站，这些行业性的分类信息网站有许多都是免费的，把自己的企业网站填写进去，写一段像样的广告词，有时也会得到意想不到的效果。跟上一点相同，这类平台也需要靠搜索引擎获取大量的流量，也是广义搜索引擎营销重要的第三方平台。

五、电商零售平台营销

电商零售平台，如天猫、京东、淘宝，这些都是日用消费品企业的主要营销渠道，不是本书谈论的重点，也不是大多数 B2B 和大宗 B2C 企业的网络营销重点。但有些企业的产品或服务确实也能通过这些渠道卖给小微企业或者是个人，如网店用的包装材料、小微企业或个人使用的五金工具、办公楼或者家庭使用的中央空调和空气净化器……这类企业可以在这些电商平台上适当地开展些营销工作来扩展业务。由于这些零售平台有着完善的成交系统、担保机制和物流体系，特别适合小订单的成交。所以我一般会鼓励这类企业在淘宝上开店，把所有线下的小订单都放在线上成交，为的是积累到一定数量的线上成交记录，反过来会引来更多的线上生意，省去了网店刷单的烦恼。

如果这家企业还有批发和分销的业务，就更需要在平台上操作了。因为在网上做批发和分销有着传统渠道不具备的优势，如一件代发、各种品牌的混批、网上交易资金的双向担保等功能，可以大大地促进销售。

六、采用聊天工具直销

上网的人，不管是在计算机端还是移动端，几乎都有自己的几个聊天工具（QQ、旺旺、SKYPER、微博、微信……），我们经常会在这些聊天工具里收到群发来的广告信息，碰巧也会有成单。采用聊天工具（如图 1－5 所示），有针对性地向目标客户发送企业信息和产品信息，是成本最低的网络营销方式，适合客户群特别广的行业，如培训、办公家具、网络营销等。

图 1－5　商业上常用的几款在线聊天工具图标

七、邮件营销

这是最古老的网络营销手段，发展到今天，很少有人一对一地发邮件到客户邮箱里，都是有规模地进行邮件群发，每个人收到的垃圾邮件就是邮件群发的产物。邮件群发的第一步是收集邮箱，有专门的邮件营销公司收集各行业各地区的邮箱，再出售或者帮你群发邮件。但这种群发的成功率不高，大多数邮箱服务器都把它们当成垃圾，特别是在各大邮箱服务商使用大数据手段后，邮件群发广告的效果就更差了。**邮件营销真正的用武之地，我认为还是在有针对性地发给已知潜在客户上，特别是在售中和售后服务方面，可以与客户保持良好的沟通，以实现长期合作的目的。**比如一家企业在第一届展会上搜集到了许多参会者名片，就可以利用这些名片上的邮箱，向这些参会者发送最新产品和下一届展会的信息。

八、网络收集电话、传真直销

这种方式是传统与网络相结合的营销手段，首先是在搜索引擎上寻找潜在客户群，比如一家纸厂的业务员就会通过搜索“印刷厂”这样的词来寻找客户网站，记录下来联系方式，然后再打电话或者发传真推销产品。我们经常接到的骚扰电话就是这种营销方式的产物，但这种方式针对性很强、成功率高，所以成为各公司业务员的主要直销手段。中国网络营销第一大公司——百度的主要营销手段就是海量业务员的电话直销。目前电话销售的效果大不如从前，一方面，国家对于非法买卖个人信息处罚力度加大，获得大量个人电话的成本提高；另一方面，现在的智能手机都装有拦截骚扰电话的软件，一旦一个电话号码被众人标注为骚扰电话，推销员即使获得了准确的联系人信息，也很难推销成功。我现在就有一个习惯，凡是有电话打进来，已经被标注了几十次以上的骚扰电话或者推销电话，我肯定不会接的。

九、微信、微博、微营销

除了我们在第六条提到的，微信和微博除了有在线聊天工具的职能外，还具有自媒体的功能，任何人或者企业都可以建立自己的微平台，聚集粉丝，发布别人感兴趣的内容或者是广告宣传信息。B2B 和大宗 B2C 企业如果希望建立微信和微博平台后就能获得有效的客户，这种想法是不现实的。因为建立一个好的微平台并维护好，还要吸引很多高质量的粉丝的成本很高，倒不如把这些钱直接投放给知名度高的微平台，做广告更实用。还有就是利用微信群和 QQ 群建立自己的潜在客户社区做营销。（见第八章第十一节）

十、内容营销：软文、视频、图片、音频

软文、视频、图片、音频可以与传统媒体进行对应：报纸的软文广告、电视广告、户外广告、广播广告。这样看来，问题就简单多了，无非是把传统媒体搬到网上，只要花钱，任何企业的广告都可以出现在这几种网络媒体上。不对，如果是这样，那就成了第一条的网络媒体广告。除了花钱做广告，每个媒体平台都有自己的运营方式，都有免费的或者省钱的玩法。比如在一个论坛网站上，一篇软文能否被版主推荐到好的位置，取决于这个软文的浏览量和人气；一个视频网站上，一个视频是否被放在首页取决于这个视频的点击量；一个产品图片是否会被百度收录并排名靠前，取决于对图片标注的文字是否准确并放到了百度喜欢的一些网站上……总之，各平台都有自己的游戏规则和玩家技巧，需要企业的网络营销人员掌握一定的营销方法，充分利用免费资源节省广告费用。

十一、第三方应用平台

第三方应用平台如美团、大众点评、去哪儿网、携程、滴滴，不管是 PC 端的网站还是移动端的应用 APP，这些似乎都是跟个人消费服务相关的业务，和 B2B 及大宗 B2C 业务无关的平台。但我的客户中，有一家工业品企业却硬生生地用手机端的嘀嗒拼车软件 APP 开发出大客户（见第八章第十节）。作为一名合格的网络营销工作者，应当多尝试一些新的应用平台，在别人都还懵懂之时占领先机。

本节所列的网络营销手段，都是 B2B 和大宗 B2C 企业曾经用过的，并不意味着都是有效的，更为有效的网络营销手段是下一节谈论的话题。

第五节 广义搜索引擎营销：程咬金的三斧半

图1－6 几款常用的搜索引擎

传统意义上的搜索引擎营销就是付费的搜索推广（SEM），或者再加上搜索引擎自然排名（SEO），我把它们称为狭义搜索引擎营销，虽然重要但并不能代表搜索引擎营销的全部。百度官方是这样定义的：搜索引擎优化的英文名——Search engine optimization，简称SEO，指为了提升网页在搜索引擎自然搜索结果中（非商业性推广结果）的收录数量及排序位置而做的优化行为，这一行为的目的是从搜索引擎中获得更多的免费流量，以及更好地展现形象。而SEM（Search engine marketing，搜索引擎营销）既包括SEO，也包括付费的搜索推广。本书把SEM＋SEO称为狭义的搜索引擎营销。

广义搜索引擎营销的定义是：凡是在各种搜索引擎的搜索结果页出现的营销形式，都是广义搜索引擎营销。不但包括我们常见的国内外知名搜索引擎，如google、百度、360、搜狗、bing等，还包括大型门户网站的内部搜索引擎，如阿里巴巴平台上的搜索引擎、京东平台的搜索引擎等。在搜索引擎内部，以百度为例，广义搜索引擎营销不但是指搜索推广、百度快照，而且还包括百度的各栏目：百科、贴吧、地图、知道、知乎等，甚至是百度的搜索栏提示词、底部的相关搜索。广义搜索引擎营销还应当包括经常出现在搜索结果页面的第三方平台（付费或者免费），如阿里巴巴、慧聪、58同城、中国供应商网等。再强调一遍这个定义：凡是出现在搜索结果页上的平台都是广义搜索引擎营销的战场。

广义搜索引擎营销的品种似乎非常多，而且凌乱。但我如果把它这样归类就清晰多了：

（1）付费的搜索引擎营销，常见的有以下几种营销形式：

①搜索推广又称为点击付费广告、竞价广告。这是本书谈论的第一个重点话题，在第三章详解。

②品牌专区广告：一般大公司为保护品牌而做的一种广告，当有人在搜索某大公司品牌时，该广告就会展现在搜索结果的第一屏，如图 1－7 所示，在百度上搜索“SAP”三个字母，左边和右边的内容都是品牌广告区。

图 1－7　在百度上的“SAP”品牌广告

这种广告按月收费，一个月的费用在 10 万元以上，品牌知名度不高的企业不太可能做此广告。对于想做品牌广告的小企业，可以考虑做品牌起跑线广告，一个月几千元。

③网盟广告：不管在百度上还是在淘宝上，只要你曾经搜索过某品牌或者产品，那么这些搜索引擎就会记录你的喜好。当你浏览一些个人喜好的游戏、听小说、视频网站时，总有相关的产品和品牌广告跟着你，如影随行。听起来似乎不错，详见第三章第三节。

④知识营销：2016 年魏则西事件爆发，把百度推上了风口浪尖，随后百度严格审查广告主的资质，也被迫将搜索广告位由原来的每页最多 18 条，降到现在的每页 5 条广告位，百度的广告收入下降了很多。于是，百度打起了自己热门栏目的主意。所谓的知识营销就是在百度知道栏目上，提供一种付费的，由广告主写的知识问答，而且四周充满了这家企业的各种广告，如图 1－8 所示。这种

广告也按点击收费，知识性的业务效果会好些，比如培训、技术服务类。

图 1－8　在百度知道栏目的知识营销广告

⑤图片推广：百度的图片栏目极大地方便了网民寻找和欣赏自己感兴趣的图片，百度也赋予这个栏目广告的职能。只要是与产品和品牌相关的图片搜索结果，前四张图都是广告位，如图 1－9 所示。

图 1－9　在百度图片栏目搜索“汽车 4S 店”的结果

⑥移动端信息流广告：这是百度新开的移动端广告位，主要是在手机端百度首页、百度浏览器和百度贴吧上投放图文广告。由于这种形式广告目前不提供实时访客数据，我也就无法评估效果，只能说关注它。既然是移动端的广告，更适

合 B2C 市场的营销。

（2）免费的搜索引擎营销。这类营销手段一般不需要给平台付广告费或者会员费，但需要懂一些 SEO 技术，让自己的信息排在搜索结果前面才能取得效果。常见的有：

①企业官网的自然排名。请不要认为企业只能有一个网站，能排名上去的关键词有限。企业可以做多个网站，网站里的每个页面都用来推广不同的关键词，甚至让自己的子公司和代理商共同建立站群，达到霸屏的效果（案例见第八章第一节）。企业官网的自然排名通常被称作 SEO，也是本书的第二个重要话题，在第四章详解。

②第三方平台上发布的免费信息，也可以称作在第三方平台上建立企业的免费网站或店铺，该方法对于竞争网络对手少、产品丰富、型号多的企业效果比较明显。该手段是本书的第三个重点话题，在第五章详解。

③在搜索引擎各栏目上的免费营销，如百度的贴吧、知乎、百科、图片等栏目。这些栏目总是在百度搜索结果上具有优先排名的优势，在设立之初，很容易被利用做企业的宣传，随着栏目管理的日益完善，个人编辑的知乎、文库等很难被审核通过，而且代价大，又不允许做广告，所以发展到今天在这些栏目上的营销意义就不大了，但可以发表一些行业观点影响客户。

④操纵百度的搜索提示词及相关搜索区域。原理是利用百度的大数据，通过刷搜索量，达到预期的搜索提示词结果和相关搜索词结果。很少见到正规的企业用此营销方式，反而是个人或者竞争对手为了抹黑同行用此下策。第七章第五节讲述的竞争对手恶意攻击手段中，就有这种方式。

（3）付费的第三方平台。我们提到的贸易平台（以阿里巴巴为代表）、分类信息平台（以 58 同城为代表），虽然是相对独立的营销平台，有些企业甚至只在一个平台上营销，就能把生意做得风生水起，但应当明白，这些平台也在利用搜索引擎上免费的长尾词排名甚至是付费的广告大量攫取搜索引擎的资源，所以在这些平台上的营销仍然可以获取来自搜索引擎的流量。如图 1－10 所示，在百度上搜索“变频螺杆空压机价格”一词，搜索结果第一条是慧聪网的广告，第二条和第三条是阿里巴巴网站的自然排名。

图1－10　在百度上搜索“变频螺杆空压机价格”的结果

能在搜索引擎上出现的付费平台有以下几类：

①B2B 综合贸易平台，如阿里巴巴、慧聪。

②分类信息和大黄页网站，如 58 同城、赶集、百姓网。

③行业贸易平台，如五金网、搜房网等。

④电商平台，如淘宝、京东、中关村等。

这些付费平台，有些也提供免费的资源，可以在上面免费开店、免费发布信息。不管是免费的还是付费的，都需要从百度获取更多的流量。而且这些平台都有内部的搜索引擎，仍然是广义搜索引擎营销研究的范围。有关第三方平台话题，我们将在第五章详解。

尽管广义搜索引擎营销的招式不少，看似复杂，但我们从长期的工作经验中总结了一套简单而实用的战法——添力战法（因为我们公司就叫上海添力网络科技有限公司）。就像《隋唐演义》中的人物程咬金，战功赫赫，但所用的招式只有三招半，添力战法也只有三招半，却能让不少中小企业受益，如图 1－11 所示。

第一招就是搜索引擎竞价广告（SEM）；

第二招就是企业网站自然排名（SEO）；

第三招就是免费信息发布（灌水）；

半招就是付费的第三方平台营销。

广义搜索引擎营销

1.第一斧：搜索引擎竞价广告
2.第二斧：企业网站自然排名
3.第三斧：免费信息平台推广
4.半　斧：付费信息平台推广

图 1－11　添力战法：程咬金的三斧半

尽管有些企业只在某一个或者几个第三方付费平台上营销，就能取得不错的成绩。如上海一家买卖二手办公家具的企业在 58 同城和赶集网上的市场份额要大于搜索推广；另一家工业品销售型企业的网络营销只在阿里巴巴上运营就能实现销售额过亿（见第八章第八节），但它们的方法不适合大多数 B2B 企业和大宗 B2C 企业。所以，我们把付费的第三方平台归为半招，是个可选项，不是任何企业都要应用的招式，而前三招才是大多数中小型企业重要的网络营销手段。

第六节　理性面对微营销和电商平台

为写这一节，我特地在淘宝里搜索了一下“微博营销书”，列出的销量几乎为零，而我再用“微信营销书”去搜索，列出的几十种书销量都在几十到几百本，令人感叹。要知道，在 4 年前，微博营销书也像现在的微信营销书一样红火。再过两年，难免微信不被别的什么“微”取代。对于大多数企业来讲，微博营销还没来得及应用就已经消亡了。

为了研究网络营销，我也会买不少微信营销书籍来看，书中大多谈及的是某个电商利用微信发财了，某个餐厅利用微信增加客户了，少有说到哪个工厂利用微信开发出新客户了，因为微信确实做不到。回答为什么之前，我们先了解一下微博、微信的基本功能。

自媒体：微博出现以后，就有了一个新词“自媒体”，即每个人或者企业通过独立的微博或微信发布信息，就像自己有了一份小报一样。试想一下，没有新浪或者腾讯等公司的微博平台，没有腾讯的微信平台，自媒体也就不存在了，所以从企业角度看，这种自媒体跟之前的博客（没有博客站也就没有个人的博客）、论坛（没有论坛网站也就没有什么版主）、独立网站（没有浏览器也就看不到网站）一样，都是企业发布信息的平台。如果不是特别受关注的一类人（比如明星）或者公司（比如世界500强的企业），你的自媒体经营起来可能会得不偿失。

粉丝：对于已经有众多实体粉丝的明星们，他们的微博和微信同样会聚起数量相当的粉丝，发布一个新产品或者是演唱会的通知，营销效果非常好。但对于一个不知名的个人或者企业，聚集起一定数量粉丝的成本相当高，真不如将这笔钱花在其他营销上。

朋友圈：以前在计算机QQ上建立的个人空间，现在通过微信的朋友圈在手机上实现，以前利用QQ个人空间的群发营销工作也可以搬到手机的微信朋友圈上了。

微信群：物以类聚，人以群分。以开拓业务为目的建立的企业群，是微信这个平台最有价值的功能，详见第八章第四节。

在线聊天工具：目前的工作和生活状态是在固定位置（办公室、家里）使用QQ，在移动中（路途中）使用微信，保持与朋友、客户的及时沟通。不管使用QQ还是微信，都是即时沟通工具，让我们与客户的联系更紧密。

定位功能：如果你用微信中“附近的人”功能，会发现许多个人和商家在利用这个功能做营销。比较简单，只要在微信名中标明自己是做什么的就行，如果有人寻找附近的陌生人，就能看到你的微信，也明白你是做什么的。

移动端网站：知名的个人和企业会在微博和微信基础上建立独立的宣传性网站，方便别人用手机浏览，也可以在移动端网站上实现更多的功能。

交易平台：手机付费、交话费、餐厅结账、淘宝交易等，生活和工作中越来越多的交易可以在手机上完成。

搜索功能：微信自 5.4 版本起有了搜索功能，你可以搜索微信里你感兴趣的文章或者是企业公众账号，成为搜索引擎营销的新亮点，应当引起关注。虽然目前人们还没习惯在微信上搜索，但一旦习惯养成，微信搜索营销就变得有意义了。

上述是常见的微博和微信功能，相信作为新的平台，微信还会开发出更多的功能，甚至能达到浏览器同样的功能。但目前，我们用微博和微信的主要作用是：一是浏览关注的信息（包括文字、图片、视频）；二是与朋友交流；三是发布有价值的信息；四是营造商业社区，开发商业资源。

与之对应的微营销方案顺理推出：一是在大 V 的微博和微信上投放广告（软文广告、图片广告和视频广告）；二是采用微博和微信的在线聊天功能，针对潜在客户和老客户发送在线信息；三是在企业微博和企业公众平台上发布最新的企业信息；四是利用微信群的商业资源，开发新客户。

微营销还应当包括移动端应用平台，如手机端搜索引擎、地图功能、手机阅读和听读、音频和视频平台、游戏软件及其他功能性软件。当这些应用平台的使用客户达到一定的量，就可以用植入广告的方式来营销，而企业就可以成为广告投放者。事实上，百度已经在做了，其新推出的“百意”广告，就是把搜索推广的广告也同步投放在这些应用平台上。

微营销有其明显的行业特点，对于 B2C 或者是 C2C 行业，如个人的衣食住行服务，微营销比较奏效，也有不少的成功案例；对于传统企业开展的 B2B 业务是不太有效的，很少能看到成功的案例。试想一下，一个老板对自己的采购员说找几个新的供应商，哪个采购员会傻到使用自己的手机而不是用公司的计算机去找。

这几年微营销被炒作得沸沸扬扬，仿佛一夜之间，所有的网络营销公司都改做微营销了，所有的企业都要开发自己的微博、微信平台和企业 APP 平台。真有不少企业投入了几万甚至几十万……如果是个人服务行业，这种开发还有一定的价值，但这个价值与投入的成本相比，值不值就不好说了；如果是传统企业，这种投入真是打水漂。对于大多数 B2B 业务的企业，微博和微信在培养客户、建立人脉关系和售后维护方面是擅长的，应当多加使用。至于开发新客户方面，应当交给更擅长的搜索引擎营销。

与之类似的还有电商平台，经常有企业老板看到某淘宝店一年能赚几千万、上亿时，就想让自己的企业也开天猫店或者是京东店，特别是这几年微店兴起，又听说某微店赚多少钱了，好像自己不开微店就落伍了。但真的把微店开起来就更落伍了。因为你需要花很大的代价来宣传微店，这种代价不如花在搜索引擎营销上，效果会更好。另外，相对独立的微店客户不像在大型电商平台上无法货比三家，就是看过你的微店后仍然会在百度上做对比。对于大多数 B2B 和大宗 B2C 企业，我的忠告是：开微店不如开淘宝店，开淘宝店不如开阿里巴巴的诚信通，做诚信通不如做搜索引擎营销，这叫抓大放小。倒过来理解也可以，如果一家传统企业搜索引擎营销做得还不错，还有多的预算和人力，可以做阿里巴巴的诚信通广告，如果诚信通也做得不错，还有精力，可以做淘宝店，最后再尝试一下微店，这叫先主后次。

第七节　网络营销的经纬度

正如人类认知的世界是个多维空间，简单的爬虫只能认知二维空间，在它们的意识中立体的世界只是一张平纸；人类看到的是三维立体空间；在我们的大脑里还会增加一个维度——时间，所以我们才能回忆或者想象出带有时间的四维空间。前沿的科学家还会想象出五维甚至是六维空间……维度越多，发现问题和解决问题也就更科学。我们也来认知一下网络营销世界的多维度空间，以便更好地开展工作。

我为企业的网络营销制作了一幅八维度图，是我长期为企业的网络营销“诊病抓药”时考虑的几个方面，这张维度图对于广大的读者只是起到抛砖引玉的作用，相信会有更多的企业站在自己行业的角度绘制出本土化、精细化的维度图，如图 1 - 12 所示。

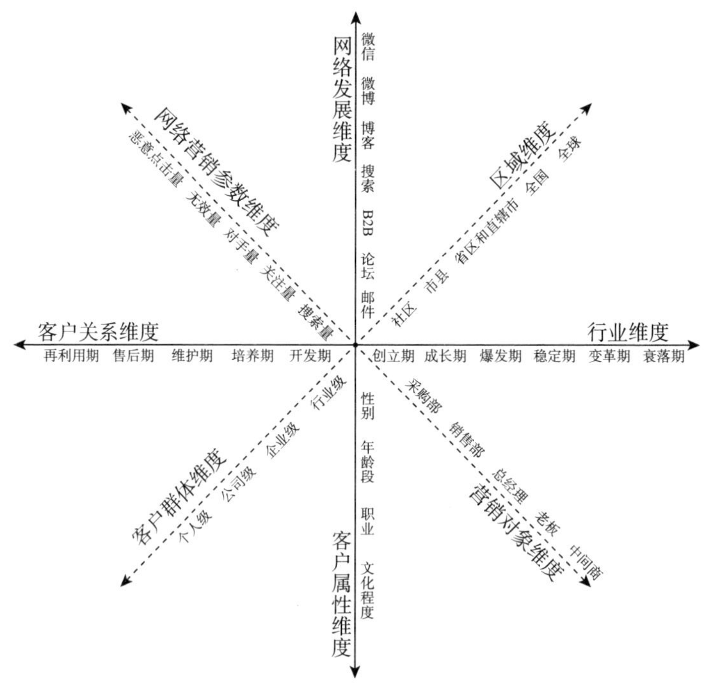

图 1－12 网络营销的维度图

（1）行业维度：一个行业的不同发展阶段需要采用不同的网络营销手段。

行业创立期：一种新的产品或者服务刚进入市场时，大家对此新事物都不了解，需要尽快占领各种网络宣传平台，打好网络营销基础，如行业域名的抢注、知识性栏目制作（百度百科、百度知道等），满足人们对新事物的求知欲的同时，也会让你在今后的行业成熟期受益（百度搜索结果中，常常是知识性栏目排名在前）。在这个时期，网友可能连新产品的名字都叫不出，更不可能用百度搜索。如果你在这一时期把推广的重点放在新产品和服务上会一无所获，可以适当地放在相关的老产品和服务上，把流量引过来，并声明这是今后的行业趋势，新产品会取代老产品，效果一定不错。

行业成长期、爆发期和稳定期：如果在前面的创立期打好了基础，招招领先，后面三个时期就比较简单，根据市场需求决定广告的投入。每个行业的淡旺季不同，广告费在四季的投放量也不同。同时要不断地研究竞争对手，保持每个网络平台上都领先对手。

行业变革期：市场变化、政策变化、技术变化都有可能给行业带来影响甚至是变革。钱老板开了一家医疗器械塑料配件厂，2014 年起，国家放宽医疗器械的管制，允许科研单位和医疗贸易公司申请许可证，但医疗器械的生产厂家仍然监管很严，他预见到今后会有大量的医疗器械公司拿到产品许可证却办不起厂，需要找 OEM 代加工。他就全力开始做网络营销，才做了三个月，就收获了几个高质量客户，这要归功于他时机抓得好。

行业衰落期：如果一个企业长期做网络营销，其积攒的各种网络营销数据也会提前给出行业下滑信号。这时，应当把之前积累的网络资源逐步向新行业、新产品、新服务过渡，为新一轮的行业创立期做准备。

（2）区域维度。

社区级：如健身房、家政公司、干洗店、家电维修等，一般都能覆盖城市中一小片区域，采用的网络营销方式以直销为主，QQ + 微信，特别是微信的“附近的人”功能，应当好好用。辅助以分类信息网推广、地图推广，如果要做搜索引擎推广，建议只做当地小区或者是街名关键词的推广，如“阳光小区干洗店”。百度也有按区域半径定位和按门店半径定位的功能，来满足社区级服务需求。

城市级：如某城市的汽车 4S 店、家具店、注册公司、餐饮店等，采用的网络营销方式以搜索引擎为主，辅助以城市分类信息平台和行业平台，如百度搜索引擎推广、58 同城广告、大众点评网等。

省、区、直辖市级和全国级：如设备销售、包装材料、日用品、管理咨询服务等，主要以百度营销、B2B 平台、网店和行业平台为主。有的行业还针对几个省市连成的经济发达区做推广，如江浙沪、京津。

全球海外市场：如外包服务、出口业务等，主要采用 google 搜索引擎营销、海外版的 B2B 平台及行业平台，也可以按语种细分为英语市场、日语市场、法语市场和俄语市场等。

（3）网络发展维度。

从网络诞生起，就不断地涌现新的网络技术，也就孕育出新的网络营销方法，从最早的邮件营销到论坛营销、B2B 平台营销、搜索引擎营销、博客营销、微博营销、微信营销，这些营销方法不能简单地说老的已经失效，最新的就是万能药，需要结合其他维度来决定采用哪种营销方法最有效。

（4）网络营销参数维度。

关键词搜索量：某行业的关键词被搜索得越多，就证明这个行业的市场需求也越多。

广告关注度：表现在搜索推广上就是点击量，只有你的网站被更多的潜在客户点击、打开、浏览，才能转化成更多的实际客户。你需要与众不同的广告来引起客户关注。

对手量：表现在搜索推广上就是跟你一样去投放广告的同行数量，对手量越多，你得到的客户也就越少，客户总量被瓜分了。你需要细分你的市场和关键词来避开大量的对手。

无效量：就像钓鱼一样，你好不容易撒下诱饵，垂下钩准备钓条大鲤鱼，可左钓一条是小白条鱼，右钓一条还是小白条鱼，白白花了不少时间和金钱。某圆珠笔厂希望在网上寻找到大客户（一次订几万只礼品笔）、批发商和代理商，在百度上投放“圆珠笔厂”关键词广告，却发现网上大量搜索这个词，就是没有形成客户，原因是这几年有些公司在做小圆珠笔厂的投资加盟项目（投资几万元就可以自己生产圆珠笔），于是网上就有人在百度上搜索这个项目的可行性。尽管“圆珠笔厂”一词已经很精准了，但在 2014 年 90% 的广告被无效地浪费了。所以，有些关键词产生的无效量过大，就应当放弃该词。

恶意攻击量：就是搜索推广中，关键词广告被恶意点击的量，白白花掉广告费而得不到客户。后面有一章节专门分析恶意点击，并提出如何避开恶意点击的方法。

（5）客户关系维度。

开发期：你不认识客户，客户也不认识你，需要通过各种网络营销工具挖掘新客户。主要的手段是：网络直销（你去找客户）和搜索引擎营销（让客户主动找你）。

培养期：你和客户已经初步认识，并且建立了一些联系方式，你需要通过一系列的介绍、提方案、打样等手段将潜在客户培养成真正的成交客户。除了传统的沟通（手机、短信、传真），你还要借助网络工具（邮件、QQ、在线视频会议系统、微信等）进行黏性营销。

维护期、售后期：方法同上，适时推送一些优惠活动和新产品。

再利用期：建立良好的人脉，利用网络工具展开口碑营销，辅助一定的佣金体系，鼓励老客户推荐新客户，反复利用客户资源。QQ 和微信在这一时期的作用比较大，但要把握好度，弄不好就成了商业贿赂。

（6）客户群体维度：企业提供的产品和服务，会被什么样的客户使用。

个人群体：数量最大。网络营销者提供的是每个人都要用到的产品与服务，简单来说就是与人的衣食住行相关的产品与服务。

公司群体：网络营销者提供每家公司和工厂都要使用的产品与服务，如印刷、网站建设、办公用品、法律咨询等。

企业群体：虽然中文理解上公司与企业是一个意思，我们在此把企业一词看成是有生产能力的公司，区别那些在写字楼里的公司，在此企业范围要小于公司范围。网络营销者提供生产企业所需的原材料、生产设备、包装材料和管理咨询服务等。

行业群体：客户群体最小，网络营销者只提供某个行业才使用的产品与服务，如食品厂的专用食品设备、化工厂的防爆管道等。

如果你从事的是石油钻井平台的设备销售，那我认为可以不必做网络营销，因为全国能用到你的产品也就几家单位，上门一家一家谈就行了。网络营销还是要针对有一定群体规模的行业，采购方需要在网上寻找你的产品或服务才有意义。

（7）客户属性维度。

在当今的大数据时代，各种网络营销工具被使用得更精准，可以把目标客户从性别、年龄、文化程度和职业等方面细分，广泛应用到网店经营和 B2B 营销上，你可以把有限的广告费投放到中意的目标客户身上。有一家卖零食的电商根据销售数据发现，他们的客户群年龄主要集中在 16 ~ 24 岁，这些人爱玩电竞类游戏，也特别崇拜电竞明星，于是他们找到了当今最红的电竞明星，请他做自己的网店和微博代言人，很快微博就聚焦了众多粉丝。明星对该品牌零食的推荐也是一呼百应，一年运作下来，至少有一半的销售额是由电竞明星带来的。重卡汽车一般都是成年男人开的，如果你采用百度信息流投放重卡汽车销售广告，就需要选取 25 岁以上男性目标群投放广告。

（8）营销对象维度。

采购：对绝大多数的 B2B 业务来说，网络营销的成绩是看获得了多少家采购部的咨询。我们不但要在网站上完善信息，满足他们的初步判断、选择供应商的需求，就是所谓的初步验厂，还要通过他们浏览网站的轨迹和交流信息，尽可能多地提供给销售部门该采购的特点，让他们更准确地提供服务。比如看到某采购喜欢看我们网站的行业科普知识，就能明白对方是新手。

技术部：一般客户方的技术部门人员通过网络渠道找到我们，大多是为了解决新产品和新方案的问题，相应地我们也要有专业人员与之对接，并将解决的结果描述成图文及时更新到网站上，以便获取同类客户。另外，技术部一般不管报价，将来实际采购时，采购部按流程肯定是要讲价的，所以针对技术部的报价要笼统。

销售部：有些公司的销售部在开发新客户时，遇到问题需要寻找新的供应商来解决，于是越过采购先与潜在的供应商沟通。与销售部交流，报价既要满足对方销售的利润空间，又要为今后转与采购对接时留有讲价的空间。尽可能地保守技术秘密，别弄成价格谈不拢，对方也知道怎么做了，直接找原有的供应商。

总经理、老板：公司规模小一些的客户，是由总经理或老板直接在网上寻找供应商，这些人讲求的是效率，最好我方也要有一个各方面都能说了算的人与之对接。

中间商：可能是一个公司也可能是一个人与这类客户打交道，在承诺佣金后，尽可能地要和直接客户接触，了解更多的信息才能满足各方需求。佣金的及时兑现会让这些中间商介绍更多的客户，形成口碑营销。

小结：每个企业都会有自己看问题和解决问题的维度，就看你如何应用。韩老板最早是做轻钢龙骨的，从 2003 年就开始做搜索推广，效果非常不错，但到了 2007 年光靠百度搜索推广已经做不下去了，因为网上的同行竞争太激烈。于是，他转到了其客户所在的行业——工厂装修，在我的指导下他开始做自然排名和灌水，把生意细分到了净化车间装修，竞争很小，生意也越做越大。在这个案例中，涉及了网络营销的多个维度：行业、网络、营销、客户。网络营销做得如何，就看你能考虑到几个维度方面的问题。

第八节　网络营销的漏斗和沙漏效应

假如网上有1000个人（潜在客户量）对你的企业产品感兴趣，可能有500个人会通过百度搜索引擎去寻找供应商（搜索量），其中有200个人看到你的广告（广告展现量），其中有50个人点击了你的广告进入你的网站（网站访问量），然后有8个人对你网站上的介绍感兴趣并与你联系（咨询量），其中有1个人买了你的产品（成交量）。我们把这些量形成饼状图叠起来，就形成了一个漏斗状的结构（以百度搜索为例），如图1－13所示。

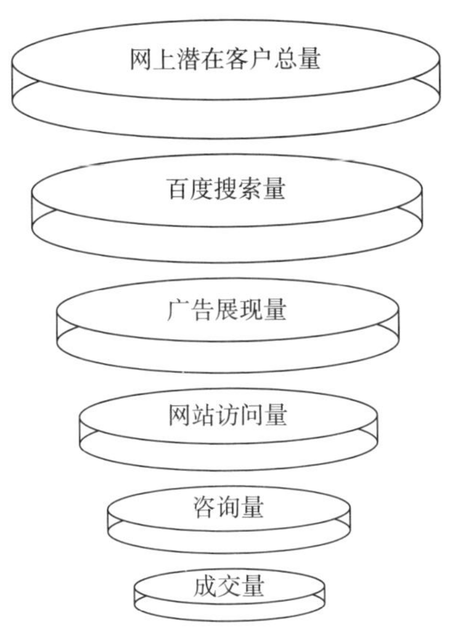

图1－13　网络营销的漏斗图

1000个潜在的客户最终只能收获1个客户的效果，就是网络营销界里的漏斗效应。尽可能地增大这个漏斗的某一段的量，是网络营销的中心工作。

网上潜在客户总量：自从有了网络，这个量一直是在不断地增长，因为人们习惯了通过网络来寻找卖家并筛选卖家，特别是有了移动网络，这种增长速度还在加快。作为一个中小企业，很难左右网上潜在客户总量，但可以根据增加的规律来逐步增加广告预算。

网络搜索量：网上潜在客户有多种选择去寻找卖家，本章第四节谈到网络营销的各种方法，其实也是客户找卖家的方法，由于本书重点是研究搜索引擎营销，所以在此我们是用搜索量来代替客户的需求量。某个行业的关键词在各搜索引擎（如百度、360 等独立搜索引擎，阿里巴巴、淘宝、赶集网等内部搜索引擎等）被搜索的量，就能反映出整个行业的市场需求。企业很难左右市场需求，但可以利用一年中搜索量的变化，最大化地获取潜在客户，比如在需求旺季加大广告投放，还可以通过增加多个搜索引擎广告的投放来提高企业网站的搜索量。如图 1－14 所示，企业管理软件（ERP）行业近几年搜索“ERP”一词的搜索量。

这三张图有点像股票的走势图，第一张图是百度的全部（PC 端＋移动端）搜索量，第二张是 PC 端搜索量，第三张是移动端搜索量。这三张图除了能反映出每年都有明显的淡旺季之分外，还反映出 PC 端搜索量从 2012 年起呈下降趋势，移动端从诞生起一直在上升通道。是不是我们现在要加大移动端搜索引擎广告的投放量呢？没有这么简单，第三章第三节专门就移动端营销展开讨论。

广告展现量：潜在客户在寻找卖家的时候，企业的广告要恰到好处地展现在客户面前，才有机会得到客户。展现量跟广告出价、竞争对手量、关键词等因素有关，提高展现量就要从细分关键词、避开更多的竞争对手、提高广告出价等方面改善。

网站访问量：一般网站都会装有访问统计程序，所以网站访问量是企业可以统计的数据，而上面的三个数量都由大型网站平台统计，再将数据提供给各企业。在广告展现量不变的情况下，网站访问量的高低是由广告在搜索页面上的位置、创意设计的好坏，以及竞争对手的量和他们的广告创意好坏决定的。访问量这个层面是网络营销工作人员研究的重点，可以细分为网站浏览量（PV）、独立访客数（UV）、访问时长等。

咨询量：在淘宝上，客户用旺旺联系客服，在企业网站上，客户用在线聊天工具交流，我们收到了电话咨询或者是邮件……这些都是咨询量。在网站访问量假设不变的情况下，要想扩大咨询量，就要在网站的版面设计、内容的好坏、广告创意设计上下足功夫，同时还要尽可能多地提供各种沟通工具（400 电话、手机、固话、传真、邮件、QQ、微信等），方便客户咨询。

成交量：在交易平台上，成交量很好统计，就是客户的订单量和金额。传统企业的业务成交量，有时表现为签单量和签单金额，有时表现为每笔销售额，有

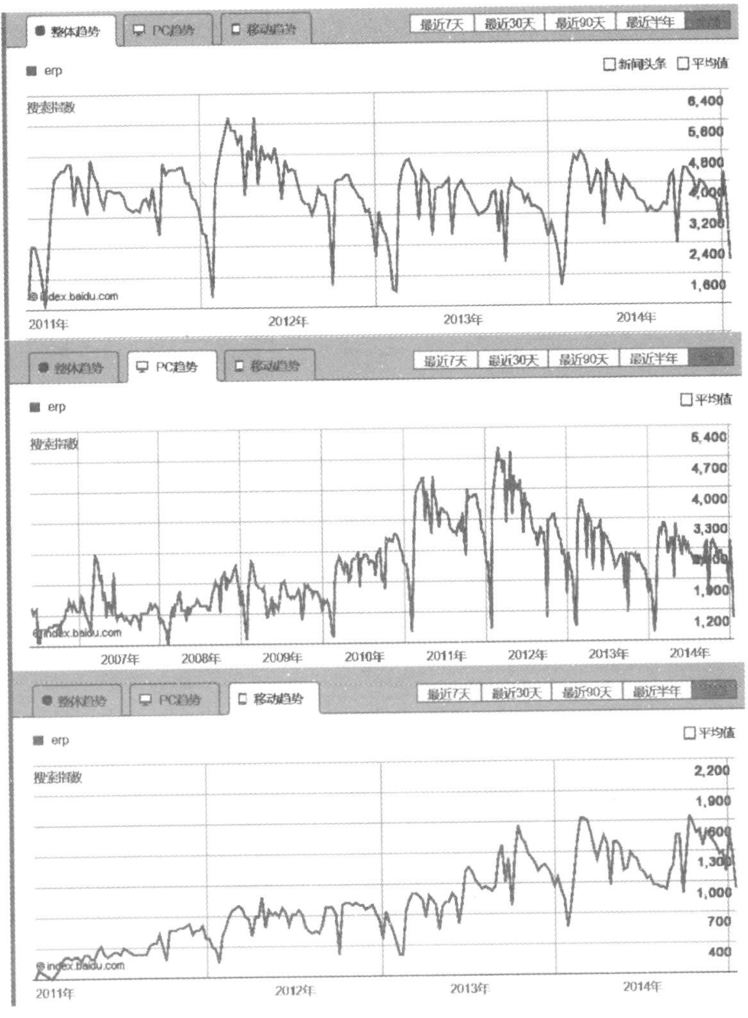

图 1－14 关键词“ERP”的百度指数图

时表现为新客户数量。在咨询量不变的情况下，成交量已经不完全是网络营销部门独自完成的数据，还跟企业的供货能力有关，应当是销售部门、售后部门、技术部门等通力合作完成的，想提高成交量就要做好企业内部的管理，尽可能促成每笔交易。

这个漏斗结构我们还可以倒过来看：假如一个企业的供货能力是一个不变量，要想提高成交量，就必须提高网络的咨询量；要想提高咨询量，就要加大网站的访问量；要想加大访问量，就要提高网络广告的展现量；要想提高展现量，就要加大网络上的广告投入。不同于传统广告媒体，这种投入不单是广告费用的投入，还应当是人员、技术、设计、创意等方面的投入。

近几年，随着自媒体、口碑营销、微营销的兴起，网络营销的漏斗结构图有了新的演化，成为沙漏状，如图 1－15 所示。

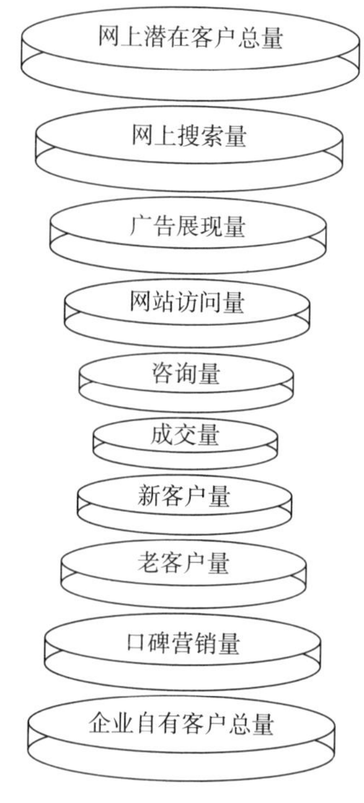

图 1－15 网络营销的沙漏图

一旦潜在客户与我们做了第一单生意，就成为我们的新客户，再经过多次合作成为忠实的客户，与之前的老客户一起组成了老客户总量。近年来，随着客户关系管理系统（CRM）在企业里得到普及，以及个人 QQ、微博、微信等即时聊天工具的普遍使用，企业好的产品、服务和价值理念也通过口碑传播到同行和客户圈里，如果企业再承诺一定的佣金或者是利用网络上的佣金体系（如淘宝客、人脉社群等）去开展工作，就会加大这种口碑传播的力度，产生更多的新客户，最终提高企业自有的客户总量。

值得注意的是，这个沙漏不可能是一种对称图，总归是头大、底小的结构，因为任何一家企业都不可能吃进所有网络上潜在的客户，这是企业市场占有率的话题，不在本书中讨论。

本章小结

本章为读者展现出多角度的网络营销。有人看到这里，也许会打退堂鼓。你列出的网络营销方法有十几种，还要从不同的维度去分析和解决网络营销上的问题，作为一个传统企业，我能做好这些事？

其实，只要你顺着本书的线索，找到适合企业自身的网络营销解决方案，其他次要的、不适合的，你可以不用关心，这叫抓大放小。本书就是告诉读者，哪些对你来说是西瓜，哪些对你来说是芝麻。反过来，对你来说是芝麻的，对另一家企业却可能是西瓜。比如一家注塑设备厂，你只要做好百度营销和阿里巴巴营销，其他平台可以不管，更不用关心淘宝店、微店是怎么运行的；一家工业品配件的批发零售商，在几个大型的B2B平台和电商平台上（阿里巴巴、慧聪、淘宝、天猫店等）开好自己的直营店就很不错了，同样也不太关心百度是怎么做的。

简单而实用的添力战法的核心就是广义搜索引擎营销，就是程咬金的三斧半：搜索引擎竞价广告（SEM）+企业自然排名（SEO）+免费信息平台推广（灌水）+付费信息平台推广。我们在后面几个章节里把这几个招式拆分细讲，再合并成一个完整的体系。企业如能建立这套完整的网络营销体系，就可以在今后的网络市场营销中立于不败之地。

第二章
网络营销的基础建设：不止建站这么简单

第一节 企业宣传平台：PC + 移动 + 微信

2014 年以前，如果有企业来找我们谈企业网站建设，那一定是指 PC 端的网站建设。随着移动端的使用习惯形成，越来越多的人喜欢随时随地在手机和 pad 上寻找供应商。2015 年起，我们不再做单纯的 PC 端网站，并为老客户提供网站改版服务，把单纯的 PC 端网站改成 PC + 移动端网站。

有人会有疑问，为什么要改呢？我们公司的企业网站就是 10 年前建设的 PC 端网站，在移动端上不是显示得好好的？请看图 2 -1 和图 2 -2，一个老式的 PC 端网站（www. jinghaopress. com），在移动端上被整个压缩小了，看不清上面的内容，需要不断地放大才能看到局部内容。

如图 2 -2 所示，左图是在手机端上打开网站的显示效果，无法看清上面的小字。右图是放大左图椭圆区域的显示效果，能看清小字了，但看不到网站顶端的导航条，又要不断地缩小屏幕，即使看到了如左图的导航条，还要保证你的手指尖足够细，才能点准导航栏目进入其他页面，非常费劲。

图 2－1　在 PC 端屏幕上看到上海一家印刷企业的网站首页效果

图 2－2　在手机端屏幕上看到这家印刷企业的网站首页效果

考虑到成本因素，有些企业不想彻底推翻以前的老网站，而是继续使用老网站，同时利用网上的免费移动端网站模板，再建设一个简单的移动端网站。我认为这种方法不可取，毕竟免费的移动端网站模板与之前老网站的风格不一样，也无法改变，更要命的是每次更新内容都要制作双份内容，分别加到老的 PC 端网站和新的移动端网站上，费时费力，省下的那点钱会被以后多付出的劳动成本淹没。

另一种解决办法就是推翻老网站，重新建“自适应”网站。所谓自适应，就是采用 html5 语言（通用的网页制作语言，html4 及以前的版本都是为 PC 端开发，不兼容移动端）写的网站，传输到客户端时，系统会根据 PC 机或者手机的屏幕自动排列成宽屏或者窄屏内容。如图 2－3 所示，我公司网站（www. tist. com. cn）首页在 PC 端一屏显示的内容，在手机端需要六屏显示（如图 2－4 所示），但不管是

PC 端还是手机端，每屏的内容都能看清楚，不需要放大。

图 2－3 在 PC 端屏幕上看到我公司的网站首页效果

图 2－4 在手机端屏幕上看到我公司的网站首页效果

自适应网站确实能做到：写一个内容，同时兼容 PC 和手机屏幕显示大小。缺点是在制作每幅图时都需要考虑宽屏和窄屏的显示效果，对网站编辑的美工要求高一些。

近年来，各网站模板服务机构也推出 PC＋移动网站建设系统（我们称之为二合一），甚至三合一的建站系统（PC＋移动＋微信）。

所谓二合一建站系统，就是指 PC 端网站和移动端网站共用一个网站内容管理系统（CMS），同步生成 PC 网站（如 www. abc. com）和移动网站（m. abc. com），系统会自动识别客户端使用的是 PC 机还是移动设备（手机和 pad），推送不同的网站。所谓三合一建站系统，就是该系统与企业的公众号做接口，直接将移动端的内容更新到企业公众号里，再发布到微信平台上。

理论上，企业如果能拥有一个三合一的网站内容管理系统是最高效的，但在我写这本书的前后时间里（2017 年），多数企业拥有的是二合一的网站，要么是 PC + 移动端，要么是微信 + 移动端。随着移动端使用量加大，而 PC 端使用量萎缩，加上建站系统的不断升级，三合一网站将成为企业建站的主流方式。

第二节　如何建设适合网络营销的企业网站

一、网站域名的取舍

现今的企业一般都会有自己的官网，有的甚至存在了 10 多年，需要重新建设网站时，有的企业会放弃原来的域名，转而重新起个更好听的网站域名。在我看来，这是极大的浪费。一方面，老的域名在自然排名上有先天的优势，所以才会有许多企业宁愿花高价买别人的老域名；另一方面，一家企业网站存在了 10 多年，再没有推广也会在网上被“宣传”，比如工商网站上会记录你的公司信息并标明企业官网域名，如果线下还有大量的宣传品、包装材料上使用过老域名，浪费就更大了。所以，最佳的解决办法是继续使用老域名，新域名也同时启动，两个域名可以指向同一个网站内容，也可以做成两个独立的网站。等新的域名也有年头了（一般是 2 ~ 3 年），线上线下也都准备好换域名了再动手也不迟，或者干脆多个网站同时开展网络营销，效果会更好。

二、网站内容管理系统（CMS）的选择

预算充足的企业一般都会找专业的建站公司定制企业网站，费用少则几万，多则几十万，以后每年还需要付网站维护费（一般是网站建设费用的 20% ~ 30%），但企业在建站之初不太明白自己真正的需求，特别是网络营销上的需求，日后明白过来，增加功能时又需要追加改版费。而有些功能是在建站之初设计好的，后期无法改变，一旦改变，代价跟重新建站差不多，最后只好不了了之。我的建议是，对于定制的网站，最好有第三方的网络营销专家参与合同的拟订、功能检测和网站验收环节。当然请第三方参与需要一定的成本，大概需要几千元，

占网站建设总费用的5% ~10%，但能够保证日后的顺利使用和网站推广，这点花费还是值得的。

对大多数企业来说，更经济的做法是要求建站公司套用现成的模板制作网站，基本上能满足企业官网的各项功能，费用几千元到几万元不等。主流的模板建站系统，如 wordpress，功能非常强大，插件也丰富，有利于今后的网站推广。如果建站公司采用的是非主流的模板，最好有第三方的网络营销顾问把关，看能否实现基本的网络营销职能。

有些小微型企业，产品比较单一，网站所有内容加起来也不过 20 个页面左右，这种情况就可以考虑只有展示功能的纯静态网站（不需要程序和数据库的支持），费用一般在几千元。找一个好的建站公司，套用现成的网站模板，就能建成比较不错的网站。

三、网站服务器和空间的选择

起好网站域名，选择好网站所用的系统，接下来就是要为网站寻找一个合适的地方。

如果你的网站采用云建站平台（建站公司搭建了一个云平台，把所有的企业网站都放在统一的服务器上，共用一套网站系统和防火墙），你不需要选择服务器和空间，而需要选择好一家云建站平台的服务商。这种合作模式，你永远得不到网站的程序源代码和数据库，网站系统的稳定和安全就要靠这家云平台公司，如果他们的服务器被攻击或者公司倒闭，也就意味着你的网站完结了。所以我才说，采用这种建站方案，找一家大型的、正规的云平台服务商才是最重要的。

其他建站方式，包括请第三方建站公司定制网站、采用现成的模板搭建网站，都需要企业为网站找一个安放的服务器或者空间，也可以让建站公司代劳。具有一定规模的企业一般都有企业内部的服务器（如运行 ERP 系统），老板为了省钱，会要求把网站放在自己的服务器上，我认为不可取。因为网站的程序不管是定制开发还是用现成的代码，多少都会有漏洞，会威胁企业内部系统和数据的安全。另外，企业内部服务器的速度和稳定性是无法和国内大型的第三方服务商相比的。所以，我的建议是尽可能选用国内知名大服务商的服务器和空间。

对于无 IT 部门和网管的小微企业，不建议使用服务器，而是租赁更为简单的云服务器、空间和数据库。

如果连这些也不想操心，那就干脆把租赁和维护工作全部外包给建站公司或者网络营销公司，每年只需要付相应的租赁费和维护费就行了。根据租赁的空间大小和功能不同，每年费用几百元到几千元不等。

每年费用最低的当属手工写成的纯静态网站，由于没有程序和数据库，只需要租赁 100 多元的纯静态空间。正因为没有程序和数据库，也不用担心黑客的攻击。唯一担心的就是第三方服务商的服务器整体遭到攻击，连累到企业的网站被毁或者被装上非法的内容（如黄色的、赌博的内容）。这就需要网站维护人员定期备份网站，及时检查网站内容，一旦发现网站被黑，直接用备份覆盖上去就行了，操作也很简单，就跟在自己的计算机上使用文件资源管理器差不多。

需要注意的是，在哪个国家建站，就尽可能在哪个国家租赁服务器和空间。许多企业为了逃避国内相关部门对于网站的审核（工信部备案和公安部备案），宁可把网站建在美国，我认为不可取。备案确实很麻烦，但只是一次性的工作，一劳永逸。为了不备案，将网站放在国外，会影响网站打开的速度，导致网站的自然排名下降，有可能丢掉好不容易推广吸引来的客户。

四、网站栏目的设立

我们先明确一个问题，企业网站是给企业自己看的，还是给客户看的？好像这个问题很简单，当然是给客户看的。我站在网络营销的角度看大多数企业的网站，都是给自己看的，没有提供给客户想看的内容。常规的网站栏目有：公司介绍、新闻动态、产品中心、工厂展示等。如果所有工厂网站都是这样的内容，让客户如何选择你作为供应商呢？

一家世界 500 强的食品企业采购员想在网上找一家包装材料的供应商，需求其不但要有一定的规模，还要通过了 ISO9001 质量管理体系认证、QS 食品安全认证，同时能保证这家包材厂在日常生产管理中也是按这些认证要求严格执行的。

规模和认证好体现，只要把工厂占地面积、厂区照片和证书放上去就能体现出来。但执行过程，就需要详尽的照片、图表和大量的文字来说明。比如工厂员工的一场消防演习报道（既能表明你在执行员工培训，也能表明你有突发事件预案）；展示一下车间各处的灭鼠设施（食品安全的要求）；公布一张出货检验报告，显示企业的质量检验执行力……

如果企业在网上提供的证据足以证明自己是在严格地执行各种标准，而其他企业无法提供证明，那么客户最可能最先到你的企业来洽谈业务。如图 2－5 所示，一生产药瓶盖厂家的十万级无尘车间现场图和检验室图，懂行的采购员会注意到图中员工的穿着是否达到要求，检验设备是否齐全，还有现场设备上是否都贴满了各种执行标准。

无尘车间的注塑机

无尘车间的注塑生产线

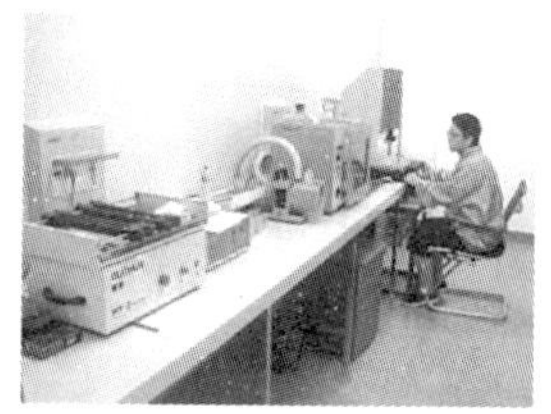

图 2－5　在 PC 端屏幕上看到的该公司网站首页效果

回归主题：网站栏目的设置应当充分考虑客户的各种需求，客户能很容易找到想要的内容。每个栏目、每篇文章所摆放的位置，都会让客户看完一页后还想看下一页内容。比如当客户看完某个产品介绍后，应当在底部以醒目的方式列出这款产品的成功客户和案例。当客户看到网站上展示的某行业许可证后，紧接着就应当看到该企业严格执行许可证标准的证据。

按照客户需要什么我们提供什么的原则，最应当列出的栏目是：厂家对比、品牌对比、产品价格、优劣势等。这是企业最怕写的内容，但确实是每个客户在选择供应商时希望了解到的重点。

栏目设置得好，就会让客户了解到所有想了解的内容，也减少了他去其他竞争对手网站的机会。

在这里，可以列一些能够为企业加分的栏目：企业介绍、品牌介绍、品牌优势、企业文化、资质证书、工厂展示、质量体系、解决方案、成功案例、新闻动态、技术知识、售后服务、联系方式等。有些栏目看似无关紧要，但它能佐证企业的定位。如一张标有“公司成立10周年登山比赛”的集体照，如图2-6所示，能印证这家公司的规模确实很大，也很有年头。一篇有关企业为了准时交货而把船运改成空运的新闻报道，能让客户相信你们在企业宗旨中提到的：客户至上，诚信为本。

图2-6　某公司成立10周年登山比赛的集体照

五、网站功能设置

见过很多企业老板刚建自己的官网时，很兴奋，恨不得把所有能想到的功能都加进去：注册、视频、下载、互动、投票、搜索、交易、支付、评价、留言……可把这些功能列一个清单让建站公司报价时会大呼费用太高了。就算企业有钱，加了很多功能，但真正能经常用到的却很少。

网站功能分为前台功能和后台功能。

前台功能主要是给客户提供方便的，常见的企业官网前台功能有：注册功能（浏览网站的人注册会员后给予一定的奖励，企业得到潜在客户的注册信息）、下载功能（内容主要为教学、演示、说明书等文件或视频）、留言功能（潜在客户在网站留言板提出售前或者售后服务要求）、在线沟通（通过在线聊天工具，如QQ、百度商桥等进行互动）。

后台功能主要是为网站编辑人员提供方便的，常见的企业官网后台功能有：搜索功能（用于查找历史数据）、编辑功能（好的网站系统允许管理员编辑任何一个页面的内容，而差的网站系统只能编辑产品页面和新闻页面）、SEO功能

（对每个页面进行SEO优化的能力，同样好的后台可以优化每个页面的每个优化点，而差的后台只能优化部分页面的部分内容）、网站访问数据统计和分析功能（这是做网络营销必须使用的工具）。

不管是B2B还是大宗B2C企业的网站，都不适宜设立电商功能，即产品交易和支付功能。一个原因是客户对你一个小小的企业网站信任度不够，不太容易实现在线交易；另一个原因是以企业之力去保障网站交易平台的安全和稳定性，代价太大。就算有大量的长期客户希望在线交易，其交易量和好评不能发挥网络营销的作用，不如在第三方电商平台上开店（如淘宝、阿里巴巴等），这些交易量和好的评价会吸引新客户，发挥营销的作用。

第三节　量身定制网络营销策划方案

按上述步骤建好营销型的企业网站后，就可以做推广了吧？别急，前面也讲了，做网络营销考虑的因素比较多，手段也五花八门，如果走错了方向就会努力越大，失望越多。

2015年，正赶上微营销火热的时候，汽车维修公司的曹老板，在强大的媒体攻势下也扭不过人情，让一位老友的儿子（专业做APP和移动端开发，老爸希望帮到儿子，找曹老板卖个人情），张罗着做移动端营销，花了几十万元开发出企业APP和微店，指望着网上订单不断，结果却根本没有订单。曹老板这才想起来找网络营销专业人士分析一下情况，得到的结论是：同行没有人做APP和微店，做过淘宝店、大众点评网的效果也不好，只有在搜索推广上做广告的企业生意还不错。

所以在全面开展网络营销前，最好根据企业自身的特点和行业特征做一套完整的网络营销策划方案。

撰写网络营销策划方案，可从以下几个方面入手：

①企业内部市场调研。

②行业网络市场调研。

③网络上主要竞争对手分析。

④企业做网络营销的优劣势对比。

⑤企业网络营销战略的制定。

⑥网络营销团队的组成。

⑦企业的网络营销平台确立。

⑧企业网络营销的主要手段。

⑨网络营销品牌定位。

⑩网络营销成本预算。

⑪方案实施进度表。

⑫网络营销预期目标。

这么多内容，不管是由企业市场部还是第三方咨询公司完成策划方案，都需要投入不少的精力。确实，我曾经多次为企业提供过网络营销的策划咨询服务，一般而言，入驻企业进行内部调研花 2 天时间（与企业管理者、市场部、销售部和技术部沟通，诊断目前的网站和营销能力），行业、竞争对手调研和分析花 2 天时间（从网络上搜集行业数据和竞争对手营销状况，在线或电话咨询竞争对手，了解对方的优势和短板），撰写策划方案 PPT 需要 7 天时间，向企业负责人讲解策划方案需要半天到一天时间。算下来 12 个工作日，差不多半个月时间才能完工。咨询费用一般是几万元，视时间长短和内容多少而定。

小微企业一年的网络营销预算也不过几万元到十几万元，不太可能花几万元做一套完整的策划方案，但可以按上述策划内容做简单的诊断和分析，快速制定实施策略。

第四节　组建网络营销团队

如果一家企业有实力，可以配置基本的网络营销团队，所需人员如下：

(1) 网络营销部门主管：要求此人做过市场部门工作、熟悉企业产品与技术知识、了解网络营销基本知识，其主要职责：

①全面管理网络营销团队。

②制定网络营销策划方案和KPI考核目标。

③协调本部门与其他部门协作。

④与第三方网络营销资源方合作。

⑤配合市场部或者销售部做好线上活动。

（2）网络营销文案：要求此人有一定的文字功底和广告创意，接受过企业产品知识和网站优化基础培训，其主要职责：

①从网络上采集行业、竞争对手、相关行业的文字内容。

②根据企业内部资料和收集到的网络资料编写网站的各栏目内容，如公司介绍、产品展示、解决方案、成功案例、新闻动态等。

③编写线上活动、发布信息所需要的文字内容。

④对所写内容进行必要的SEO优化。

⑤编写企业微信公众号的文字内容。

⑥网络知识栏目的运营，如百度知道、文库等。

（3）网络营销美工：要求此人熟练掌握网络美工技能，接受过企业产品知识和网站优化基础培训，其主要职责：

①收集和购买企业网络推广所需的图片。

②制作网站和广告中使用的图片。

③制作PC端和移动端营销所使用的视频动画。

④保障各平台（PC端网站、移动端网站、微信公众号、各电商平台企业店）的美观度。

（4）网络营销运营人员：要求此人熟练掌握各种网络营销手段，接受过企业产品知识和网站优化基础培训，其主要职责：

①及时维护和更新网站内容。

②运营搜索引擎广告。

③在相关的免费平台上发布信息。

④对网站和发布的信息进行自然排名优化。

⑤运营付费的第三方平台店铺。

⑥运营企业微信公众号。

⑦对网络营销数据进行分析，向团队提出文章和图片优化建议。

⑧网络在线客服和电话接待。

⑨社区群互动营销：QQ 群、微信群、论坛等。

上述是网络营销团队的基本组成，其职能简单而言就是在网络上挖掘新客户并提供给销售部门，再由业务员继续完成业务流程。有些企业需要网络营销团队独立完成整个业务流程，还会为网络营销团队配置若干业务员，视网络业务量的多少而定。

对于既有 B2B 业务又有 B2C 业务的企业，网络营销团队可能会被称为电商部，除了上述人员组成，还会有网店运营和网店客服岗位，这不是本书讨论重点，所以不再细说。

尽管网络营销团队基本配置只有四人，但大多数企业都配置不全，老板们主要担心投入产出比低。以上海的工资待遇水平为例，网络营销主管一年 20 万元、文案一年 10 万元、美工一年 10 万元、网络营销专员一年 10 万元，加起来人工费用一年 50 万元。如果广告预算是 100 万元，合计网络营销全部投入每年 150 万元。按合理的投入产出比 1：10（即投入 1 元，能产生 10 元的销售额）计算，需要从网络上累积接到年销售额在 1500 万元以上的订单，才能养得起这个基础版的网络营销团队。

如果一家企业在做网络营销之前已经有像样的市场部（包括市场总监、文案、美工、市场活动专员等），那么网络营销的主管、文案、美工都由市场部相应人员分担，只有网络营销专员（在市场部有时被称为数字营销专员或线上运营专员）需要重新补充进来，就能组成完整的团队。

不管是哪种团队，里面必须有一个具体做事的人，这个人文化程度可以不高，但能耐住性子做日常琐事和重复劳动。这里给大家分享一下我招客服的经历，我的客服日常工作就是帮着客户维护和优化网站、打理百度竞价、大量发布免费信息。一开始我高标准招人，该岗位招的人都是大专生和本科生，这些人一开始在学习阶段没什么问题，等过了新鲜感的试用期后，每天让他们重复地做同样的事情就纷纷辞职，走之前留下的一句话是：给再多的钱也不能做这件事，重复地做这些琐事体现不出个人价值。后来，我吸取教训，客服一律招高中生和中专生，尽量是女孩（能坐得住），事先声明，我们是 IT 工厂，需要每天做重复劳动，跟在大工厂生产线差不多。有了这个思想准备后，后续的人就稳定下来了。其实我们的工作强度和办公环境比流水线强多了，只是前期给她们设定了一个比较低的预期值，后期高于这个值，大家幸福感自然也会高。

第五节 原创内容：最难执行的任务

一、原创内容的好处

（1）引发病毒式传播。

如图 2 -7 所示，这是我在写书期间某微信群里看到的小视频截图，某品牌木门企业联手红双喜集团组织了一场趣味乒乓球活动，由世界顶尖的高手打出精确球路，乒乓球撞击对面的小门开关。第二张图是由选手打出弧线球，球进入对案的小门后沿纸杯摆放的弧形路线打进最后一只杯中。这样有趣的视频转发量很高，企业品牌的曝光度也很高。除了视频、精心制作的图片、音乐、文章都会被转发，植入其中的广告迅速传播。

图 2 -7 微信转发的一段趣味乒乓球活动视频

（2）有利于提高网站排名。

做过网站自然排名的人都知道，关键词越短越难排名。但我在 2006 年建立的吸塑厂网站（www. xisuwang. com），到今天已经有 11 年了，尽管中间换了好几家企业使用这个网站，尽管这个网站的版面和内容已经很陈旧了，也不兼容手机端屏幕，但此时搜索吸塑行业最短的词“吸塑”，不管在 PC 端还是在手机端，该网站始终排在百度首页，让许多同行羡慕。如图 2－8 所示，在 PC 端百度上搜索的结果。

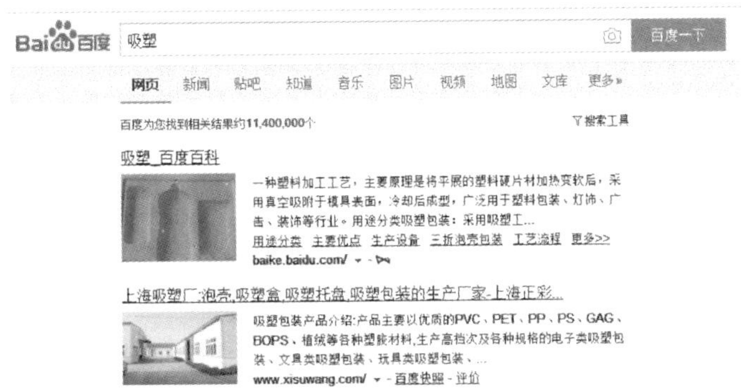

图 2－8　在百度搜索“吸塑”一词，www. xisuwang. com 始终在搜索结果首页

道理很简单，就是因为该网站建立之初由我（当时是一家吸塑厂的厂长）亲自写了许多原创的内容：产品分类表、专业术语定义、英汉对照表、吸塑流程图、常见问题解答等。由于吸塑行业相关书籍很少，于是许多吸塑同行都抄该网站的内容，而搜索引擎能够自动识别出网站内容哪些是原创的、哪些是抄来的，为鼓励原创，各搜索引擎尽可能把原创网站排名靠前。

（3）有利于平台的推荐。

一个优秀的网络作品（文章、图片、视频）被放在对应的文库、图库和视频网站上时，就会被大量地浏览和转载，当浏览量和转载量达到一定级别后，就会被这些平台推荐到显眼的位置，以获取更多的广告收入。如果这个作品是某企业策划的广告活动，效果就会被放大。

（4）避免盗版风险。

我的一个客户，在 2012 年以前，但凡网站上需要什么图片就在百度图片栏目里找，合适了就下载直接使用。结果在 2012 年被一家大型的图片公司起诉盗图，罚了好几万元。自那以后，凡是网站上使用的图片，要么自己拍照，要么使用总公司的图片，不得已才从第三方图片公司购买，每幅图花几百元。越大的公司越要注意防控盗版图、侵权图和侵权文章的风险。

二、什么是原创

网络营销界里的原创与现实生活中的原创有所区别，现实中主要是靠人来判定某个作品（小说、音乐等）是否原创，但网络上主要是靠机器。以搜索引擎营销为例，搜索引擎抓取到的内容全部都是由计算机而不是人判定是否原创。一模一样的两篇文章，以发表的时间和被搜索引擎收录的时间来判断。搜索引擎暂时无法识别图的原创性，所以如果你在网络上看到一张高铁时刻表图过时了，想制作一个新图，计算机不会判定你为原创，但如果你以文字表格形式发表到网络上，计算机就有可能识别出你的内容更新、更好。

20 世纪 80 年代，当时社会主流普遍认为 21 世纪是信息时代。但真正到了 21 世纪，我们才发现，这个时代是信息泛滥的时代，网络上大量存在着重复的甚至是错误的信息，今后的人工智能更渴求有价值的原创内容，会自动过滤掉垃圾信息、重复信息。

三、难在哪儿

既然原创有这么多好处，那就坚决执行，但现实情况是真的很难做到。

2015 年，我应邀去泰兴一家大型企业做网络营销咨询，这家企业年销售额几十亿元，员工几千人。我想要求这么大规模的企业认真落实网站内容原创应当没有什么问题，和企业老板沟通，他也认同我的观点，但当要求他们安排一名文案编写网站和微信内容时，他却说我们厂找不出这样的人。如果重新招一名全职的文案，熟悉企业的产品和技术知识，写出像样的文案至少也是一年以后的事了。

难点一：观念错误。企业做网络营销，不管是在网站内容上还是在营销手段上，都希望达到这样的境界：别人有的我们也有，别人没有的我们还有。如何实现别人有的我们也有呢？大多数企业选择照搬过来，这样的网站不但排名不好，而且会让潜在客户茫然。想想看，当客户搜索一个关键词，看到几家网站内容都差不多，认定都是相互抄袭的小公司所为，客户肯定选择明显不同的网站浏览，只有设计和内容都是原创的网站才有可能是大公司所为。所以，尽管我们谈的和别人谈的内容都一样，比如同样型号的产品，也要把它拍照、设计得更美观、描述出不同点。如图 2－9 所示，同样的产品，第一张图是产品摄影师在专业摄影棚拍的，第二张图是在工厂会议桌上用手机拍的，第三张图是竞争对手网站上的同类产品图片。如果我是客户，我更喜欢第一张，精致而唯美，对企业的印象分也会增高。

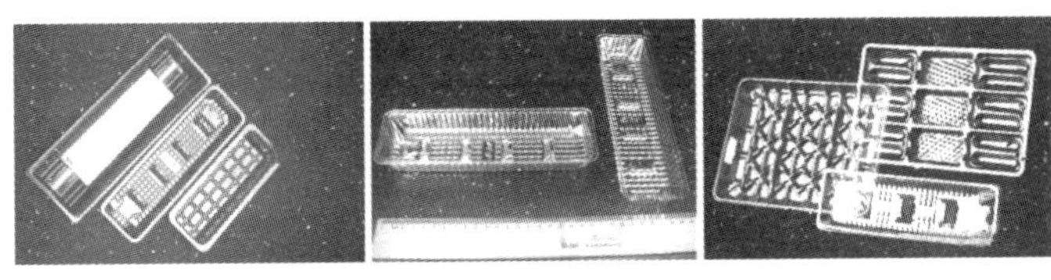

图2-9 不同水平拍摄的产品效果图

难点二：仿“老神”。仿神可以理解，原创的作品都费大脑，什么是仿“老神”？在实践中，我们发现，尽管可以低成本招聘到年青的美工和文案，但他们制作的内容总是不如老员工到位。因为经验越丰富、阅历越广，越能产生更好的创意，所以好的企业原创内容必须找行业里的老专家。我的朋友张东利老师，是一位专注于工业品品牌营销的咨询师，他与客户可以长期合作的秘诀就在于，他写出的广告创意和文案别人取代不了，要知道咨询业是很难做到长期合作的。

我指导一家软件公司的年青文案写微信内容，大致意思是他们的软件成功卖给了宝洁日本公司。在提到宝洁日本公司为什么选择他们的软件时，我增加了这么一段内容：众所周知，快消品行业的巨头宝洁公司一直引领展台陈列理念，特别是在日本，由于人多地少，往往大店的商品展示空间也很狭小，就更需要先进的商品陈列方式……她看了后很诧异，说：“给我的素材中没有这些内容，你为什么能增加这段话？”我说：“虽然我没有去过日本，但阅历和经验告诉我，日本就是这个情况。”后来，她告诉我，她的领导很赞赏加了这段文字来润色文章。

难点三：动用的资源多。前提到的乒乓球活动，是一个不错的创意，但企业组织这场活动肯定花了不少财力和人力，还需要其他企业和机构（有红双喜和乒协）合作共同完成。估计整体费用至少几十万元，还要加上后期影像公司的编辑工作，如果这个视频转发量达不到几十万次，这场策划就是失败的，因为网络视频广告每次点击费用也不过0.5元。

难点四：见效周期长。不管是前面提到的网站自然排名还是视频被推荐，或者是微信被病毒式传播，原创内容的营销效果都要经历创意、制作和传播等几个阶段后（短则几个月，长则几年）才能出现。所以，多数企业宁愿抄袭别人的，因为见效更快。一个抄袭的网站大概需要半个月就能建成，而一个有创新的网站，建成需要三个月到半年的时间。

综上所述，内容原创好处多多，但条件也多多，既要企业管理者有正确的原创意识，也需要有行业专家的参与，更需要资金的支持，还需要有大量的外援。所以，内容原创是网络营销工作中最难执行下去的长期任务。一旦有哪家企业能认真执行下去，它就会在众多网络竞争对手中脱颖而出。

第六节 外包给第三方还是自己做

我们讨论了网络营销的基础工作：网站域名注册、网站服务器和数据库购买、网站建设、网站维护和管理、微信公众号维护和更新、网络营销策划、培训、美工、文案、搜索推广运营、网站优化和推广、灌水、付费平台运营、在线客服、业务电话接待等。这些工作不可能都由企业内部的网络营销团队独立完成，合理地将部分工作外包给第三方服务机构，可以大大提高工作效率。

我曾经做过一个测试，一方是接受过网络营销培训的客户方网络营销工作人员，另一方是我公司外包服务组的客服。测试的题目是将一条产品信息发布到相关免费信息平台上，看看在一个小时内能发布到多少个平台上。结果是客户方发布了 10 个平台，而我方的客服发布了 30 个平台。3 倍的工作量，这就是外包给专业团队的优势。

企业必须外包的网络营销服务是一次性的工作，如域名注册、购买服务器、空间和数据库、网站建设、网站备案等。最合理的外包服务商是建站公司，他们一般也是各大域名服务商的一级代理，能够全权办理域名和空间的注册，而且会帮着办理网站备案手续，以后每年会有域名和空间的续费、网站系统的年维护费用。建站公司一般喜欢鼓动客户一次续好几年，这样大家都省事，不用每年请款。我的建议是第一年只付一年的费用，看看外包公司的服务质量如何，第二年起可一次性续费好几年的域名和空间费用，但网站维护费必须一年一付，这样才能保障网站维护服务的质量。

另外几项一次性的服务，如网络营销策划、网络营销培训可以外包给网络营销公司或者咨询公司。其中网络营销策划大概需要 15 天时间，企业网络营销内训大概需要 32 个课时完成。这种外包服务比较适合网络营销团队健全、预算充足的企业。

网络营销工作一旦由企业的市场部担当，就会面临一个问题：在线下市场活动繁忙期间，线上营销工作会处于暂停阶段。这是大忌，有可能让之前辛苦优化好的广告账户、网站自然排名都倒退回去。这时就可以考虑将每天必须做的重复劳动外包给网络营销公司，如百度推广账户的日常运营、网站的优化和推广、网站的维护和更新、微信公众号的更新、免费信息的发布等，他们有专门的客服人员每天打理日常事务。

如果企业缺乏配套的美工和文案人员，或者这些岗位利用率不高，就需要与一些自由职业者合作，把美工和文案外包给一个或者几个兼职人员。

与我公司合作的几家工业品企业，既没有网络营销人员也没有市场部，他们把所有的网络营销工作（从域名注册到最后的业务电话接入）全部外包给我们。我们不但做起了全部的网络营销工作，包括在线谈业务和接业务电话，还需要帮他们过滤掉许多骚扰和无效的咨询，他们只关心每月有多少个新客户进来。这种合作模式我们已经进行了五年。

最难外包出去的是广告创意和文案工作，因为这两项工作对人的要求高，此人既要熟悉行业动态、企业产品知识、技术和文化，又要有一定的市场营销理念，而且文笔还不错，能写出原创的营销文章。正如我们前面讨论的，这样的人太难找。随着网络营销公司的分工越来越细，不同的公司擅长不同行业的营销，这项工作也有可能成功外包出去。以我公司为例，我们就擅长于印刷、包装、软件等行业的全外包服务，其中就包括难度最大的创意、文案和美工设计。

如果有人看过我的第一本书《传统行业如何用网络拿订单》，就会发现我现在的观点与以前不同。的确如此，在那本书里，我倡导的是网络营销技术并不难，企业完全可以自己做。但近年来，企业外包服务成了潮流，什么 HR 外包服务、IT 外包服务、营销外包服务……特别是 2015 年的企业税费营改增后，各种外包服务明显增多，外包成本也大大降低，网络营销外包服务也是大势所趋。事实也证明，同样的事情企业招人自己做，与外包给第三方相比，后者的效率和专业度往往会更高。

第七节 细节决定成败：不可忽视的软硬件

我为上海一家生产企业长年做网络营销顾问，指导他们公司的业务员做网络营销。有一天公司老板突然告诉我，一名业务员跳槽了，关系闹得还挺僵，可网络上留的都是这名业务员的手机号，需要改掉。我告诉他，由于验证手机留的是该业务员的，我无法保证能将所有的网上联系方式都改回来。在以后的几个月里，我们付出很大的代价才将部分免费平台上的联系方式改过来，可有些平台只认验证手机不认公司，无法更改。过了多年，这名业务员仍能偶尔接到业务电话，把业务拉到新东家做，真是后患无穷。问题出在哪儿？只是当初忽略了一个很小的细节，网络营销使用的手机号不是公司的而是个人的。所以自从这个事情后，我一直强烈建议企业在开展网络营销工作时全部使用公司配发的手机，不能使用私人手机号。

某公司职员厌倦了为别人打工，想创业自己干，第一件事就是注册一家公司。由于还在原公司上班，他很想通过一种无声的联系方式与注册公司人员在线上交流，于是他在百度上搜索，只与网站上有在线聊天工具的和 QQ 号的公司联系业务。这件事告诉我们，在做网络营销时你永远无法准确知道另一边人的想法，唯一能做的就是在网上留下所有可能的联系方式：400 电话（有些人认为 400 电话只有大企业才用）、固定电话（有些人认为有固定电话的企业至少不是皮包公司）、手机号（有些人觉得打手机能够找到负责的人，而不用被固定电话的分机转来转去）、邮箱（外资和外贸企业使用较多）、百度商桥（一种在线聊天工具，方便客户边看网站边沟通）、QQ（方便打字交流，不用出声）、微信号（如果客户通过手机端访问网站，加个人微信可能是首选）、阿里旺旺（方便淘宝店和阿里巴巴店铺人员交流）、SKYPE（外国人常用的在线聊天工具）……网络上提供的联系方式越多，营销的转化率也就越高。

有一家企业办公室主任，对于我要求为网络营销团队配置最快的网速和高性能的计算机很不理解，说：“你们只是上上网、聊聊天，又不下载视频，又不设计3D图，有必要花更多的钱提高网速和计算机配置吗?”我为他演示了两个场景：一个场景是通过他们公司目前的10M宽带和五年前配置的计算机操作百度后台账户、发布免费信息的过程，当打开多个页面后，计算机明显卡顿；另一个场景是通过我公司的200M宽带在当年配置的计算机上做同样操作，计算机丝毫不卡，客服可以流畅地工作。我替办公室主任算了一笔账，硬件设施不到位，本该1小时完成的工作需要2小时才能完成，工作效率降低了一半。尽管当年可以省下改造费用1万元，但工作效率降低所浪费的人工费用每年却高达数万元。

北京快达物流公司的网站总是被莫名地塞进许多涉黄信息，如图2-10所示，不但公司声誉受到损伤，就连辛苦多年做的网站自然排名也全部掉没了。一开始公司还以为是有人盗取了网站空间管理的密码，但多次删除非法内容并变更密码后，过一段时间又被塞进这些信息。多次与网站空间服务商沟通无果，换了一家正规服务商后问题才得到解决。不要以为换服务商很简单，这不但要做技术转换，还要重新备案，备案期间网站要被关闭半个月。前后折腾了半年，公司的网络营销工作受到很大影响。这个案例警示我们，虽然网站空间成本很低，一年只有几百元，但如果服务商的防火墙技术水平低，会让你损失惨重，所以从一开始就需要找一家正规的服务商。

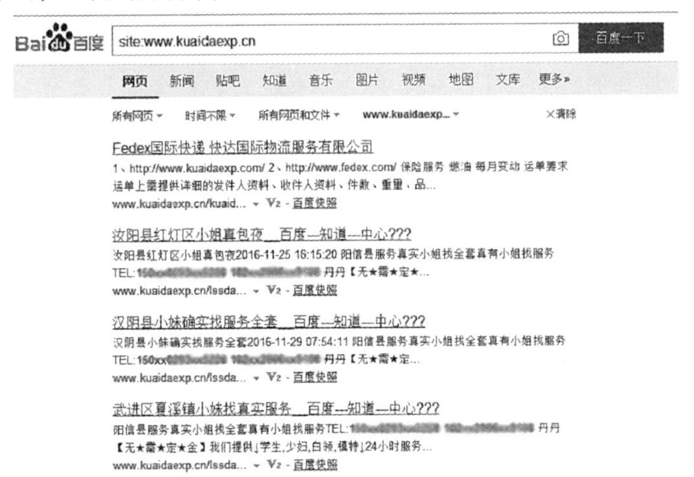

图2-10 一家物流公司被黑后，搜索该网站会有大量的黄色信息出现

许多企业在早年建网站时，把域名注册、购买网站空间、建站等工作全部委托给第三方建站公司，而这些建站公司为了图方便或者有私心，习惯把域名注册在自己公司名下，但由于自己公司名下的网站太多了，无法备案，就把许多企业网站放在国外空间。而这些企业的业务都是来自国内，当有客户访问这些架在国外的网站时，就会感觉很慢。2016 年起，国家不但要求企业做工信部的备案，还要做公安部备案。而公安部备案时，必须将域名过户在企业名下而不是服务商名下。在这期间，企业被服务商收取了不低的域名过户费和备案的费用。这也是细节上出了问题，如果当初，企业方在与建站公司签订合同时，注明域名必须注册在企业名下，建站公司有义务为企业做好备案工作，网站必须放在正规服务器空间里，后面会省很多事。

网站打开慢是网络营销工作的致命伤，试想一下，客户在网络广告堆里找了三家企业准备联系，打开其他两家网站只花了不到 1 秒钟，而打开你家的网站花了 10 秒还没有打开，会是什么结果？直接关闭你的网页，然后在其他两家中选择，你的广告费白花了。我的一位做中央空调的客户就遇到这样的事，网站是由一家小建站公司做的，由于网站程序调用了 google 字体（由于 google 在国内处于被屏蔽状态），导致每次打开网站都需要 10 多秒，其中有 10 秒都是在调用 google 字体。网站打开速度慢的另一个主要原因是服务器架在国外，或者是放在自己企业的服务器上，而不是更快的电信服务器上。

网络营销团队该不该有提成？这直接关系到网络营销的成败。我做过多家企业的网络营销顾问，在有提成机制的企业里，网络营销人员学习积极，想尽办法提高咨询量，甚至加班加点干，感觉是他们在逼着我把顾问工作做好。在无提成的企业里，网络营销人员做多做少一个样，学习不积极，接待业务咨询服务态度差，感觉是我在逼他们不断推进工作。问题就出在没有相应的激励机制。有了好的激励机制，网络营销团队还能自觉地监督和辅助后期销售团队的工作，因为销售团队做出业绩，营销团队的提成也就多了。

其实企业内部有许多资源可以被网络营销团队所利用，取得更好的效果。比如销售部为争取项目而精心制作的某行业解决方案，可以放在网站上用来吸引同行业的客户；企业的多年老客户，可以被用来写成功案例，放在网站上提高可信度，如果你的客户都是世界 500 强企业，胜算会更高；技术部对不同产品和品牌的对比数据，放在网站上可满足客户选型的需求；售后部门解决客户遇到的问题整理成文章，满足网络上知识问答的需要……这么看来，网络营销工作跟许多部门都有关系，而作为市场部下属的网络营销部门，很难要求其他部门为其服务。最好是公司老板清醒意识到网络营销的重要性，制定相应的工作制度，安排各部门源源不断地为网络营销团队提供素材。比如我的一个客户人事部是这样设计制度的：新来的员工接受业务培训后，都要将自己理解的知识点写下来发给网络营销部门。如果哪篇小文章被采纳放在网站上，该员工就能得到奖励积分，积分越多，试用期就越短。这样网络营销部就再也不愁原创文章了，人事部也能通过此积分了解哪个新员工的学习能力、理解力和文笔更强。

本章小结：

做好网络营销，首先基础工作要打牢，这些基础工作包括：

①网站域名，必须注册在公司名下。

②网站服务器或空间，选择正规公司提供服务，做好备案，保障网站的稳定、安全和速度。

③选择优秀的建站公司和网站管理系统，利于今后的网站维护、优化和推广。

④量身制定企业的网络营销策划方案，保障网络营销工作顺利进行。

⑤依据预算和目标组建合适规模的网络营销团队。

⑥挖掘行业专家，提供原创内容。

⑦合理安排网络营销外包服务，提高工作效率。

⑧网络联系方式必须公司化，而且尽可能全面。

⑨配置高性能的网络营销硬件设施（计算机、宽带），提高工作效率。

⑩建立良好的网络营销外部环境（激励机制、协作关系等），调动全员积极性。

第三章
如何做好搜索推广（SEM）

第一节　80%的业务来自于搜索推广

我是靠网站自然排名技术起家的，从 2006 年起就陆续为包装类企业做网站的自然排名，直到 2012 年出版《传统行业如何用网络拿订单》一书时，书中还是以自然排名为重点。但随着公司整合营销业务的增多，让我不得不承认付费的搜索推广才是网络营销的主力军，搜索推广才是企业网络营销的标配，也是添力网络营销战法的第一板斧。

多数企业的广义搜索引擎营销数据明显符合二八原则，即 80% 的营销成果来自于付费的搜索推广，20% 的营销成果来自于网站自然排名和第三方平台。尽管 360 搜索引擎这几年很努力，积极追赶百度，号称市场占有率在 30% 以上。但从众多客户的数据来看，80% 的有效访问来自于百度，20% 来自于 360、搜狗和 bing。对于大多数 B2B 业务模式的企业而言，80% 的网络营销成果来自于工作日（周一到周五的 9 点到 17 点），20% 来自于下班后和双休日；80% 的咨询来自于 PC 端的访问结果，20% 来自于移动端。

说到这里，有人会提出异议：不是说移动端越来越重要了吗？怎么只有

20%的市场份额？注意我前面界定的范围是 B2B 企业，而不是 B2C 企业。我们设想一个场景：一家企业的采购部，采购总监对一名采购助理说："公司推出新产品，请帮我在网上找几家印刷厂，让他们报一下纸盒的价格。"采购助理办公桌上摆着办公计算机和自己的手机，他会不用大屏幕的计算机而用自己的手机来寻找供应商吗？就算他真的用手机找供应商，别的同事看他花几个小时在摆弄手机，到底是在工作还是在玩微信或者是玩游戏呢？正常情况下，大多数人会选择用计算机，除非这个助理正在路上或者家里，不方便使用计算机。但对于大宗 B2C 业务模式的企业，如美容、培训、售车等企业，移动端的咨询量确实逐年上升，甚至超过了 PC 端。

一、搜索推广的优势

排名优先：广告区域总是在搜索结果最前面。如图 3－1 所示，有客户搜索"螺杆式空压机"，第一屏三条信息全部是广告，其他信息包括百度自己的栏目只能排在第二屏。正是因为如此，网络上的大多数订单都落在了搜索引擎的广告区域。

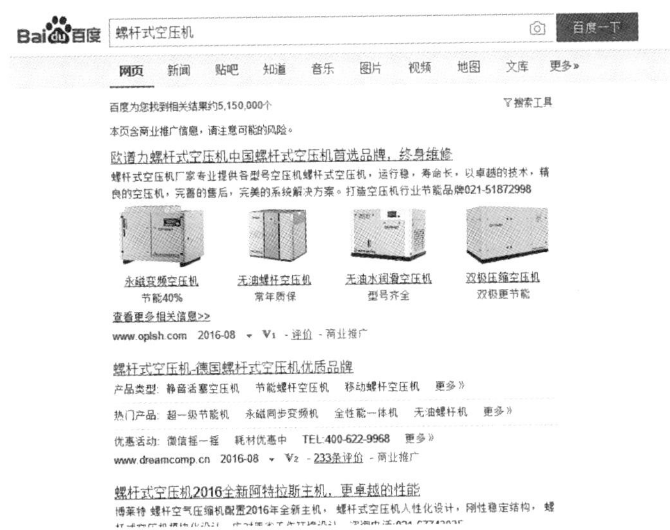

图 3－1 在百度上搜索"螺杆空压机"时搜索结果首页

立竿见影：搜索推广在所有搜索引擎营销渠道中效果最好，广告一上线就有可能接到订单。而其他手段需要经历一个漫长的被收录、被排名的过程，少则几天，多则几个月。

撒网广泛：只要你肯花广告费，使用少数核心关键词就能覆盖全部相关搜索词（在关键词一节中详细讲解）。而其他手段（网站自然排名和第三方平台）一篇文章只能推广几个关键词的排名，想要覆盖客户的全部搜索词几乎不可能。

所以，一家企业如果想知道网络营销到底对自己有没有效，最直接的做法是把搜索推广做起来，如果搜索推广都没有效果，其他手段就更不用说了。

二、搜索推广的劣势

技术型广告：它不像传统的电视、报纸，甚至是门户网站的广告图，一次做好广告，后面反复播放就行了。搜索推广的技术要复杂得多，需要专人打理，不然你的广告费很有可能打水漂。

花费较大：在广义搜索引擎营销中，它是最费钱的。以我的一个长期客户 2016 年网络营销年支出来看，全年 72 万元中，有 48 万元是百度广告费、10 万元人工费、8 万元网络营销外包服务费、网站建设维护费用 4 万元、杂项 2 万元，搜索推广费用占网络营销总投入的 2/3。

被恶意点击：许多企业中止百度搜索推广，不是因为广告费太高，而是因为被恶意点击折磨的，详见本章第八节。

鉴于“付费的搜索引擎竞价推广广告”一词太长、太拗口，百度又占了绝大多数的市场份额，我和各位读者约定一下，后面都简称“搜索推广”，后面所谈到的搜索推广技术和方法也同样适用于各搜索引擎广告的管理。

我这么推崇百度搜索推广，并不是在为百度做广告，本章也不是百度搜索推广的使用说明书。相反，本书许多观点是百度不希望公开的，或者与百度官方观点相左，因为我是站在客户角度而不是百度方看问题和解决问题的。

第二节　百度广告开户应注意的问题

几乎每家企业都接到过百度公司的业务电话，百度能够快速成长，电话销售功不可没，而 360 就没有这么好运气了。当它开始追赶百度时，智能手机已经有了标注和拦截骚扰电话的功能。就这样，我们仍能每天接到不同搜索引擎的业务电话，所以许多人认为，百度广告开户那是对百度业务员莫大的恩惠，很容易的事，只要在电话里松口，立刻就有业务员上门签合同，可是要注意这里面也有许多注意事项。

首先，百度电话销售员与上门业务员不是同一个人，一般百度选择声音甜美的女孩做电话销售员，选外形干练的男孩做外勤业务员。所以，电话销售员为了拉客户，说得再好听也不算数，都要以上门业务员手里的合同为准。百度公司有统一的销售合同。企业老板第一次看到这样的合同会感觉不踏实，我也经常接到老板的求助电话，问我敢不敢签，能不能选别的公司。我的回答是，都一样，所以你也就闭着眼睛签吧。合同中唯一需要商量的是广告充值费用，这跟两位业务员的提成有关，充值越多提成越高，所以他们总是变着法地让客户多充值。百度推广的最低合同额是 6000 元，其中有 1000 元是技术服务费，600 元是企业 V 认证费用，一旦开通广告账户，这 1600 元还是以优惠券的方式逐步返还到企业的广告费中。

其次，一旦付了款，你的开户工作就由百度审核人员和客服接管了，他们跟提成没有关系，所以审核严格，做事规范。这时就有可能发现前期业务员工作疏忽（有时不是疏忽，而是太急于完成业绩）而漏掉的资质问题，导致客户充了钱而无法做广告。

百度公司规定一个公司只能开通一个百度账户，分公司只要有独立的营业执照、公章和银行账户，照样可以开账户，但必须在总公司所在地开户。所以我们有时也能见到百度搜索结果的广告位全部被一家企业的多个分公司霸占，见第八章第三节。线下的各种企业经营许可证在线上也同样需要，如印刷厂的印刷许可证、食品厂的 QS 食品安全认证、医药企业的资格认证和药品经营许可证等。这些资质得到审核确认后，就可以进入下一个环节，验证企业银行账户是否真实存在，百度公司往客户公司银行账户里打款，并要求企业告诉具体的金额，用来证明企业的银行账户真实存在而且没有被查封。我的一个客户做了两年的百度搜索推广，效果还不错，想再为上海分公司开个户，合同签了，款也打了，就是因为没有为上海分公司开通银行账户而无法完成百度的流程，只好作罢。

在不同的地区，开户的成本也不一样。在北京、上海、广州、深圳、东莞、苏州几个城市，百度都设有分公司，企业可以直接和百度公司签合同，没有代理费之说。但在北上广（广东全境）、苏州以外的地区，都是由代理商负责开户和售后工作，各地区代理商会向客户收取一定的代理费，一年几百元到几千元不等。由于采用独家代理制，所以代理费完全由代理商说了算，无道理可讲。除了代理费外，百度公司还会拿出广告费的 12% 作为佣金返给代理商，这就意味着广告费花得越多，代理商的佣金也就越多，企业会面临被恶意点击的风险。我的建议是，如果可能，尽量在百度直营的那些城市开户，无代理费，风险小。

上述流程如果都顺利通过，企业就可以拿到账户后台的用户名和密码。进入后台，第一件必须做的事就是花 600 元做 V 认证（全称：百度信誉 V 认证，也称百度信誉档案，是通过对企业网站及经营实体的资质、真实性认证、可信行为、消费承诺意愿、口碑评价等数据的集合，以信誉评级和信誉成长值等方式，把网站的综合信誉情况呈现给网民，作为网民决策的参考依据），该认证以后每年同一时间做一次，每次做 V 认证仍然需要提供最新的营业执照和有关经营许可证，也少不了银行账户验证。百度做 V 认证时，对网站也有要求：第一，网站域名所有者必须对应该企业，不能是个人或者其他企业；第二，网站必须通过工信部备案，备案主体也必须是该企业；第三，自 2015 年起，开户的网站除了有 PC 端，还必须拥移动端；第四，网站必须通过百度安全软件的扫描，确保网站安全性。

不少采购商在百度上搜索供应商时，不愿意选择做广告的供应商，反而选择排名在广告位后面的企业网站，总担心做广告的供应商报价高，会把广告费算到报价的成本里。我不敢苟同，因为凡是做过百度推广的企业都通过了 V 认证，由百度帮着审核企业的资质，相对来说与他们合作更诚信、更安全。

我写这段内容的时间点是 2017 年 8 月 1 日 21 点 26 分，我在百度搜索“网络营销公司”，搜索结果第一屏如图 3－2 所示。

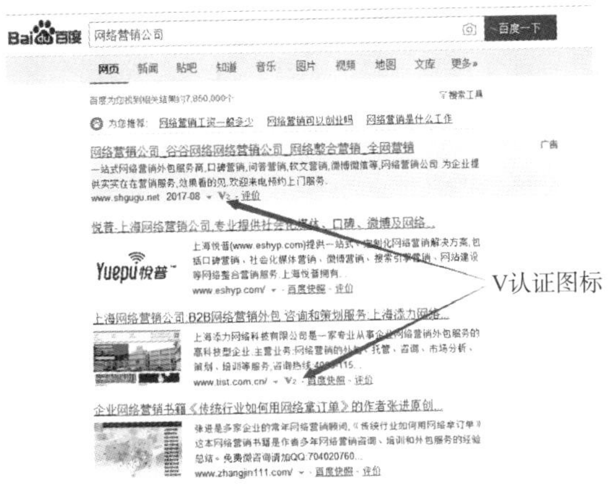

图 3－2　在百度上搜索“网络营销公司”的结果首页

图 3－2 中第一个网站是付费的广告，有 V 认证标识；第二个网站没有做过百度广告，只是自然排名在第一位，所以没有 V 认证；第三家是添力公司的网站，也有 V 认证标识（注：由于我们只在白天做广告，所以晚上虽然看不到我们的广告，但仍能在自然排名结果里看到我们做了 V 认证）；第四个网站是我的个人博客，也是因为没有做过搜索推广，所以没有 V 认证。有人会注意到，在“网络营销公司”一词上，我公司的网站和我的个人博客分别自然排名在第二位和第三位，这也印证了我公司网站自然排名（SEO）的实力。如果你的网站也想有好的自然排名，请认真阅读第四章。

如果点一下 V□小图标，就会出现图 3－3 的结果。

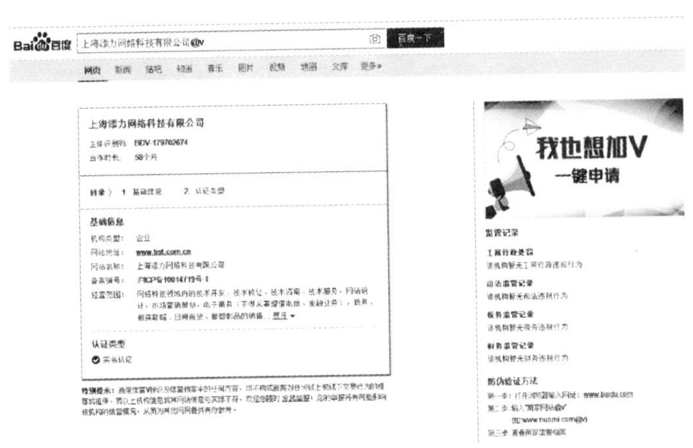

图 3－3　在百度上搜索“上海添力网络科技有限公司＠V”的结果

图3－3反映的信息量很大，可以让采购员初步判定这家企业的真实可靠性。可以看到，添力公司与百度合作了58个月，经营范围完全是从企业的营业执照上抄过来的，企业通过了百度的实名认证，而且没有任何来自工商、司法、税务、财务方面的违法记录。近几年，我们在许多客户的网站访问数据里看到不少访客去看企业的V认证信息，他们要么是老道的采购，在选择优质的供应商；要么是老道的销售员，在选择优质的客户；甚至是老道的求职者，在选择正规的企业。

V认证有信誉值等级：

信誉值V1（0～40）：基础信誉积累，可放心访问。

信誉值V2（40～90）：良好信誉积累，可安心交易。

信誉值V3（91＋）：充分信誉积累，可持续信赖。

百度承诺：网民访问加V网站如果遭遇钓鱼欺诈，无论是商业推广结果还是自然搜索结果，一律可获全额先行赔付。

我注意观察过大量的企业网站V信誉值，凡是资质完善、无不良记录、做百度广告时间比较长、广告预算充足（每月几万元到几十万元的广告费）的企业，都能拿到V3信誉值。这也容易理解，真的需要百度先行赔付时，它可以扣下广告费来赔付。另外，由于每年每个企业用户都需要交600元的V认证费，以官方统计数据其有活跃的用户有40万～50万计算，百度V认证业务收入一年就有2.4亿～3亿元，足可以应付一小批欺诈商家。

V认证做好后，企业就可以安排人管理百度推广账户了，或者完全交给百度客服帮忙打理。为提高效率，百度公司一般会把同类的企业交给一个客服打理，这个客服能看到多个同行间的数据，新来的客户会使用老客户的广告创意和关键词。但由于百度客服没有义务学习企业的相关知识，所以广告词都是套话（质优价廉、发货及时、诚信至上……），关键词各家也都一样。更恐怖的是，一个客服要管理上百家企业的账户，每天平均到一个客户的时间只有几分钟，基本做不了什么事。如果有可能，企业应当自己管理百度推广账户，或者是外包给第三方来管理。

第三节　我为什么不做网盟广告和手机端广告

做过百度推广的人都知道，刚开户不久，百度客服就会打电话过来，让你做网盟广告、开通移动端广告。如果你实在不乐意做，他们也求着你帮忙开通几天，花几十元就关掉。因为客服都背着任务指标，其中一条就是考核网盟和移动端广告的使用率。许多人跟我一样，理解当中的百度广告就是搜索推广，其实百度还有许多广告产品我们甚至都没有听说过。打开任何一个企业的百度推广账户，右上方有一个菜单【全部商业产品】，点击这个菜单就能显示所有百度广告产品，如图 3 –4 所示，这些产品被百度分为三个大类 8 个产品。

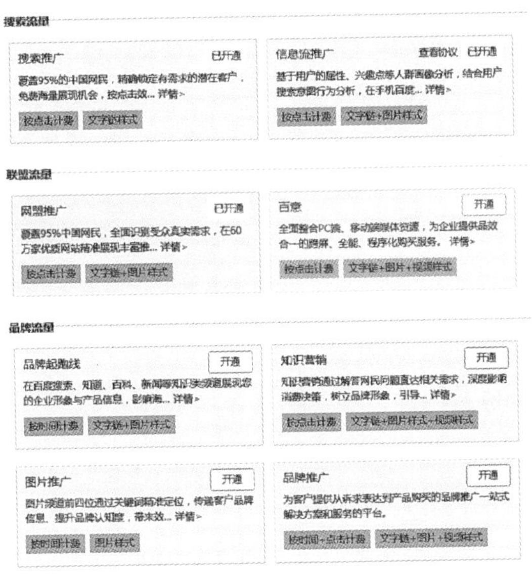

图 3 –4　百度主要的付费推广产品

第一大类搜索流量，可以理解成能为企业网站带来流量的百度广告，其中搜索推广是本章重点，在后面章节逐一详解；另一个搜索流量产品便是百度新推出的“信息流推广”。第二大类是联盟流量，包括网盟推广和百意，可以理解为百度与其他网络平台（既有 PC 端也有移动端）合作，将百度广告植入这些平台上，为企业网站带来流量。第三大类品牌流量，其中品牌推广、品牌起跑线广告产品比较好理解，大品牌的公司可以每年花上百万做品牌推广广告，小品牌的公司可以花数十万元做品牌起跑线广告。第三大类的另两款广告产品：知识营销和图片推广，放在品牌流量里有点牵强。知识营销广告是指穿插在百度知识栏目中的广告，如百科、知道、知乎、文库、经验等，更适合知识性强的行业做推广，如汽车销售、培训教育、旅游等。图片推广更适合外观消费品及与图相关领域的推广，如汽车销售、服装、图库、装修、平面设计等。

本节重点讨论的是第二类广告联盟流量：网盟广告和百意。这类广告如果没有外界的干涉，是非常完美的广告形式，以下是百度官方对网盟广告的描述：

这类广告每日超过 140 亿次的展现机会，加盟合作网站累计超过 60 万家，为企业主编织巨大的营销推广网络，覆盖 95% 的中国网民。覆盖超过 20 亿移动流量，影响超过 2.5 亿用户，主力企业影响用户全时段，形成手机上网时间与 PC 的互补，影响用户一天 24 小时的碎片时间。网盟推广凭借多年的技术积累和庞大的受众数据资源，可通过技术手段挖掘，分析网民浏览、搜索、咨询、点击等长、短期积累的行为数据特征，找到不同需求特征的网民并实施精准推广。

百度网盟推广能够在帮企业主找到“潜在需求网民”之后，持续追寻他们的网上行为轨迹，长时间、多频次展现企业主推广信息。“跟着走”的持续展现方式能最大限度地引起网民的兴趣；追踪深入需求，给网民留下深刻非凡的印象；最终促成购买。

强调主动展现的网盟推广，延续电视、报纸、网络等传统展示性推广媒体“赏心悦目视觉冲击”的优势，我们提供固定、悬浮、贴片等展示形式，并以图片、动画、文字、图文混排等近 20 种尺寸的创意形式，在网民眼前生动诠释更多推广灵感，留下深刻的视觉印象、激发需求欲望。

读了这段内容，我由衷感叹：网盟真的是无比强大。而且大多数人和我一样也能体验到，当浏览第三方平台时，网盟广告总是“如影随形”。如图 3－5 所示，我在一个小型的 B2B 门户网站（黄页 88）上寻找上海空压机厂时，看到的网页截图，中间两块用黑线框起来的部分都是百度网盟广告，注意黑框里的右下角都有百度的熊爪图标。网盟广告中的关键词的确是我最近在百度上搜索过的关键词。

图 3－5　黄页 88 网站上的网盟广告

既然效果这么好，企业做了网盟广告效果一定不错，但事实是大多数企业，特别是 B2B 企业做了网盟广告之后都说没效果，最后不得不停止做网盟广告。如图 3－6 所示，这是一家变速箱维修厂的网站流量统计数据（变速箱维修行业是大宗的 B2C，按理说效果要比 B2B 企业好一些），在短短的 10 分钟内，网盟广告带来了 24 条跟变速箱相关的流量。但注意这个数据的最后两列，这 24 条访问没有访问时长，访问页面数也只有 1 页。也就是说这 24 条来自全国各地不同 IP 地址和不同计算机上对企业网站的访问，点了就走，根本没有人看企业网站。这是明显的恶意点击，为什么会这样呢？

地域	访问时间	来源	入口页面	关键词	搜索词	推广	访问IP	访客标识码	访问时长	访问页数
39 南昌	2015/10/17 10:32:14	网盟推广	http://www.f...	自动变速...	--	[illegible]	218.64.55.202	ef3351508635775ff0205c35f91916d8	--	1
40 莆田	2015/10/17 10:32:04	网盟推广	http://www.f...	捷达手动...	--	[illegible]	58.42.229.97	83501a6d5519b9e88b851754b27525fd	--	1
41 平顶...	2015/10/17 10:31:36	网盟推广	http://www.f...	[illegible]	--	[illegible]	222.85.32.92	3a6e4598b35f54e56c38f332de1394f9	--	1
42 临沂	2015/10/17 10:31:24	网盟推广	http://www.f...	自动变速...	--	[illegible]	60.213.48.46	8a799184f739e152a38f0a73fdbf1dc3	--	1
43 郑州	2015/10/17 10:30:55	网盟推广	http://www.f...	卡罗拉日...	--	[illegible]	218.29.230.42	3b8add f66d6831e1be8779884ddb38e4	--	1
44 滁州	2015/10/17 10:30:45	网盟推广	http://www.f...	自动变速...	--	[illegible]	60.174.109.32	487c3ba2438392976 8c0635a7ab2b053	--	1
45 揭阳	2015/10/17 10:30:30	搜索推广	/?bdclick=1	自动变速...	--	[illegible]	218.29.15.136	e6805f3b67c77a7b54013cbe6f3b68d9	--	1
46 烟台	2015/10/17 10:30:24	网盟推广	http://www.f...	自动变速...	--	[illegible]	221.214.219.213	bfa42e911b74f354b825e91e7f81d062	--	1
47 重庆	2015/10/17 10:28:49	网盟推广	http://www.f...	速腾手动...	--	[illegible]	123.144.24.219	3e3ecb04abb20eb3e152425e1b708350	--	1
48 西宁	2015/10/17 10:28:44	网盟推广	http://www.f...	变速箱电...	--	[illegible]	125.72.101.18	9b4cc747db4bf7a6efd9c58978041eec	--	1
49 绵阳	2015/10/17 10:27:54	网盟推广	http://www.f...	雪铁龙自...	--	[illegible]	60.15.122.106	aca620cdce430ddac64aeba055810d15	--	1
50 泰州	2015/10/17 10:27:53	网盟推广	http://www.f...	荣威550...	--	[illegible]	58.222.254.18	1cc18c7429453cc079c042abbb712c16	--	1
51 新乡	2015/10/17 10:27:28	网盟推广	http://www.f...	雪铁龙自...	--	[illegible]	61.163.55.31	b11493f36a7c3bc532535cb02bd28aea	--	1
52 安阳	2015/10/17 10:26:37	网盟推广	http://www.f...	变速箱电	--	[illegible]	222.139.7.182	2e89ecb0ab35f68d5c381f6315ab0c3f	--	1
53 [illegible]	2015/10/17 10:26:31	网盟推广	http://www.f...	变速箱电...	--	[illegible]	14.110.90.56	9f4d1f24822044672d6f8f1fed8c0a9a	--	1
54 合肥	2015/10/17 10:25:34	网盟推广	http://www.f...	变速箱电...	--	[illegible]	36.62.165.122	1b08519544cadb9c409d45e727d8edc0	--	1
55 绵阳	2015/10/17 10:25:15	网盟推广	http://www.f...	--	--	[illegible]	113.137.37.132	036c940d932c0559227d3c9cad6948c2	--	1
56 嘉兴	2015/10/17 10:25:05	网盟推广	http://www.f...	变速箱电...	--	[illegible]	60.190.142.58	1e067252fa7d4d3c7cdab631b57df940	--	1
57 郑州	2015/10/17 10:24:56	网盟推广	http://www.f...	自动变速...	--	[illegible]	218.28.0.178	d87126ef29d6379a1cddc782dc9509ec	--	1
58 聊城	2015/10/17 10:24:36	网盟推广	http://www.f...	变速箱电...	--	[illegible]	222.175.5.66	c24590c3d8o28066a8d66837cb025819	--	1
59 长沙	2015/10/17 10:24:16	网盟推广	http://www.f...	[illegible]	--	[illegible]	175.0.228.45	f86fe929e480e2e29f7eb8d61c6ed711	--	1
60 盐城	2015/10/17 10:24:14	网盟推广	http://www.f...	卡罗拉日...	--	[illegible]	122.194.13.80	e490abf2eda07ded11cd659ae932bbf8	--	1
61 临汾	2015/10/17 10:23:36	网盟推广	http://www.f...	卡罗拉自...	--	[illegible]	60.221.229.83	d9f7d8ca10ed6f64afd4ed2a61080e40	--	1
62 怀化	2015/10/17 10:23:01	网盟推广	http://www.f...	雪铁龙自...	--	[illegible]	58.46.214.241	002eb7316e4a36d0734c594994a660c9	--	1
63 淮安	2015/10/17 10:22:40	网盟推广	http://www.f...	[illegible]	--	[illegible]	222.184.8.58	3fafaecd7921b0d64c10d04d7568fe07	--	1
64 泰州	2015/10/17 10:22:05	网盟推广	http://www.f...	雪铁龙自...	--	[illegible]	58.222.101.218	5f9562aac2c7aeee0f370530d7ad2428	--	1

图 3－6　一家变速箱维修企业网站在 2015 年 10 月 17 日 10 点半前后的网盟流量数据

因为你的网盟广告费是被百度公司和第三方平台瓜分的，如果被点击一下的广告费是1元，其中0.5元给了百度，0.5元划到了某个站长的账户里。我从来不会怀疑百度公司参与了恶意点击，尽管有许多企业做了百度广告后，效果一旦不好，就怀疑百度人自己点广告。但我坚信百度赚钱更容易，不会冒风险赚这个小钱。我也坚信，与百度合作的几十万家网盟广告第三方平台中，知名平台（如慧聪、58同城、百姓网等）也不会做此事，还是那句话，风险太大，万一哪天内部员工拿到铁证举报，多大的公司也得关门。但这类公司毕竟是少数，顶多几万家，还有几十万家的门户站长们，就需要靠点击自己网站上挂着的网盟广告过生活了。这些人多少懂些网络，更懂如何点击广告。这也就不难理解为什么图3－6能够显示在短短十分钟内，来自全国不同地区的不同IP、不同计算机上的点击，点了就走。大家会注意到图3－6的数据是2015年10月17日的，而2016年下半年起网盟广告也发生了变化，详见本章最后一节。

说明白了我不做网盟广告的理由，接下来再说说我为什么不做手机端广告。手机端广告，除了前面我们说的搜索推广有移动端外，网盟也有移动端。另外，百意广告——百度的一个移动端广告资源交易平台（就在我写本章的三周时间里，百度将原来的“移动DSP”改成现在的名称“百意”，百度推广后台变化快是公认的，真不知道写完这本书，回过头又要改多少内容了），不但包括移动端网盟的广告资源，还包括网盟所没有的广告渠道，如APP平台、手游平台、网吧、移动端硬件厂商、wifi无线网络运营商等。只要拥有广告渠道资源的企业或者个人愿意在百意平台上交易，那么企业就有可能把自己的广告推到任何一个角落，这听起来更诱人。但你看到下面这段摘录于某个论坛上的帖子，你的心也会跟我一样，拔凉拔凉的。

百度官方最新项目 百度SSP没事一天可以赚百十块

一、项目介绍

百度SSP是百度2015年5月推出的，主要用于商业推广，最近一段时间才开始火爆。简单地讲，百度SSP是一个对接商家和软件开发者的平台。举个例子，大家在用某款手机软件时可能会出现广告，这些广告大部分来自于百度SSP这个平台，无论是不是你感兴趣的广告，只要点击查看了，那么开发运营这个软件的人就会有一份收入，收入的多少取决于商家投放的力度，高一点的一般每个广告6~10元。所以，百度SSP一头对接的是想通过百度SSP这个平台帮自己产品打广告宣传的商家，另一头对接的是无数个各行各业的软件运营开发者，这样便能实现商家的广告通过无数的软件进行推广，软件的开发者又让自己赚到了商家的推广费用。

二、盈利模式

我在这里想要说的就是，我们的盈利模式主要分为两点：

第一，就是赚取商家的推广费用。想要赚到商家的推广费用并不需要自己会开发并且运营一个软件，我们可以通过其他渠道让自己变成一个软件开发者。这里我们需要一个APP即可去对接百度领取广告，当我们对接好APP后，我们要做的就是每天打开自己手机的软件，点击10~20个广告即可，收入每天在50~150元，切不可贪心。每天的操作时间在2个小时左右，手机、计算机均可。

第二，各位微商大咖可以代理我的APP，代理0投资，QQ：××××××咨询。

百度SSP官网网站：http：//SSP.baidu.com/home 或直接百度输入“百度SSP”即可。

百度公司广告流项目：

①风险低

②收益稳定：一个月3000~5000元。

③低投入。

④简单易操作：每天只需按照要求用手机或计算机点关键词，一天1~2个小时。

⑤招商加盟。

看到商机的请速与我联系!!!

看到商机的请速与我联系!!!

看到商机的请速与我联系!!!

发这篇帖子的应当是一个 APP 软件开发者，他的 APP 软件到底有什么用已经不重要了，重要的是安装了这款 APP 就可以点击 APP 上的广告（而这些广告正是百意广告平台交易来的）。如果这个 APP 上投放了几十个不同厂家的广告，每天点 10 ~ 20 个不同商家的广告，与百度分点广告费没什么问题。如果唆使其他人也安装该款 APP，还能拿到下线的提成，这大概就是发帖人所指的第二项收入吧。

大家还记得 10 年前，台式机装盗版的 windows 系统，最有名的就是番茄家园这个版本，据说开发这款盗版系统的人赚了好几千万，但并不是卖盗版软件所得，而是里面预装的搜索引擎、浏览器、网站导航等带来的广告收入。除了盗版使用者真有需求点击广告外，不排除那些广告费被这些系统自动点击。而今，手机端预装软件又大行其道，各预装软件公司需要给手机厂家不菲的预装费，这已经是公开的私密，是否还会有后期的广告分成不得而知。如果有，来自手机端的恶意点击少不了。

当然，一种现象能够存在自然有它的合理性，网盟广告也好，手机端广告也好，按百度官方的数据都处于增长趋势，那么多广告主不可能在没有效果的情况下增加广告投入。我认为，网盟广告、手机端广告比较适合大众化的个人消费与服务，如手游、团购、手机等。就算广告被人恶意点了，那些点击者也有可能是客户。只要恶意点击消耗的广告费远远小于获取的销售利润，这种广告形式就能够长久存在。但对于我所研究的对象：B2B 和大宗 B2C 企业，其客户面本身就窄，投放网盟和移动端广告后，有价值的点击量要远远小于无效的点击量，所以我和我的客户不会做网盟广告和手机端广告。

2017 年，百度又推出新的产品：移动信息流推广，是将广告推送到移动端的百度浏览器首页、百度搜索首页和百度贴吧。每次百度有了新产品，我都很重视，用自己公司的账户试验，先是做了浏览器首页广告，发现竟然获取不到访问统计数据，也就不能判断这个新广告的好坏。我又去做百度贴吧广告，连续做了两周，这回能看到访问数据，但没有任何咨询量。如图 3 – 7 所示，比刚才那个网盟广告的访问数据好不了多少。

		访问时间	地域	来源	入口页面	访问IP	访客标识码	访问时长	访问页数
+	1	2017/07/27 07:57:43	南京	信息流推广	http://www.tist.com.cn	122.96.41.89	2286320741894006233	24"	1
+	2	2017/07/27 07:56:29	杭州	信息流推广	http://www.tist.com.cn	223.104.247.52	1900601879472008100	未知	1
+	3	2017/07/27 07:41:59	重庆	信息流推广	http://www.tist.com.cn	123.147.248.223	1851023277156334094	未知	1
+	4	2017/07/27 07:41:19	南通	信息流推广	http://www.tist.com.cn	36.149.209.132	1725592214457965941	2"	1
+	5	2017/07/27 07:22:09	上海	信息流推广	http://www.tist.com.cn	101.245.116.236	2038125143125287007	未知	1
+	6	2017/07/26 17:48:12	杭州	信息流推广	http://www.tist.com.cn	124.160.213.137	2024315835885736483	未知	1
+	7	2017/07/26 17:39:59	南京	信息流推广	http://www.tist.com.cn	114.222.245.224	1693364123779703650	未知	1
+	8	2017/07/26 17:35:51	上海	信息流推广	http://www.tist.com.cn	117.136.8.227	1852635164987513118	未知	1
+	9	2017/07/26 17:05:24	南通	信息流推广	http://www.tist.com.cn	49.67.61.130	2235847682001398470	2"	1
+	10	2017/07/26 16:47:10	无锡	信息流推广	http://www.tist.com.cn	122.194.13.133	1934257634126256332	未知	1
+	11	2017/07/26 16:45:06	苏州	信息流推广	http://www.tist.com.cn	121.238.148.86	2269152026757838330	未知	1
+	12	2017/07/26 16:22:40	杭州	信息流推广	http://www.tist.com.cn	124.160.217.150	2275049824296943922	未知	1
+	13	2017/07/26 16:01:52	衢州	信息流推广	http://www.tist.com.cn	115.207.58.175	1821535053895612474	1"	1
+	14	2017/07/26 07:52:14	嘉兴	信息流推广	http://www.tist.com.cn	123.155.209.191	1898756791373607121	未知	1
+	15	2017/07/25 17:42:30	无锡	信息流推广	http://www.tist.com.cn	49.80.198.180	1861604362942899020	未知	1
+	16	2017/07/25 17:42:16	南京	信息流推广	http://www.tist.com.cn	183.206.162.100	1949673895207950477	未知	1

图 3－7　我公司网站做了几天移动端信息流广告的数据

图 3－7 的数据是不是跟前面网盟广告的访问数据很像，来自全国不同的 IP 和移动端设备，点了就走。当然如果是手游厂商，估计数据会好看些。不知道百度在自己的移动端贴吧上会和谁在瓜分广告费？手机厂家还是贴吧版主，抑或是刷机系统提供商？

最后声明一点，说了这么多并不是想说百度的坏话，前面提到的问题，在其他搜索引擎和平台上也存在，甚至更甚，这仅仅是我的个人观点供大家参考。相反，在所有搜索引擎中，我更认可百度，只是本书只针对 B2B 和大宗 B2C 企业谈网络营销，百度的其他广告产品不太适合，唯有搜索推广更实用、效果更好一些。

第四节　搜索推广的层级：账户

初次接触百度推广账户的人都会觉得有点头晕，打开一个窗口就是一堆图表，再打开一个窗口还是一堆图表。别说你了，百度客服也不是所有图表都能看懂，都能使用。我虽然长年研究百度，但只要隔一段时间不看后台，就会发现常用的工具不在原来的位置了，这是因为百度又增加新功能了，老的工具被移动了位置。以至于有时我备好了课，过了一周给企业做网络营销内训时，找不到要讲的工具放在哪了（注：网络营销课程有个特点，一般不会用准备好的 PPT 讲，都是即兴在网上边搜索边讲，更具有真实性）。

现在我要做的就是把复杂的百度推广后台简单化，提纲挈领，抓大放小，让大家快速学会使用网络营销最重要的第一板斧：搜索推广。

在百度后台点击进入搜索推广模块，再点击【推广管理】，就进入搜索推广的主界面，如图 3－8 所示。

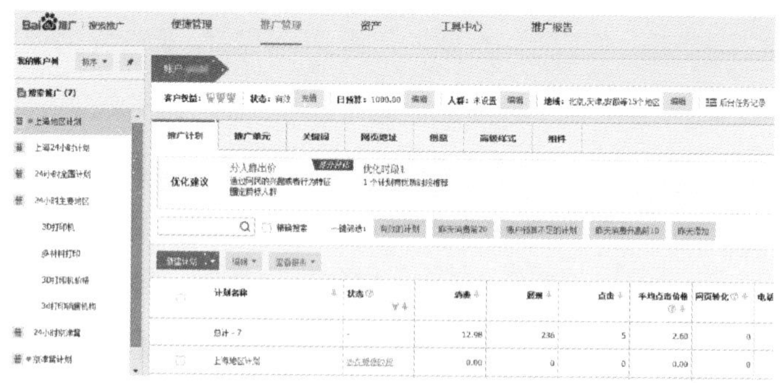

图 3－8 搜索推广管理界面

图 3－8 左侧就是百度推广账户的树状层级，分为三级：推广账户、推广计划和推广单元，最后一级推广单元里存有我们要推广的关键词。

图 3－9 能将这种结构看得更清楚一些：

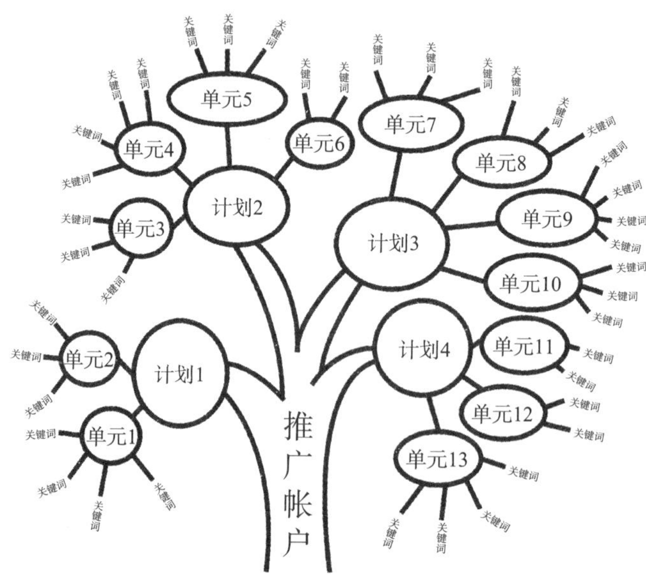

图 3－9 搜索推广树状结构图

对于搜索推广结构，我们只需要掌握一个应用技巧就可以了：判定什么情况下需要产生新的推广账户，什么情况下设立新的计划，什么情况下需要建立新单元，然后再把关键词放在正确的单元里，写好广告创意。第一个问题：什么情况下需要产生新的推广账户？

①一家从未做过搜索推广的企业开始做搜索推广，就需要开户，前面已讲。

②一家做过搜索推广的企业，由于种种原因停掉了，现在需要重新做推广。停掉的时间比较短（一般是几个月），企业只需要充值就可以继续做推广。如果停掉的时间比较长（一般几年），流程跟新开户没有区别。由于百度公司对以前的账户有记录，会将V认证信誉值转移到新账户里。比如一家企业2004年做过搜索推广，之后5年停掉了，2010年又开始推广，那么在V认证里显示的合作时长就会是几年而不是几个月。这有利于客户对企业的信任度，也有利于网站自然排名。

③一家正在做搜索推广的企业，想再开一个推广账户。如果这家企业只有一个公司，没有分公司，也没有代理商，那就没有办法了，因为一个公司只能开通一个账户。所以要想多开账户，必须成立多个公司，或者多个子公司，或者以代理商的名义做推广，或者让代理商自己做推广。企业想开多个账户做推广，一般是为了尽快占领网络市场。如图3－10所示，在宁波地区用百度搜索“ERP公司”，前四条广告全部都是SAP公司的代理商投放的。

图3－10　在宁波地区用百度搜索“ERP公司”的首屏搜索结果

明确了什么情况下需要开多个账户后，接下来我们需要了解第一个层级——推广账户可以做哪些事情。点击左侧的“搜索推广”，右侧就会对应出现账户菜单，如图 3－11 所示。

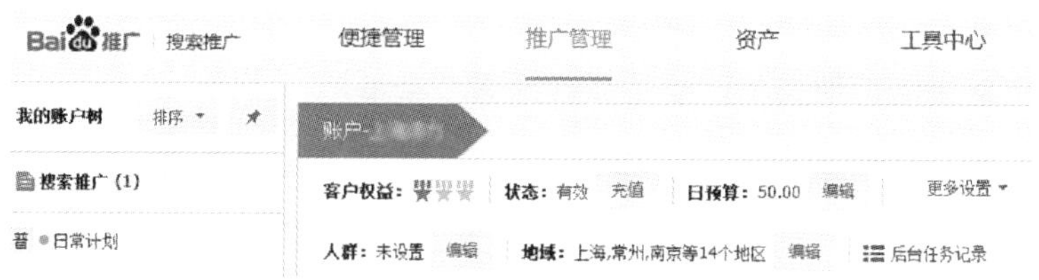

图 3－11　搜索推广账户层级的界面和菜单

第一项：【客户权益】。说白了，就是你掏多少钱的广告费能够享受什么样的好处。广告预算越高，权益越多。点击进入，出现如图 3－12 的界面。

上海添力　有效期：至2018年3月31日　申请升级

同行中已有12%的全徽章客户，赶超同行还需再接再厉哟！

我的权益：

100个计划　10万个关键词　200个否定关键词 400个精确否定关键词　历史操作记录 3个月内共5000条　31天搜索词报告

客户权益介绍：

客户平台权益是百度搜索推广为客户提供的平台差异化服务，按照搜索推广的消费进行级别划分，并用徽章表示，点亮的徽章越多表示级别越高，将会享受更优质的平台服务。

徽章				
年日均消费（元）	未生效	0 - 100	100 - 1200	1200以上
计划总数	100	100	100	300
关键词总数	1000	10万	100万	2000万
否定关键词数 精确否定关键词数	200 200	200 400	300 600	400 800
历史操作记录	3个月内 共5000条记录	3个月内 共5000条记录	6个月内 共1万条记录	12个月内 共5万条记录
搜索词报告	31天	31天	61天	91天

图 3－12　【客户权益】界面显示的内容

由图 3－12 看出，企业可享受的权益分为四个等级，按日均广告消费来划分。企业不必在意这个，而是要根据自己的实际业务需要决定每天广告费的投放。就算是最低等级的权益，也足够一家企业使用。

第二项：【状态】。只要广告费不断，状态就会始终保持有效。如果企业确实因为某些原因无法及时充值，哪怕广告费只剩下一分钱，也不能花干净，应当暂停，否则就处于无效状态，账户质量度会降低，从而影响今后的推广。还有一种情况处于无效状态，就是广告违反了某些法律和规章制度，或者是年审不通过，尽管账户里有钱，但还是处于无效状态，需要解决问题后，申请重新恢复正常。

第三项：【日预算】。此处为整个账户的日预算，其下属的每个推广计划也可以设置各计划的日预算。一般而言，账户的日预算是所有计划日预算的总和，百度规定账户的日预算不低于 50 元。

第四项：【人群】。全称是【人群定向投放】，是指百度利用其长期积累的大数据，为每一个搜索者画像并标明其行为特征。如果我们做广告时愿意出高价，百度当然愿意把高价的广告投给指定的人群。图 3－13 是百度目前已有的人群分类，多为 to C 市场分类，少有 to B 市场分类，我的公司的账户能够选择的兴趣类目也只有软件应用、机械设备、商务服务、其他。做了一段时间的结果是其他类兴趣占多数，可见对于 B2B 行业，这个兴趣分类作用相对小很多。目前，百度对人群的行为标注并不完善，所以也只能关注同行的人群。出价系数，说白了就是你愿意花多少钱买这个大数据。比如我现在出价 10 元点击一次，1.4 倍系数，就是我愿意花 14 元让目标人群来点击。

图 3－13　【人群出价设置】界面显示的内容

第五项：【地域】。是指整个账户推广的地区，客户可根据自己的实际需要选择地区进行推广。图 3－14 是可供选择的地区，注意：每个省、自治区还可以选择地级市或区，但直辖市、特区没有下级选择。

地域 人群

省市列表 区域半径定位 门店半径定位

☐ 中国：

☐ 华北地区：	☐ 北京	☐ 天津	☐ 河北	☐ 山西	☐ 内蒙古
☐ 东北地区：	☐ 辽宁	☐ 吉林	☐ 黑龙江		
☐ 华东地区：	☐ 上海 1	☐ 江苏	☐ 浙江	☐ 安徽	☐ 福建
	☐ 江西	☐ 山东			
☐ 华中地区：	☐ 河南	☐ 湖北	☐ 湖南		
☐ 华南地区：	☐ 广东	☐ 海南	☐ 广西		
☐ 西南地区：	☐ 重庆	☐ 四川	☐ 贵州	☐ 云南	☐ 西藏
☐ 西北地区：	☐ 陕西	☐ 甘肃	☐ 青海	☐ 宁夏	☐ 新疆
☐ 其他地区：	☐ 香港	☐ 澳门	☐ 台湾		

☐ 国外：

☐ 日本 ☐ 其他国家

图 3－14 【地域】界面显示的内容

选择好区域后，就会出现图 3－15 的界面，可以选择不同区域的出价系数。比如在图中的推广区域中，上海地区同行竞争激烈，出价相对高一些，其次是南京和苏州。

☐	地域	出价系数	平均点击价格	点击率	展现	点击	消费
☐	江苏,南京	1.1	3.19	2.14%	467	10	31.89
☐	江苏,南通	1	4.17	1.16%	86	1	4.17
☐	江苏,苏州	1.1	3.83	1.72%	466	8	30.62
☐	江苏,无锡	1	4.63	0.79%	253	2	9.25
☐	江苏,盐城	1	0.00	0.00%	71	0	0.00
☐	江苏,扬州	1	0.00	0.00%	36	0	0.00
☐	江苏,镇江	1	0.00	0.00%	43	0	0.00
☐	上海	1.2	4.30	1.34%	1498	20	85.98
☐	浙江,湖州	1	3.27	7.84%	51	4	13.09
☐	浙江,嘉兴	1	2.95	4.44%	90	4	11.80

每页显示：20

搜索意图定位功能 关 账户层级关闭，计划设置无效，且无法更改开关状态

图 3－15 【地域】界面的出价系数设置

注意这个截图的底部，有一个【搜索意图定位功能】，打开它，不在你推广区域的搜索词中含有广告地区的词也会触发广告；关闭它，其他区域的人想找指定区域的供应商时会看不到广告。图 3－15 的地域表明我并未将广告投放到广东地区，如果这时有广东客户一定要找“上海网络营销公司”，他会看不到我的广告，因为我没有做广东地区广告，并关闭了【搜索意图定位功能】。如果打开这个功能，虽然我没有把广告投放到广东地区，但这个广东客户仍然会看到我的广告。

随着移动端上网用户量的增加，百度在地域功能上增加了按区域半径定位和门店半径定位功能。前者比较适合区域性强的行业，如办公设备租赁公司、家政公司、英语培训机构、家装公司等，后者比较适合有门店的企业做推广，如汽车 4S 店、医院、餐馆等。当然这两个新增的功能也是需要提高出价系数来保障效果的。

设置好上述账户参数后，就可以点击最右侧的【更多设置】，下面又出现一些设置选项，如图 3－16 所示。

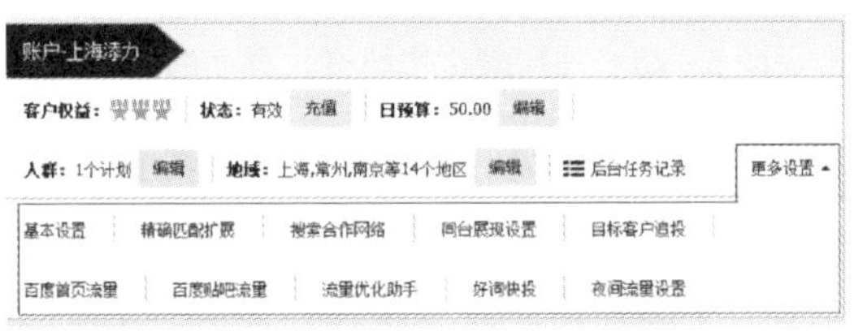

图 3－16　【更多设置】界面的内容

【基本设置】：用来告诉后台系统，一旦提交或者更改了推广的关键词/创意后，多久应当确认生效。以往有的账户管理员总是抱怨自己增加的创意或者关键词，百度迟迟审核不通过，其实是在这个位置没有选择立即确认，如图 3－17 所示。

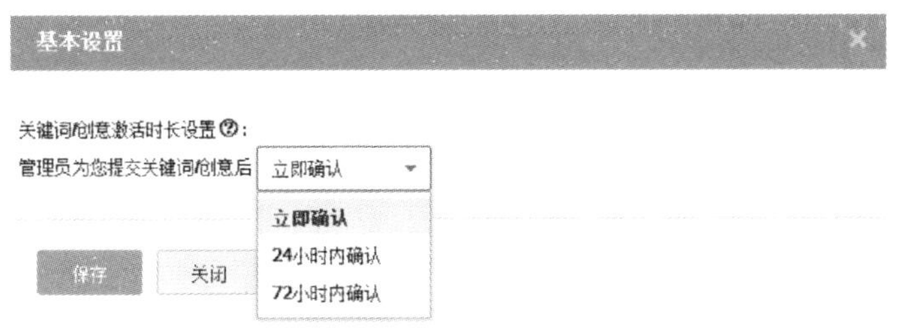

图 3－17　【基本设置】界面的内容

【精确匹配扩展】：该功能涉及关键词的匹配方式，在下节中细讲。

【搜索合作网络】：是指类似于百度内部的贴吧、知道等栏目，外部如 58 同城等合作伙伴。以我的经验，我的广告在这些平台上推送，效果要差很多，但又无法删除，所以我一般将此出价比例定义到最低 0.7 倍，如图 3－18 所示。如果长时间后，确实发现这个来源效果不好，可以向你的百度客服提出正式请求，关闭来自搜索合作网络的广告。

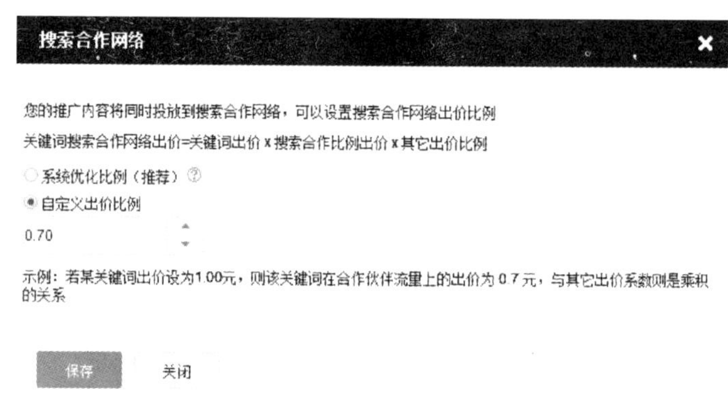

图 3－18 【搜索合作网络】界面的内容

【同台展现设置】：启动同台展现后，你的广告就有可能在同一个页面上出现多条，如图 3－19 所示，搜索 ERP 公司一词，www. nbudp. com 网站出现在第一条和第四条广告位上。当然如果恶意点击比较多，可以暂时关闭此功能。

图 3－19 【同台展现】功能开通后的搜索效果

【目标客户追投】：开启此功能自动为你定位两类目标客户：近期多次搜索过你的已购关键词或相关意图关键词的网民；近期多次浏览过你或与你业务相似的网站页面的网民。当系统锁定你的目标客户后，本功能会针对目标客户的当前搜索，在短语匹配关键词上通过扩匹配模式来加大你对目标客户的投放和展现机会。这是百度官方的解释，通俗地说，就是百度一旦认定此人是你的目标客户，那么这个人在网上浏览或者搜索时，你的广告就会展现在此人面前，哪怕他这会儿浏览和搜索的是与你无关的内容。

【百度首页流量】：就是前面提到的移动端信息流推广的百度首页推广。把它放在搜索推广账户里，没有取消选项，不想做移动端时，只能把价格系数调到最低。百度有许多捆绑销售的广告，还不能选择取消，只能选择把出价降到最低。如图 3－20 所示，最低只能是 0.1 倍。如果我买某个关键词的点击价格是 5 元，在移动端百度首页信息流广告上的出价只有 0.5 元。

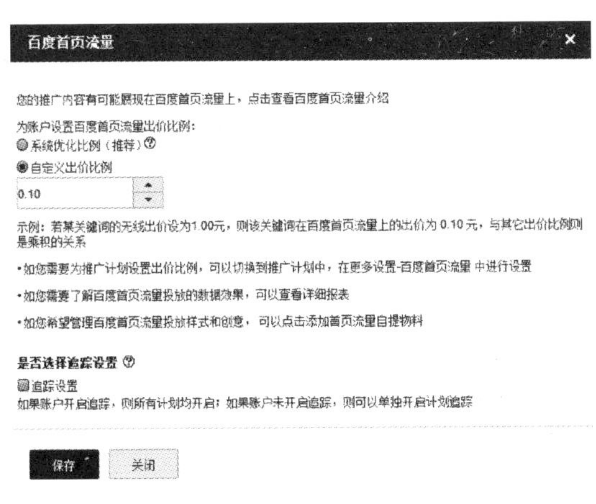

图 3－20　【百度首页流量】界面的内容

【百度贴吧流量】：就是前面提到的移动端信息流推广的百度贴吧推广，与【百度首页流量】一样处置。

【流量优化助手】：百度新推出的一个功能，目前只与【夜间流量设置】一起使用。

【好词快投】：就是由百度自动将你账户里未列出的关键词找出来，并投放广告，这些词根据百度自己的搜索词数据和竞争对手的关键词数据来定。使用此功能需要严密监控，毕竟是由百度系统而不是人来判定哪些关键词可以投放广告，有可能会触发许多无效的搜索点击。

【夜间流量设置】：按百度的说法，结合流量优化助手工具是为了降低成本，获取每天 18：00—24：00 的优质流量。至少我接触的客户开启这些功能后效果不太好，也没有配备坚守下班时间的客服，做了一阵儿就停止了夜间广告。也许对于 B2C 领域，这个功能有点用，但需要配夜班客服。

第五节　搜索推广的层级：计划和单元

讲完账户层级的基本功能与设置，我们接着来看一下它的子级——推广计划，点击左侧某一推广计划，在右侧也有计划层级的功能和设置，如图 3－21 所示。

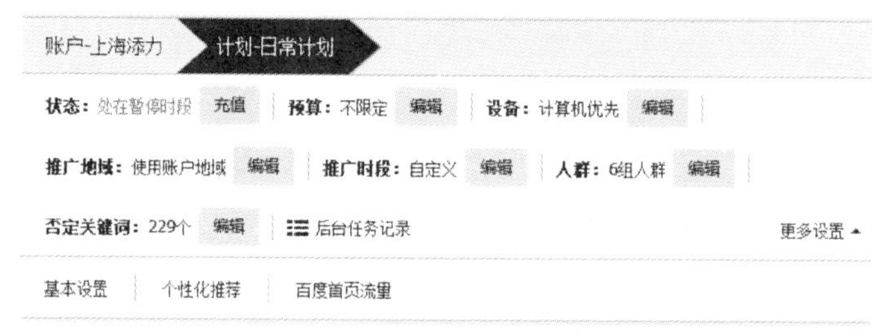

图 3－21　计划层级的界面和设置

推广计划的【状态】：某一计划可因为不在推广时间段或者被人为暂停，而处于暂停时段。

推广计划的【充值】：与账户级没有任何区别，只是时刻提醒用户充广告费。

推广计划的【预算】：一个账户里有多个计划时，可以设置总账户的总日预算，再给不同计划以不同的预算。比如总账户一天预算是 1000 元，给白天计划 800 元，晚上计划 200 元，这时就需要在不同的计划里设置预算。

推广计划的【设备】：此处是指 PC 端和移动端设备的关系。在账户层级上没有设备的设置，而在计划层级上，百度根据自己的大数据和用户所处的行业，预先设定了此账户是计算机优先推广还是移动端优先推广。如果是计算机优先，点开编辑按钮，可以设置移动端推广的出价比例，如图 3－22 所示。

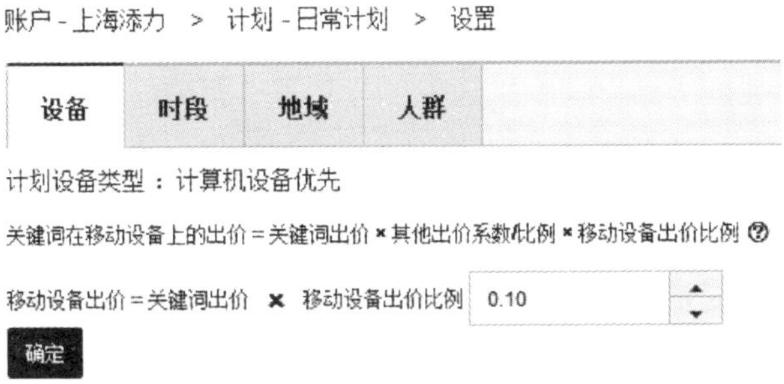

账户-上海添力 > 计划-日常计划 > 设置

设备 时段 地域 人群

计划设备类型：计算机设备优先

关键词在移动设备上的出价＝关键词出价 × 其他出价系数/比例 × 移动设备出价比例

移动设备出价＝关键词出价 × 移动设备出价比例 0.10

确定

图3－22 在推广计划的【设备】界面设置移动端出价系数

请注意一点，这里没有设置取消移动端广告的选项，这也算是百度的捆绑广告。要想少做甚至不做移动端广告，只能把移动端出价比例调到百度允许的最低值0.1倍。

推广计划的【推广地域】：这里可以默认与上一级账户的区域一致，也可以自己定义本计划的推广区域，在此也可以按不同区域设置不同的出价系数。

推广计划的【推广时段】：这个功能在上一级账户里没有，在下一级单元里也没有，是计划层级独有的功能。可按最小单元——小时来设定一周的推广时间。在此也可以按不同推广时间段，设置不同的出价系数。

推广计划的【人群】：这里可以默认与上一级账户的人群一致，也可以自定义本计划的推广人群。在此也可以按不同人群，设置不同的出价系数。

推广计划的【否定关键词】：在下一节详解。

更多设置：计划层级的更多设置目前只有三项：

①【基本设置】：如图3－23所示，除了能在此修改计划名称外，还可以修改广告创意的展现方式，选择“优选”，意味着哪个广告创意好、点击率高，该广告创意就多展现；选“轮替”选项，意味着不分好坏，创意轮换出现。

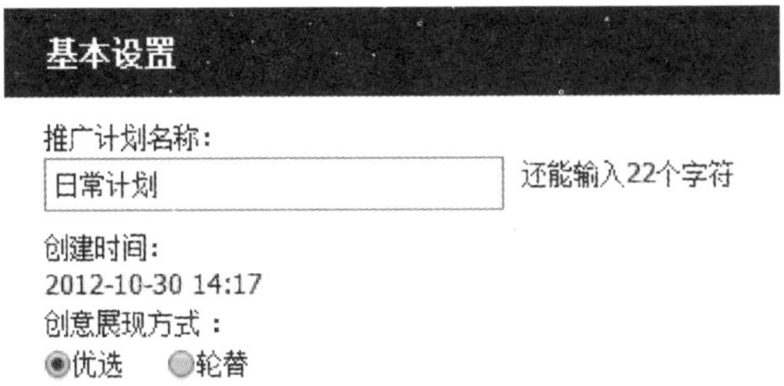

基本设置

推广计划名称：

日常计划 还能输入22个字符

创建时间：

2012-10-30 14:17

创意展现方式：

◉优选 ◯轮替

图3－23 推广计划的【基本设置】界面

②【个性化推荐】：系统会根据浏览行为及人群属性来分析网民的个性化需求，为其推荐相关推广结果。如果购买了与其需求相关的关键词，你的推广内容将有机会获得展现。正如我们在前面看到的，百度对于人群的分类更偏重于 B2C 的业务。

③【百度首页流量】：与账户层级的功能一样，都是移动端信息流广告。

计划层级讲完，就轮到最后一个层级：单元。点击左侧树状结构中的任意一个计划中的单元，右侧就会显示该单元的参数，如图 3 – 24 所示。

图 3 – 24 【单元】层级的界面和设置

单元的参数比较简单，单元出价是指可以对整个单元里的关键词设定统一的价格，否定关键词项只针对本单元有效，分匹配模式出价系数由于与关键词匹配模式有关，我们在下节中详细讲解。单元的"其他设置"只能修改单元名称。大家可能会注意到，账户、计划和单元都有个"后台任务记录"功能，我从来没有用过，百度也没有相应的文字介绍。问了百度的客服人员，他说自己也没有用过，只是系统在处理大批量关键词时在此会显示批处理过程。所以，读者可不用理会。

到目前为止，我们把搜索推广的树状结构及其功能和参数大致讲完了。其中，计划层级的功能和参数比较多，如果在账户里随意产生大量的计划，就会无谓地消耗工作量。比如之前有一个企业，为全国每一个省制定一个计划，我问为什么这样做，回复：因为每个省的竞争对手不一样，出价也不一样。如果我想增加一个关键词，就要在 20 多个计划里增加 20 多次，写一个广告创意也如此，增加一个否定词也重复操作 20 多遍，屏蔽掉一个恶意点击还是如此……我认为，产生一个新计划，一定是迫不得已而为之的。

怎么来判定是迫不得已呢？这就要看这两个层级（计划和单元）的差异。

【日预算】：只有计划有，而单元没有的选项。如果企业希望 A 产品系列每天消费 1000 元广告费，而 B 产品系列每天消费 500 元广告费，就需要分别为这两个系列产品设定不同的计划。

【设备】：该参数也是计划有，而单元没有的选项。前面讲了，设备是指投放广告在 PC 端还是移动端。比如一家卖空气净化设备的厂家，既卖商业空气净化系统，也卖家用空气净化器，他们考虑商用净化系统多为公司、工厂所用，都是企业采购行为，多会在上班时间用 PC 机搜索供应商，所以希望广告以 PC 端为主，移动端少做。另一款产品是家用的，则考虑以个人用户为主，希望多投放移动端广告。这时就必须产生两个计划，一个是商用计划，移动端出价系数为 0.1；另一个是家用计划，移动端出价系数为 1.5。

【推广地域】【推广时段】【人群】三项也是计划有，单元没有的功能。道理同上，就不一一解释了。

除了这五个因素需要考虑新建计划外，其他因素不必考虑另建计划。记住，多一个计划就会多一份重复的工作量。常见的计划名称是以推广地域、推广时段和推广设备来命名的，如北京计划、江浙沪计划、日常计划、业余计划、周末计划、夜间计划、移动端计划等。

如果说计划层级讲究的是宁简勿繁，到了单元层面上却讲究的是多多益善。为什么？以大家熟悉的办公家具为例，换位思考，如果你是一名创业者，需要给企业买办公家具，在网上搜索，当搜索“老板桌”，看到图 3－25 的两条广告，你会选择哪个？

图 3－25 在百度搜索“老板桌”时，搜索结果前两位广告

大多数人会跟我一样，选择第二条广告，因为它明确说的是老板桌，而且图片上也是老板桌。第一条广告谈的是办公桌，尽管我知道里面可能会有老板桌，感觉上第二家企业做老板桌更专业。第一条广告主只建立一个单元：办公桌，而第二条广告主则建立很多单元：老板桌、员工桌、会议桌等，老板桌只是其中一个，这样做会让你的广告更精准，也更吸引客户。客户需要什么，我们就能给什么。这也是我们设置单元的原则，后面还会反复用到。

当然，如果企业的产品非常多，不可能把每个产品都设立一个单元。通常的做法是，前期先把主打产品放在一个独立单元里，把次要产品放在一个综合单元下，以后根据网上需求量的多少，来决定是否把综合单元里的产品再分出新单元。

是否建单元的另一个评判标准是要看新单元是否有独立的着陆页面（就是网站上有对应广告的页面，比如老板桌产品介绍页面），如果有就可以建立新单元，如果没有可暂时不建。

由于单元是整个搜索推广的底层结构，所以一个计划下面的单元可能是五花八门的，常见的单元有：品牌（通过搜索品牌词引流到品牌介绍页面）、公司或厂家（通过搜索“××厂家”“××供应商”引流到公司优势介绍页面）、产品（通过搜索产品词引流到各产品页面）、价格（通过搜索报价、多少钱之类的引流到产品报价页面）、品牌对比（通过搜索“××产品有哪些品牌”“××品牌和××品牌对比”等词引流到产品对比页面）。

许多新人常常会把计划与单元概念混淆，以单元名称建立计划。如一家卖办公设备的企业寄希望于推广账户的树状结构，能够准确地对应他们的产品结构。于是，把账户理解为办公设备总目录，下分多个产品计划：打印机、复印机、计算机、投影仪等。其中，打印机计划里再分单元：针式打印机、喷墨打印机、激光打印机等。整个账户看似完整的产品分类结构，却无法使用百度各层级的功能。

正确的做法是，如果这家卖办公设备的企业不考虑投放地区和时段，也不考虑 PC 端和移动端，那他们只需要建一个计划，就是日常计划。里面除了包括前面所讲的内容外，在产品方面应当有办公设备单元、打印机单元、针式打印机单元……有读者会说：“这三个单元应当是包含关系，怎么在一个计划里都成了平级关系了？”一方面，百度没有更细的树状结构了。另一方面，充分考虑到客户的需求。比如有的客户就是想订各种办公设备，那么由办公设备单元推送广告，着陆到产品展示页面；有的客户只想订各种打印机，那么由打印机单元推送广告，着陆到打印机展示页面；有的客户只想买针式打印机，那么由针式打印机单元推送广告，着陆到针式打印机型号页面。总之在一个计划里，所有单元都是平级关系，不同的单元有着不同的广告创意和着陆页面，读者一定要清楚这一点。

第六节　关键词和否定词的应用

搜索推广又称为关键词推广，可见关键词在整个搜索推广中的重要性。开通百度搜索推广账户后，除了建立广告计划和单元，接下来就是向各个单元里输送合适的关键词。先向大家推荐一个百度后台工具【关键词规划师】，作为本章第七节中最重要的工具，我们放在本节讲。

任何一个搜索推广界面的底部都有一些工具，其中就有【关键词规划师】，点击进入这样的界面。在搜索推广界面的中间区域点击关键词，再点击新增关键词也同样进入【关键词规划师】界面，如图 3 – 26 所示。

图 3 – 26 是我公司百度账户的【关键词规划师】截图。网络营销也叫网络推广，也有人叫线上营销，今天我想增加与“线上营销”相关的关键词。所以，我就用这个工具搜索“线上营销”，第一次搜索并不理想，百度推荐了许多宽泛的词（如营销）和不相关的词（如线下营销）。百度程序也很有意思，它不太容易区分线上营销和线下营销是相反的词，它只能判断这两个词只差一个字，一定是相关的词。

图 3 – 26　在【关键词规划师】工具中搜索“线上营销”的结果

第二次我修改搜索参数，要求关键词必须包含“线上”，不包含“线下”，相关度大大提高，得到了 28 个关键词，如图 3－27、图 3－28 所示。

图 3－27　在【关键词规划师】工具中搜索“线上营销”并设置【包含词】和【不包含词】的结果

线上营销	线上营销平台	线上互动营销
线上营销方案	线上营销渠道	线上品牌营销
线上营销策划	线上营销策略	房地产线上营销
线上营销策划方案	线上营销手段	线上营销是什么
线上营销方式	线上营销推广	什么是线上营销
线上营销活动	线上营销案例	线上广告营销
线上营销方法	线上营销优势	线上营销推广方案
线上营销公司	线上营销的方式	线上网络营销
线上营销计划	线上整合营销	
企业线上营销	线上营销培训	

图 3－28　由【关键词规划师】工具推荐的搜索词

如何选择这些关键词？一方面，根据该工具的推荐参数来选择，这些参数分别是展现理由、整体日均搜索量、移动日均搜索量、推荐出价和激烈程度。我喜欢按整体日均搜索量的高低进行排序，来优先选择搜索量高的词。另一方面，需要读者根据自己行业特点来选择适合的词。我们先普及一个小知识，网络上潜在客户的行为周期：

①认知期：表现在网上的搜索词多为什么是、有哪些、××培训、学习××，如图 3－28 看到的线上营销是什么、什么是线上营销、线上营销培训。

②学习期：相对于认知期，客户已经初步了解了某行业的基本概念，需要进一步

学习，表现在网上的搜索词多为细分市场和××方法、××的区别之类的关键词，如图3－28看到的线上营销的方式、线上营销手段、线上互动营销、线上整合营销。

③借鉴期：借鉴网上的行业解决方案和成功案例，表现在网上的搜索词多为××方案、××案例、××行业××，如图3－28看到的线上营销推广方案、线上营销的优势、房地产线上营销。

④对比期：也称为选型期，客户在此阶段需要对品牌、产品、型号、价格等进行比较，表现在网上的搜索词多为××行业有哪些品牌、××价格、××地区有哪些服务商。

⑤确认期：在对比期一旦选好供应商，还要对此供应商进行最终的网上信任度评估并学习合作细节，为签合同做准备。表现在网上的搜索词多为公司名、××公司好不好、××风险有哪些、购买××设备要注意什么问题、××的流程。

⑥合作期：对于有些行业称之为售后期，客户对供应商的信任不够，一旦出现问题，也会在线上寻求答案。表现在网上的搜索词多为销售和应用环节遇到的问题，如××该不该、如何解决××、××怎么办。

在广告预算充足的情况下，一家企业想占有更大的市场份额，这六个时期的所有关键词都应当做。但大多数企业的预算都不足，就需要抓大放小。从六个时期来看，最重要的是学习期、借鉴期和对比期，所以我选择了这三个阶段的关键词。

图3－29　在【关键词规划师】工具选择好关键词后，快速保存界面

选择好的关键词，就会一直保存在【关键词规划师】里，点击界面右上角的已选关键词，图 3－29 左侧显示所有选中的关键词。在这里，你可以再次删除无用的关键词，如果还想继续增加关键词，点击左侧图的添加按钮，就会显示图中部的界面，在空白处填写想增加的关键词，一行一个，最后按确定完成，回到左侧界面。底部有两个按键，如果点击快速保存，则出现右图的界面，所有关键词设定统一的初始价格，再继续选择好关键词所在的计划和单元及匹配模式，就完成了快速保存。这种选词方式速度快，但所有词都用统一价格，后期还需要根据搜索推广排名情况重新调整。另一种选词方式是点击【查看预估】，出现图 3－30 的界面。

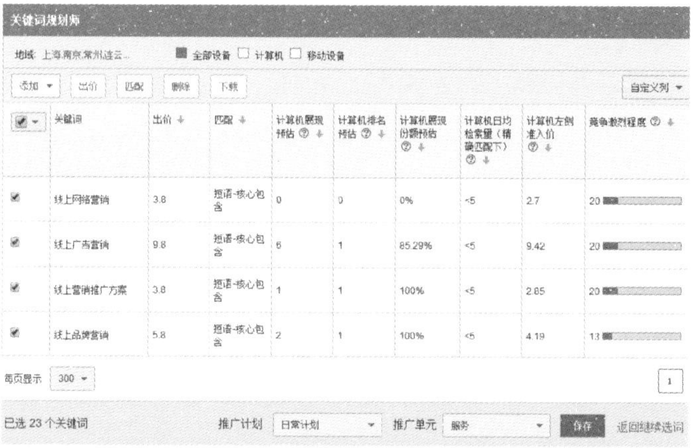

关键词规划师

地域 上海,南京,常州,连云...　全部设备　计算机　移动设备

添加　出价　匹配　删除　下载　自定义列

	关键词	出价	匹配	计算机展现预估	计算机排名预估	计算机展现份额预估	计算机日均检索量（精确匹配下）	计算机左侧准入价	竞争激烈程度
✔	线上网络营销	3.8	短语-核心包含	0	0	0%	<5	2.7	20
✔	线上广告营销	9.8	短语-核心包含	6	1	85.29%	<5	9.42	20
✔	线上营销推广方案	3.8	短语-核心包含	1	1	100%	<5	2.85	20
✔	线上品牌营销	5.8	短语-核心包含	2	1	100%	<5	4.19	13

每页显示 300　1

已选 23 个关键词　推广计划 日常计划　推广单元 服务　保存　返回继续选词

图 3－30　用【关键词规划师】工具的【查看预估】功能选择关键词

百度会根据以往的数据，告诉我们当有人搜索这个关键词时，广告能展现的最低价（图 3－30 中的计算机左侧准入价）、该词的日均搜索量、竞争激烈程度。我们根据百度提供的数据，为每个词填写不同的价格，于是【关键词规划师】就能自动预估出该词的排名和每天的展现量。当然该表格还会显示移动端的数据，由于受尺寸所限，我们在此只能展现 PC 端部分参数。设置好每个关键词的出价后，在界面的底部，我们仍需要决定这些词放在哪个计划的哪个单元里，保存后就可以了。采用【查看预估】功能，可以让我们为每个关键词设置不同的、准确的价格，避免第一种方式“快速保存”的统一价格而导致的问题：价格过高，浪费广告费用；价格过低，许多关键词无法展现。

前面两张图都提到了关键词的【匹配模式】，说白了就是我们做了某个词的搜索推广，它可以触发哪些搜索词。如图3－31所示，这是百度搜索推广里的关键词匹配模式，共有五种。

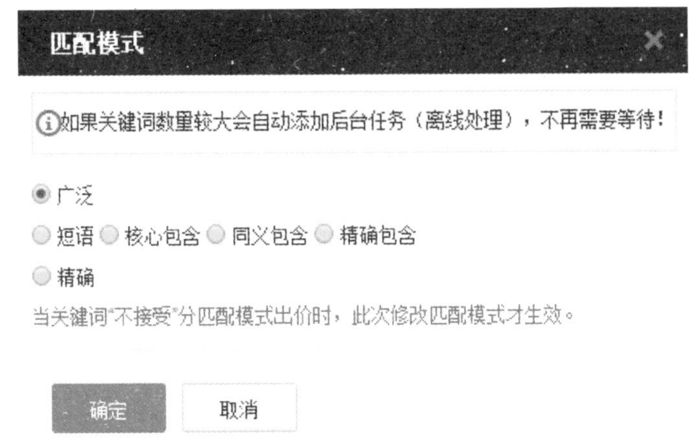

图3－31　关键词的五种匹配模式

为了便于理解，我们先从【精确】匹配讲起。为了把事情说明白，我们找一个大家都熟知的行业来举例。装修业既有大宗B2C业务模式（如家装、别墅装修），也有B2B业务模式（如工厂装修、净化车间改造）。

在精确匹配模式下，关键词被夹在中括号中，如［上海别墅装修公司］，搜索词只有与关键词一模一样时，广告才能展现。多一个字、少一个字都不行，有错别字、词语前后颠倒也不行。

在上一节讲到账户层级的更多设置中，有一个【精确匹配扩展】功能，与此处的精确匹配模式有关，如图3－32所示。

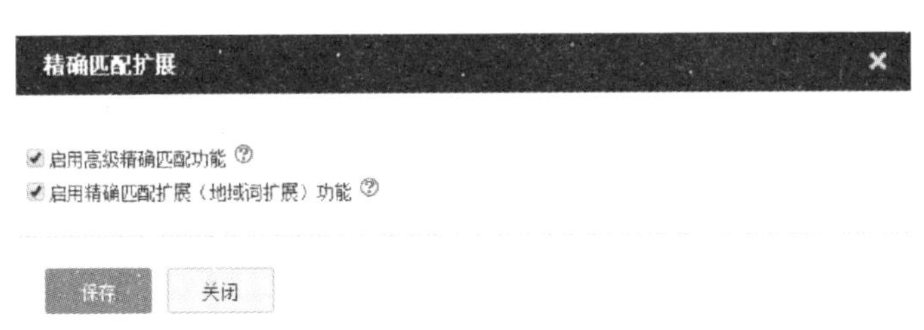

图3－32　【精确匹配扩展】功能的应用

其中，高级精确匹配功能能使广告主获得与精确匹配关键词意图高度一致的流量，如购买的"鲜花价格"关键词在高级精确匹配下能够获得"鲜花价钱"的流量。

第二个选项：精确匹配扩展（地域词扩展）功能启用后，当你设置的关键词中包含地域词时，位于该地域（按 IP 地址来判断）的网民搜索除去地域词以外的部分，也可能展现你的推广结果。比如你设置了关键词“上海装修公司”（精确匹配），启用此功能后，位于上海的网民在搜索“装修公司”时也可能会看到你的推广结果，位于上海以外的其他地区网民搜索“装修公司”则不会展现你的推广结果。

由于精确匹配必须是关键词与搜索词一模一样时才能触发广告，所以采用这种匹配模式投放广告时，引流量的功能相对其他匹配模式较少，而这两项功能正是用来弥补精确匹配模式触发广告少的不足。

接着是短语匹配模式，分为三种：【核心包含】，关键词被夹在双引号加大括号中，如“{上海别墅装修公司}”；【同义包含】，关键词被夹在双引号中，如“上海别墅装修公司”；【精确包含】，关键词被夹在双引号加中括号中，如“[上海别墅装修公司]”中。为了便于理解，我们仍然从精确包含讲起。

【精确包含】（举例“[上海别墅装修公司]”）：搜索词与关键词完全一致或者完全包含关键词都能触发广告，如上海别墅装修公司、上海别墅装修公司有哪些、上海别墅装修公司报价等。词语颠倒或者中间加了其他词则不能触发广告，如上海别墅卧室装修公司、上海装修别墅公司。

【同义包含】（举例“上海别墅装修公司”）：除了精确包含列出的情况，关键词的变体、同义词、颠倒词、插入词也能触发广告，如上海别墅装潢公司、上海装修别墅的公司、上海别墅卧室装饰工程队、上海专业别墅装修公司等。

【核心包含】（举例“{上海别墅装修公司}”）：除了同义包含列出的情况外，关键词的核心部分词语，以及这些词语与其他词的排列组合也能触发广告，如别墅装修、上海别墅装修、别墅装修公司、上海装修公司、别墅外墙装饰等。

【广泛匹配】（举例上海别墅装修公司）：除了核心包含列出的情况外，凡是跟关键词沾点边的搜索词都会触发广告，如别墅园林设计、婚房装修、二手房改建、上海装修协会、装修设计、软装、工厂装修、厂房装修等。这种匹配模式，带出的不相关搜索词比较多，一般想探究某个行业动向时，会把所有关键词设置成广泛匹配，就能快速了解本行业的动向。

如果对这些匹配模式以能匹配出的搜索词的多少来排序，【广泛匹配】>

【核心包含】>【同义包含】>【精确包含】>【精确】。

回过头来，我们看一下上一节中提到的单元功能里一个与关键词匹配模式相关的功能——分匹配模式出价，如图 3－33 所示。

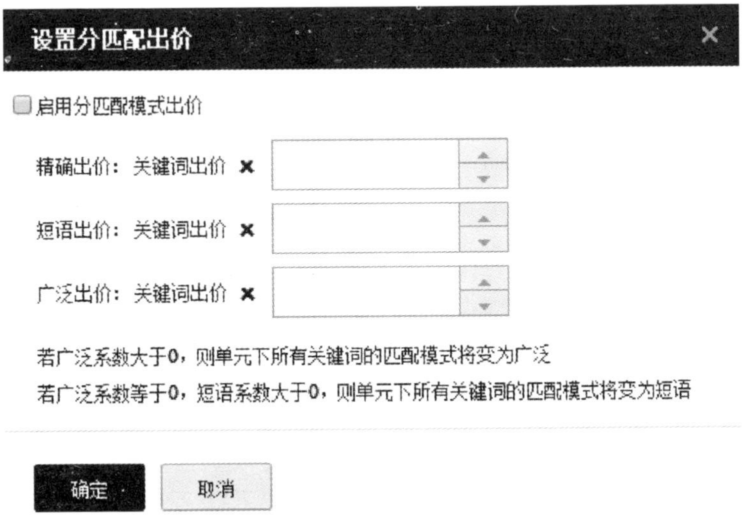

图 3－33　【设置分匹配出价】界面

由图 3－33 的解释文字不难看出，如果想让一个单元下的所有关键词都改为广泛匹配，只需要把系数改为大于 0 的数；如果想让所有关键词都改为短语匹配，先把广泛出价系数设为 0，把短语出价系数设为大于 0 的数；如果想让所有关键词都为精确匹配，就把广泛出价系数和短语出价系数设为 0，精确系数设为大于 0 的数。这个功能比较适合单元里的关键词太多，无法一个一个改成统一的匹配模式，用改系数的方式一步到位。

大多数情况下，关键词一般会使用短语匹配三种模式中的一种，结合好否定词，就能匹配出优质的搜索词。

否定词就是希望当搜索词中带有某些我们不想涉及的词语时，不能触发我们的广告，而设置的一类词，与关键词的功能刚好相反。否定词既可以在计划层级上设置，也可以在单元层级上设置。在计划层级上设置，计划里的所有单元广告都遵守否定词限定；在单元层级上设置，否定词只在本单元上起作用。

如图 3－34 所示，否定词分为两种：【否定关键词】和【精确否定关键词】。其中，【否定关键词】在搜索词中含有该词时，不展现广告；【精确否定关键词】必须与搜索词一模一样时，不展现广告。

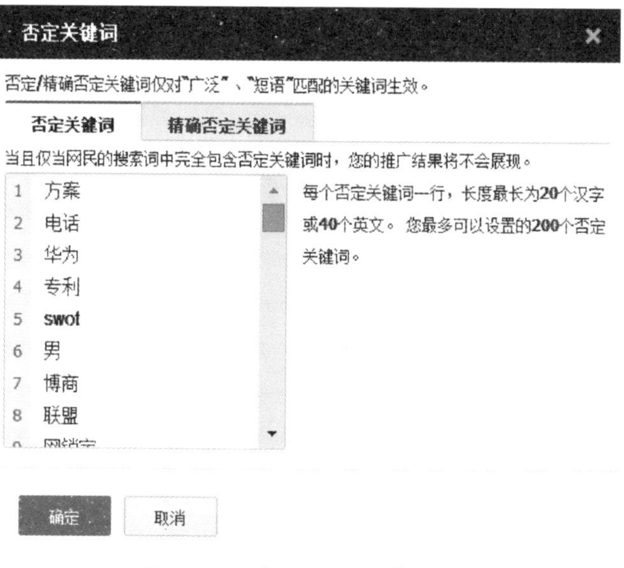

图 3－34　【否定关键词】界面

否定词的添加，最好是在新增关键词时就同步，而不是等到发现大量的无效搜索词时才去否定。前面我在新增“线上营销”相关的关键词时，不但不选择价值小的词，如什么是线上营销、线上营销活动、线上营销平台，而且还要把这些关键词里无关的词语否定掉，如什么、活动、平台，以防止这些词被短语匹配模式的“线上营销”一词带出来。

第七节　网络营销的最高境界：广告创意

设置好关键词，接下来就是编辑广告创意，这是一项对人要求比较高的工作，一般都是由网络营销团队的文案来担当。但真正的广告创意高手是一个全才，一要熟悉企业的产品与服务；二要了解行业、竞争对手，能写出差异化文案；三要有好的文字功底，因为百度的广告区域有限，一字千金；四要熟悉搜索推广账户的各种游戏规则，也就是说是一个 SEM 高手；五要有一定的平面设计功底，此人需要制作广告图；六要有广告法和商标法的意识，不能违法，否则哪天稀里糊涂地因触犯哪条法规，不但账户会白白关掉，还有可能受到重罚。

我的一位老客户要为新网站重新开户做百度搜索推广，他们的产品正是大家所熟知的空气净化设备，用它来举例如何写广告创意，大家比较容易理解。

大家常见的空气净化器是摆放在家里和公司里的一个塑料机箱，只是把室内的空气吸进去，把里面的 PM2.5、霉菌过滤掉，再把干净的空气释放出来，把室内的污浊空气循环使用。新型的空气净化设备又称为新风系统，是把室内污浊的空气排出，把室外新鲜的空气去雾霾、杀菌、除湿、调温后再送入室内，这种新风系统既可以装在中央空调系统中使用，又可以单独使用。该客户正是生产这种新型的空气净化系统，其核心关键词是新风系统、空气净化器。客户总结的产品特点有英国技术、厂家直销、低噪音、高效、超薄、除雾霾（除 PM2.5 效率达 99%）、除甲醛、灭菌、热交换效率 80% 以上、更换无需拆除吊顶、维修保养方便等。由于该产品申请的几项专利还没有拿到证书，所以按新的广告法要求，不能拿专利做广告。

如图 3－35，先在百度搜索推广后台左侧树状结构里选择好单元，再点击右侧【创意】，再点下部的【新建计算机设备优化创意】，进入图 3－36 的界面。

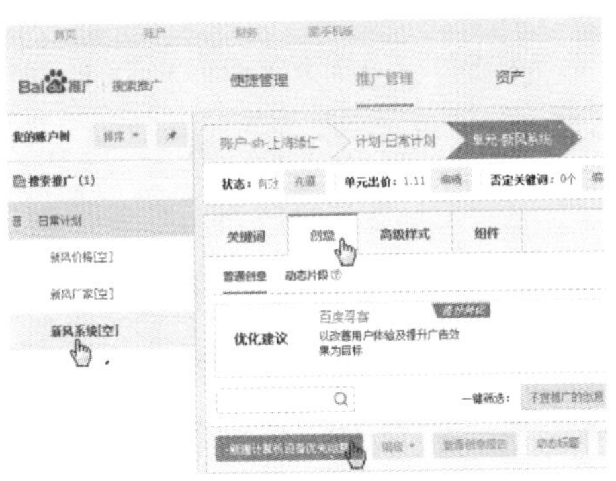

图 3－35　新建一个“新风系统”单元，再点击创意新建

图 3－36　【新建创意】界面

图 3－36 左侧是我们准备填写的广告创意内容，右侧是显示在移动端和 PC 端展现的广告效果。

左侧上 1/3 部分区域就是我们的创意标题和创意描述，放大如图 3－37 所示。

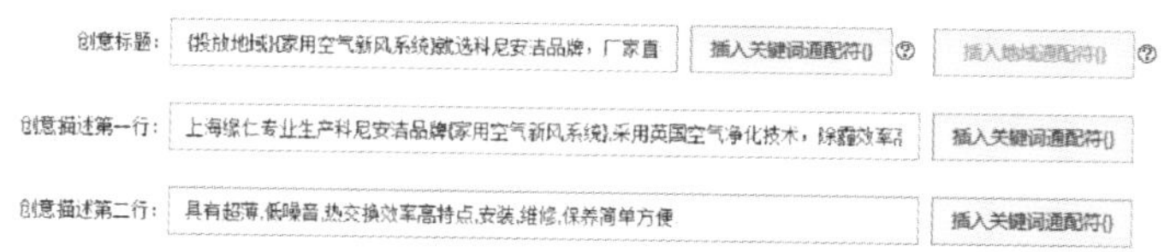

图 3－37 【新建创意】界面中的广告语填写区

第一行【创意标题】的右侧有两个功能键：【插入关键词通配符】和【插入地域通配符】。

【插入关键词通配符】点击后，在文字框中产生一对大括号，将本单元里的任意一个关键词填写进去，就能代表匹配单元里所有的关键词（如：新风、新风系统、家用新风系统、商用新风系统等）。选哪个关键词是有一定讲究的，建议选择字数比较多的关键词。因为标题只有 60 个字符，相当于 30 个汉字，如果选用短词（如：新风），精心把标题写好，30 个字全部占满，一旦客户使用的是多字词（如：家用中央空调新风系统），就会把标题尾部的部分广告语挤掉，读起来不完美。所以通配符里的关键词要选用多字词，标题也尽可能不要写满 30 个字。

点击【插入地域通配符】后，在标题填写框的最前端就会出现“{投放地域}”，不同于关键词通配符，地区通配符是固定的，不能修改和替换。当不同地区的人在百度搜索看到此广告时，该通配符就自动替换成当地的地区名。如图 3－38 所示，这是 2017 年 8 月 16 日广告展现的结果，客户搜索的是枣庄新风代理商，广告中自动加上枣庄两个字，关键词不再是我们写在通配符里的关键词——“家用空气新风系统”，而是“新风”。前者是地域通配符的结果，后者是关键词通配符的结果。

图 3－38 【插入地域通配符】设置后的搜索结果

【创意描述第一行】可以写80个字符，相当于40个汉字，必须再次含有关键词通配符，大括号里的关键词与标题的关键词保持一致。如果标题和描述中没有加通配符的关键词，会降低关键词质量得分（通俗来说，百度会认为你在挂羊头卖狗肉），也就意味着你的广告出价高反而排名差。【创意描述第二行】也可以写40个汉字，关键词通配符可写也可以不写，不影响关键词质量得分。创意描述尽量不要写满，省得被更长的关键词挤掉广告语。

要特别注意的是，2017年国家加大对网络广告违法的处罚力度，所以请大家尽量用真实的而不是虚假的文字写创意，也不要使用极限词，如第一、最大等。

写好创意后，就需要给广告配图。事先准备好两种尺寸的图：一种是正方形，用于移动端广告；另一种是长方形，用于PC端展现的广告图。如图3－39所示，百度系统会自动为每张图打分。

图3－39　广告配图及评分

图片评分是根据图片色彩、图片中是否有文字、图片的清晰度、明亮度等来评估，图片评分越高，推广效果越好，建议使用评分高于6分的图片。图片评分标准如下：

①图片色彩：图片色彩越丰富，配色越和谐，评分越高。

②图片文字：图片中违规文字（角落水印、纯文字图片）会降低评分。

③图片清晰度：图片越清晰，评分越高。

④图片明亮度：图片明亮度过高或过低，都会降低评分。

这是百度的官方标准，也是 2017 年新出台的规定。而我有自己的看法：百度不希望在图片上有企业的信息，如标志、公司名、网址、联系方式等，这样会导致客户可能绕开广告，直接打电话或者访问企业网站。如果有文字在图上，一般分数都很低，不太可能随文字广告展现；这种不带任何文字的图，可以让百度很放心地用在网盟广告上。2016 年以后，点击网盟广告，不再进入哪个企业的网站上，而是进入搜索页面，所以百度一定要使用中性的图片，而不是含有哪家企业信息的图片作为网盟广告的图片。

选择好图片，接下来就是设置本单元的着陆页面，分为计算机页面和移动端页面。这家空气设备公司的网站目前没有移动端网站，所以移动端的着陆页面与 PC 端一致。也可以点击【前往落地页工具制作落地页】，用百度模板，自动生成一个简易的移动端着陆页面，如图 3－40 所示。

计算机访问URL：http://www.cl-kongtiao.com

计算机显示URL：www.cl-kongtiao.com

移动访问URL：http://www.cl-kongtiao.com

前往落地页工具制作落地页

移动显示URL：www.cl-kongtiao.com

图 3－40　着陆页面和显示网址设置

“显示 URL”是指在广告中给客户看的网址，不管是 PC 端还是移动端，一般都设置成企业官网网址，图 3－41 就是全部设置好后预览到的广告效果。

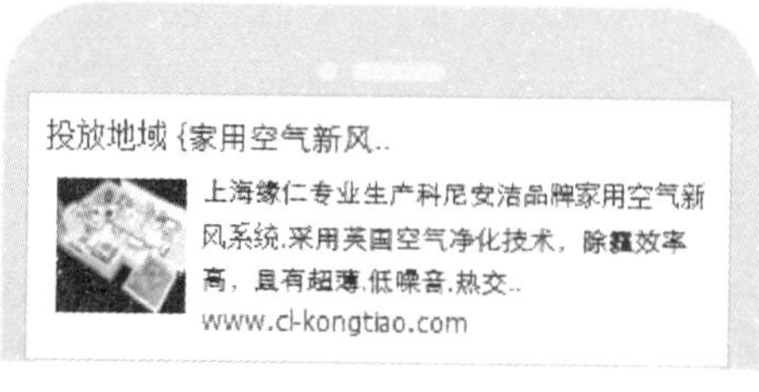

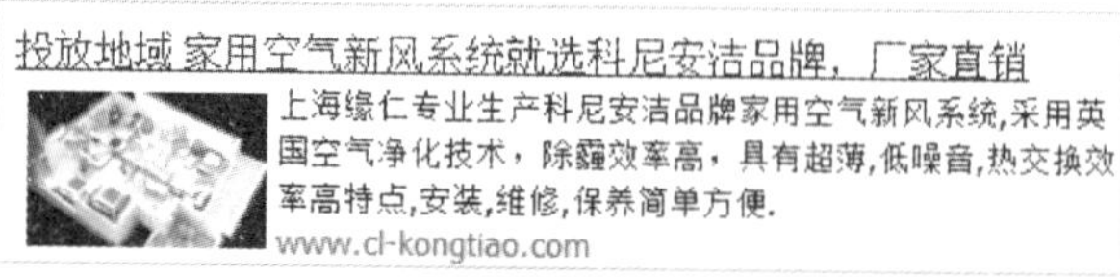

图 3－41　设置好广告后移动端和 PC 端的预览效果

到此，我们把百度搜索推广的【创意】讲完了。会有读者问："为什么我看到有些企业的广告内容丰富？"如图 3－42 所示。

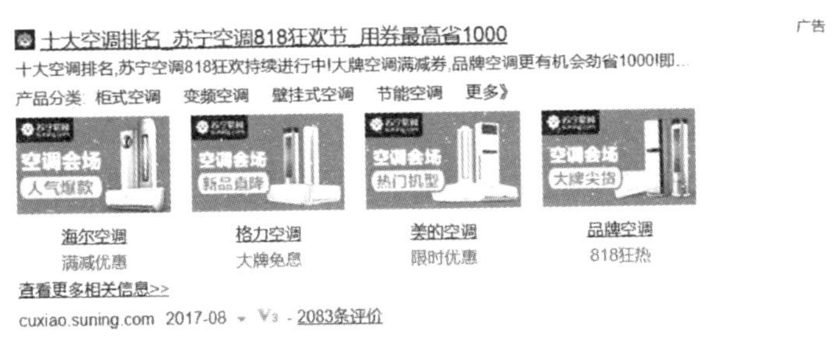

图 3－42　在百度搜索结果中的广告多图效果

要想讲明白这个问题，我们先了解两个概念：一是百度搜索推广（又称凤巢），就是我们从本章开头讲到现在的所有内容；二是百度商品推广（又称闪投），我理解为是凤巢的高级版，主要适合 B2C 产品推广，它可以有效利用客户提供的结构化产品信息，使凤巢用户投放更便捷，带来更多的流量。闪投依附于凤巢，是百度搜索推广功能的补充和升级。

现在明白了，这些复杂的广告采用的是高级版——闪投，而我们之前讲的都是基础——凤巢。

在搜索推广界面顶端的导航条里，点击【工具中心】，就能看到【闪投商品推广平台】，点击"使用"，进入闪投的推广管理界面，如图 3－43 所示。

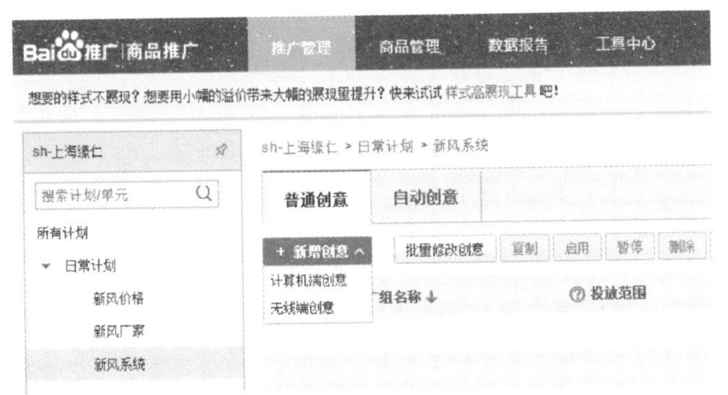

图 3－43　【闪投商品推广平台】的界面

该界面类似于搜索推广管理界面，点击普通创意，新增【计算机端创意】，选择好对应的单元后，进入【选择创意样式】界面，里面有各种样式，找一款适合企业推广的样式，如图 3－44 所示。我为该企业找了一款【商品橱窗计算机端】样式，进入下一步。

图 3－44　在【闪投商品推广平台】上选择创意样式

选择好样式后，接下来就是建立创意物料，如图 3－45 所示。为产品设置名称、分类和有效时间，并上传产品图。

图 3－45　【新建创意物料】的界面

百度提供了这么丰富的广告展现效果，最终目的还是想多赚些广告费，所以接下来，就是为设置好创意出价。我们也积极配合，一般会设置成普通创意出价的 110% ~200%，总之要比普通创意出价高，如果出价一样会造成广告不展现，如图 3－46 所示。

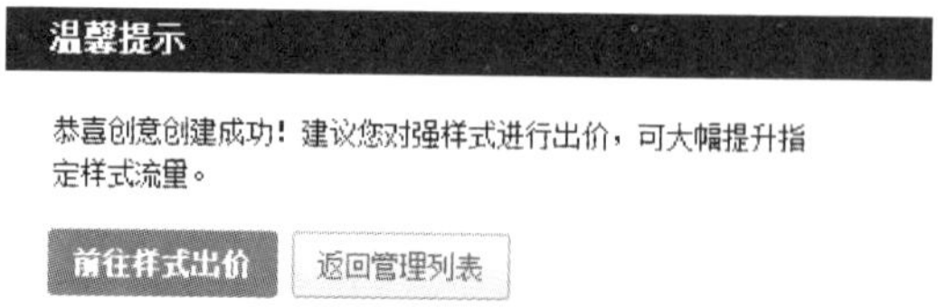

温馨提示

恭喜创意创建成功！建议您对强样式进行出价，可大幅提升指定样式流量。

前往样式出价　返回管理列表

图 3－46　创建好的创意物料，需要设置出价

到此就设置好一个闪投的广告创意，如图 3－47 所示。一次能够展现四张图，比普通的创意看着漂亮。

图 3－47　设置好的创意样式预览效果

还会有读者有疑问：为什么我看到的广告会有互动功能，如图 3－48 所示，让客户填写联系方式并预约呢？

图 3－48　带有互动功能的广告创意

这是使用了百度搜索推广创意里的【组件】功能——【线索通】，共有五种组件，如图 3－49 所示。

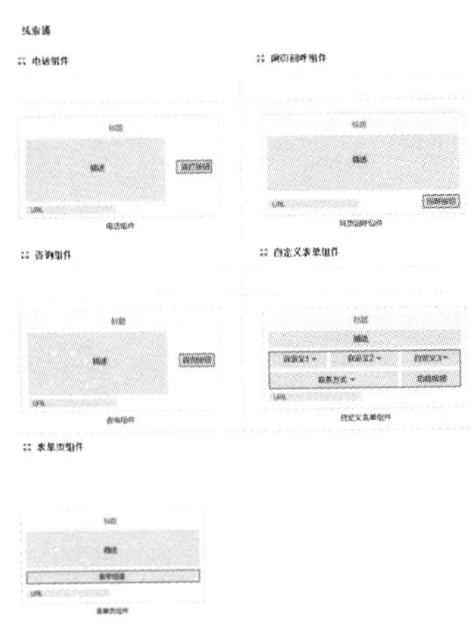

图 3－49　【线索通】的五种组件

【电话组件】：在搜索结果页上直接显示电话号码按钮，点击拨出电话，沟通快速直达。

【网页回呼组件】：网民输入电话号码，回呼系统立即向“网民”和“企业”拨打电话，双方接起即可沟通。通话对网民免费，增加企业电话量达98.5%，沟通时长比企业通话方式高出29%。（注：这些都是百度说的，我不清楚他们的统计依据。反正一句话，用此功能只有好处没有坏处。）

【咨询组件】：全行业在线咨询解决方案，一键直达咨询，显著提高全行业客户转化。（注：实际上是把百度商桥的在线咨询功能移到广告展现的位置，不要以为不点击广告，只点击在线咨询不花钱，百度可不会做赔本的买卖，这种在线咨询反而要比进入网站里的在线咨询贵一些。）

【自定义表单组件】：通过在广告中增加自定义表单的方式，收集用户信息和需求，形成销售线索。让广告主能与这些最有价值的客户直接沟通，也让客户得到一对一的实时服务，直接促进成单。（注：这就是刚才看到的奥迪车广告中的客户留言框。）

【表单页组件】：全行业移动端表单转化解决方案，搜索结果直达表单转化区，显著提高客户表单转化量（可以理解为移动端【自定义表单组件】）。

至此，我们把百度搜索推广的基本功能讲完了，掌握这些知识，你就可以全面进行推广了。但要想把推广做好，还需要借助百度的许多工具和报表。

第八节　管理好搜索推广的工具和报表

百度用于管理和优化搜索推广的工具和报表很多，而且经常推陈出新，我们无法一一列举，但可以把精华部分展现给大家。

一、【推广实况】

要想真正看到广告的实际展现情况，既不是在上一节广告创意里的模拟器里看，也不是直接在百度里搜索看（注：直接在百度上看的问题是，由于你的计算机在反复搜索某个词，百度根据大数据的计算，清楚你不是潜在客户，所以不一定会展现广告；或者你的竞争对手早已经把你的 IP 地址和计算机 ID 屏蔽掉了，你无法看到竞争对手的广告；或者你只能看到你的计算机所在地的广告，无法看到其他地区的广告）。最好的办法是使用百度工具【推广实况】，能够看到此时此刻任何一个地区的搜索结果，包括移动端的效果，如图 3－50 所示。（注：早些年，在【推广实况】里还能看到历史数据，比如前天的排名情况，估计是数据量太大，百度也承受不了，所以现在只能看到当下的排名情况。）

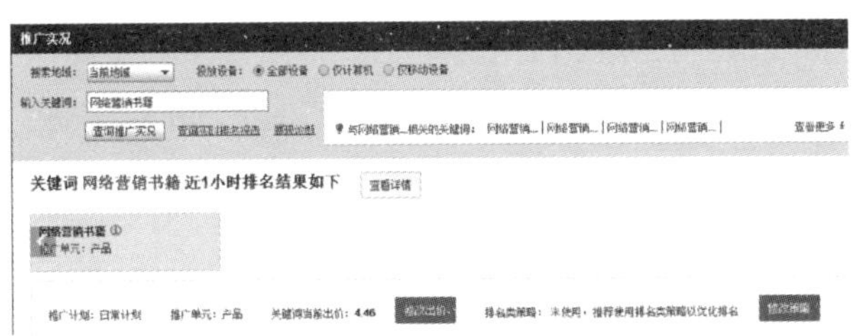

图 3－50 【推广实况】工具的界面

图 3－50 是【推广实况】界面的第一屏内容，在此你可以设置查看广告的地区和关键词，并在图 3－51 看到广告展现的情况。如果你发现没有排名或者排名过低，可以在图 3－50 的【修改出价】工具里增加出价来提高排名；如果你经常需要调整出价，觉得太麻烦了，可以使用右侧的一个工具【修改策略】，设定自己的广告排名位置或者是规定必须超过哪个同行网站，接下来就是由百度系统自动调整出价，保证你的广告有一个稳定的排名。听起来这样做还不错，但如果有几个同行也这样操作，你的广告费很可能被自动地抬到很离谱的价位。

图 3－51 在【推广实况】工具里看到的广告排名情况

【推广实况】显示的是网民看到的平均结果，可能与在百度搜索框直接搜索的结果有差别，推广信息排名请以【实时排名数据】工具为准。使用【推广实况】工具技巧，我们用一句口诀来概括：看到广告没毛病。这是本书涉及的第一个添力战法口诀，虽然简单，但内涵很丰富。

第一，用【推广实况】，我们必须要看到自己的广告；看不到，先不急调整价格，而是多刷新几遍。搜索好几次仍不见广告出现，才需要调整价格。

第二，要把广告的文字和图都检查一遍，看是否和搜索词相匹配，文字读起来通顺，是否需要进一步优化。

第三，看一下同行的广告是否和自己的"撞衫"，自己的广告比别人强还是弱，同行的广告是否有可取之处。添力战法的另一个口诀"别人有的我们也有，别人没有的我们也要有"，同样适用于广告展现。

点评一下图 3－51 我自己的广告：广告排名在第一位，理想；广告通顺，图片对应；其余三家广告与我公司的业务方向不同，没有竞争关系，非常不错。

二、【实时访客】

管理好百度搜索推广的第二个重要工具是【实时访客】，它是百度网站统计系统的一个流水账，也是网站优化的重要工具，更是添力战法的主要工具，在第六章第一节详细讲述。

三、【搜索词报告】

该报告只是【数据报告】里的一个报告，为彰显其重要性，我和百度都把它单提出来，作为每次分析数据必看的报告。如图 3－52 所示，这是一家卖 3D 打印机的公司的 30 天搜索词报告，我选择按消费额进行排序，列出了一个月以来消费最多的关键词。

	时间	关键词/URL	搜索词	当前单元添加状态	点击	消费	匹配模式	操作
1	2017-07-20至2017-08-18	3d打印设备价格	3d打印设备价格	已添加	27	118.39	短语-精确包含	添词 添否
2	2017-07-20至2017-08-18	雷尼绍	雷尼绍	已添加	22	118.20	精确	添词 添否
3	2017-07-20至2017-08-18	stratasys	stratasys	已添加	23	114.70	精确	添词 添否
4	2017-07-20至2017-08-18	金属3d打印机	金属3d打印机	已添加	20	103.94	短语-同义包含	添词 添否
5	2017-07-20至2017-08-18	3d打印机公司	4d打印机	未添加	16	80.64	短语-核心包含	添词 添否
6	2017-07-20至2017-08-18	3d打印机多少钱	3d打印机多少钱	已添加	15	79.01	短语-精确包含	添词 添否
7	2017-07-20至2017-08-18	3d打印机公司	北京3d打印公司	未添加	16	76.36	短语-核心包含	添词 添否
8	2017-07-20至2017-08-18	3d打印机价格	三d打印	未添加	9	75.82	短语-同义包含	添词 添否
9	2017-07-20至2017-08-18	3d打印机价格	3d打印设备	未添加	11	71.88	短语-同义包含	添词 添否

图 3－52　在【搜索词报告】工具里看到的搜索词统计数据

（注：原报告信息太多，我做了技术处理，将不相关的内容删除，并在最左侧加上了序号）

这个报告第一列是统计的时间，第二列是我们出价的关键词，第三列是网上的搜索词，第四列是说明该搜索词有没有添加到我们的关键词表里，第五列是该搜索词点击的次数，第六列是该搜索词在 30 天的消费总额，第七列是关键词的匹配方式，第八列是将该搜索词添加为关键词或者是否定词的选项。

第一条搜索词“3d 打印设备价格”，一个月被点了 27 次，消费 118. 39 元，只用这个报告似乎看不出什么问题。但再结合一个月以来的客户咨询记录，发现竟然没有一个咨询是源自该搜索词。比对一下百度统计里的搜索词报告数据，发现跳出率非常高，如图 3－53 所示。

搜索词	是否推广	浏览量(PV)	访问次数	访客数(UV)	IP数	跳出率	平均访问时长
3d打印设备价格	√	30	26	25	25	96.15%	00:01:03

图 3－53　在【百度统计】里的搜索词报告中，“3d 打印设备价格”的数据

96. 15% 的跳出率，意味着每个搜索进来的网民根本不看其他页面，点了广告就走。在排除了着陆页面问题之后，基本判定该搜索词是被恶意点击了。尽管这些恶意点击做得很高明，使用了不同的 IP 地址和计算机，但数据分析表明这些点击都是恶意的。看到此处，有经验的读者会说，跳出率高也有可能是因为你的着陆页面有问题。确实有这种可能性，但看看图 3－54，是点击“3d 打印设备价格”后的着陆页面，是比较完美的价格表，一点毛病也没有。想象一下，一个月里全国各地有 20 多次，而且点击得这么专业，有价值的词“3d 打印设备价格”，至少也应当有一次会打电话或者在线咨询，但确实没有。而与这个词相似的词却在近期得到过咨询，如“3d 打印机价格”“3d 打印机报价”等，只能判定该词遭到了恶意点击。

3D打印机价格、品牌、功能一览表

成立于2004年，是领先的3D机械设计到3D打印解决方案提供商，法国Dassault析统公司和美国Stratasys公司授权经销商，并与美国Altair公司、英国Renishaw公司、瑞典Arcam公司、德国ARNOLD公司、奥地利HAGE公司紧密合作，为您提供拓扑优化、机械设计、仿真、数据管理、3D打印设备及技术等创新型行业解决方案，目前客户600家以上，咨询热线。

品牌	机器系列	机器名称	打印技术	成型尺寸 (mm)	精度	市场报价	索取销售价格
	灵感系列	MOJO	FDM	127x127x127	0.178 mm		索取报价
			FDM	203x152x152	0.254 mm	141000	索取报价
			FDM	203x203x152	0.254 mm	192000	索取报价
		Dimension 1200es	FDM	254x254x305	0.33 mm或0.254 mm		索取报价
		Dimension Elite	FDM	255x254x305	0.254 mm或0.178 mm		索取报价
		Fortus 250mc	FDM	254x254x305	(0.330 mm) (0.254 mm)		索取报价

图 3－54 “3d 打印设备价格”的着陆页面

所以最终的处置办法是：暂停该关键词推广，为了防止其他关键词仍然匹配出该搜索词，在搜索词报告最后一列的【操作】，精确否定“3d 打印设备价格”。这又引出了添力战法的另一个口诀“枪打出头鸟”，即凡是花钱多而没有咨询的搜索词应当暂时删除，并否定该词。有读者在此会有疑问，为什么不使用现成的关键词暂停功能，而一定要删除呢？这是因为如果暂停该词，这个词还在相应的关键词表里，你无法精确否定该词；只有删除，才能精确否定。

在搜索词报告的第五条，关键词是“3d 打印机公司”，搜索词是“4d 打印机”，与客户咨询记录比对，确实有通过该搜索词咨询的客户。所以在【操作】列中，增加该搜索词为新的关键词。

搜索词报告的第七条，由关键词“3d 打印机公司”匹配出搜索词“北京 3d 打印公司”。第八条，由关键词“3d 打印机价格”匹配出“3d 打印”，都不是这家公司的主营业务范围，他们是 3d 打印机的经销商，而不是 3d 打印服务商，所以在此可以精确否定这两个搜索词。

四、【关键词管理】

在搜索推广管理的任何一个层级（账户、计划和单元），点击右侧的关键词，下方就列出对应层级的所有关键词及其属性表，这是整个搜索推广中最复杂的工具表，如图 3－55 所示。

关键词	状态	推广单元	推广计划	出价	消费	展现	点击	平均点击价格	计算机质量度
总计 - 137	-	-	-	-	7254.95	49871	1412	5.14	-
"{3D打印机公司}"	有效	3d打印销售机构	24小时主要地区	7.12	1968.60	9766	391	5.03	★★☆☆☆4
"3D打印机价格"	移动搜索无效	3D打印机价格	24小时主要地区	10.12	1810.72	13425	287	6.31	★★★☆☆6
"{彩色3D打印机}"	有效	多材料打印	24小时主要地区	9.12	981.69	6958	183	5.36	★★⯪☆☆5
"{金属3D打印机}"	有效	3D打印机价格	24小时主要地区	8.12	202.05	1516	42	4.81	★★⯪☆☆5
"{3D打印 金属}"	有效	3D打印机	24小时主要地区	10.12	243.67	1385	41	5.94	★⯪☆☆☆3
"[3d打印机哪个品牌好]"	有效	3d打印销售机构	24小时主要地区	7.12	165.29	390	39	4.24	★★★⯪☆7
"{3D金属打印机多少钱}"	有效	3D打印机价格	24小时主要地区	8.12	129.09	344	33	3.91	★★★★⯪9
"3d打印机价钱"	有效	3D打印机价格	24小时主要地区	11.12	187.83	2545	31	6.06	★★⯪☆☆5
"[3d 打印机品牌]"	有效	3d打印销售机构	24小时主要地区	11.12	143.56	435	31	4.63	★★⯪☆☆5
"[3d打印设备价格]"	有效	3D打印机价格	24小时主要地区	7.12	118.39	200	27	4.38	★★★⯪☆7

图 3－55　【关键词管理】界面

第一列【关键词】，在本章第五节介绍了关键词的几种匹配模式和表示方法，所以大家应当可以看懂图 3－55 的几种关键词匹配模式，都是短语匹配模式，这样做是为了匹配出更多的搜索词。

第二列【状态】，总共有 11 种状态，这里不一一列举。正常情况下为有效状态，图 3－55 第二条的“移动搜索无效”状态，是我们有意而为之的，因为我们将移动端出价很低，加上该词在移动端竞争激烈，不可能有展现的机会，所以才无效。

第三列、第四列的【推广单元】和【推广计划】是指该关键词所属哪个层级，意味着使用的是哪种广告创意。

第五列【出价】，此处是我们经常用来修改某个关键词出价的地方。如果关键词设置成自动出价模式，有的词会高得离谱，需要在此将该列按价格由高到低排序，及时纠正高价而没有产出的关键词。还可以与咨询记录做比对，将容易产生咨询的关键词提高出价，以确保广告排名。在设置出价时，尽可能设置小数点后两位数，因为关键词实际是按类似于拍卖商品的模式竞价排名。在其他条件相同的情况下，谁出价高谁排在前面。一旦被搜索者点击广告后，实际消费额不是你的出价值，而是排在你后面的竞争对手出价 +0.01 元。比如你出价 9 元，排在第一位，第二位出价 8 元，那么你的实际广告消费是 8.01 元。许多人在管理账户时喜欢偷懒，总是把自己的出价写成整数，比如有 10 个人都把自己的价格定在了 8 元，百度也不清楚到底该排谁，而此时如果你出价 8.11 元就能胜出。所以，在添力战法的关键词出价日常管理工作中也有句口诀：不做懒人。

第六列【消费】，与搜索词报告相似，按消费排序时可以看到花钱多的关键词，再去比对咨询记录，将无咨询的关键词降低出价或者暂停推广。

第七列【展现】，名义上展现量是你的广告展现在搜索者屏幕的次数，实际上只是你的广告页被打开的次数，也许搜索者根本看不到你的广告，但也算是一次展现量。比如你的广告在搜索页面的底部，而搜索者只看了上面的广告就离开了，尽管他没有看到你的广告，你的广告仍然算是展现了一次。

第八列【点击】，点击量就是搜索者点击你广告的次数，百度允许同一个搜索者（同一个 IP 和设备编号）连续点击两次你的广告，第三次时可能会被百度判定为恶意点击而过滤掉。

第九列【平均点击价格】，除了我们在第五列【出价】中提到你的竞争对手出价决定了你的点击成本，另外，不同时间段、不同地区甚至不同人群等因素，也决定了你的点击价格。所以单看平均点击价格没有任何意义，结合其他参数就能发现成本高的因素，及时调整出价策略。

第十列【计算机质量度】，就是关键词的质量得分，分为 PC 端质量度和移动端质量度。我们来假设一个场景，让你好理解什么是质量度：假如你的广告出价 10 元，排名第一，你的竞争对手出价 5 元，排名第四。由于你的广告不吸引人，一天下来只被点击了一次，只消费了 10 元，而你的竞争对手尽管排名不好，但广告吸引人，一天被点了 4 次，消费 20 元。对百度来说，你的竞争对手对百度贡献更大，应当排名更靠前。于是，百度就把你的竞争对手广告提到第一名，把你的放在第四名，尽管你出的价比他高。这就是质量度的由来，按质量度进行排名，会让百度赚得更多。我们想办法提高质量度会少花钱、多办事。

关键词质量度的算法跟 SEO 算法一样，一直是百度的核心技术机密，无法公开和全面掌握。但根据网络上一些资料和我们对于百度搜索推广的长年经营，总结出以下几点对质量度有重要影响：

①广告创意：广告创意的优劣和相关性直接影响搜索者是否愿意点击，所以与搜索词相关度越高、读起来通顺、有吸引人的优势等都有利于提高质量度。当然采用具有丰富内容的闪投广告，也有利于提高质量度。

②广告排名：如果你的广告太靠后，搜索者可能根本看不到你的广告，就会

只有展现不点击，点击率低是导致质量低的重要因素。适当地提高排名，如排名在前三位，可以提高点击率，从而提高质量度。

③账户表现：这是很抽象的概念，怎样才算表现好？如果你站在百度的角度看问题，那就是与其他竞争对手比愿意多出广告费的账户算是表现好，可能包括开户时间长、充值积极、广告费充足、预算费用高、无违法记录、无违规记录、账户中的关键词普遍质量得分高。不确定的因素包括：匹配模式（我认为，由于匹配模式越宽泛，带出来的搜索词也就越多，百度的收入也越多，所以质量度越高）；否定词（否定词越少，带出来的搜索词也就越多，百度的收入也越多，所以质量度越高）。

④着陆页面相关性：百度从未讲过着陆页面内容与创意、关键词相关度越高，质量度也越高，但业内人士推测与此有关。

⑤搜索者访问深度和时长：一般认为，搜索者访问页面越多，浏览时间越长，就越证明网站内容相关性越高，也是业内人士推测，这两点因素也多少影响质量度。

⑥百度要想知道搜索者在一个网站上的访问深度和时长，就需要借助安装在网站上的百度统计代码。以此类推，多装一些百度工具，如商桥、离线宝等，也影响质量度。当然这也是推测。

除了上述我常使用的关键词属性外，还有其他更多的关键词属性。如图3－56所示，上半部分是我们刚才讲过的属性，下半部分是未列出来的属性。

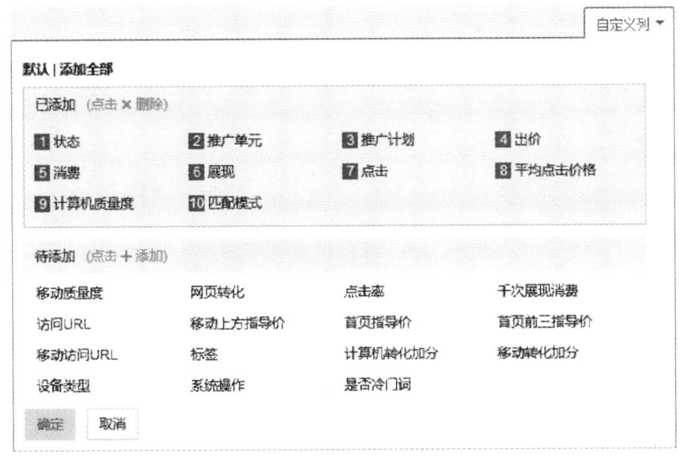

图3－56　关键词管理表单中可增减的选项

每个账户使用者可以根据自己的工作需要和喜好，有选择地列出不同的属性。比如我列出了展现量和点击量，就不用列出点击率，因为点击率 = 点击量/展现量。值得一提的是【访问 URL】这个参数，其实百度可以为每个关键词设置不同的着陆页面，但我的建议是为了便于管理和分析，所有的着陆页面都应当在单元层级上设置。这样设置的结果是一个企业的广告账户顶多会有几十个着陆页面（有多少个单元就有多少个着陆页面）；如果放在每个关键词上设置，就会产生几百上千的着陆页面，不容易管理，更不容易分析。

五、【数据报告】

百度公司在大数据的研究和使用上比较前沿，作为一项福利，百度为其搜索推广客户提供了功能强大的【数据报告】工具，也是一个非常复杂的工具。它从各个角度提供和分析数据，涵盖了前面所讲的所有层级和工具，为我们做好搜索推广及在营销决策上提供强有力的帮助。如图 3－57 就是【数据报告】界面。

图 3－57 【数据报告】界面

图 3－57 是我的一个客户的【数据报告】，里面包含了几十个不同的报告。其中，【搜索词报告】作为热门报告，在前面单独讲解过。后面涉及数据分析时，还会调用此报告内容。接下来我为大家提供一份数据，以显示百度大数据的强大，如图 3－58 所示。

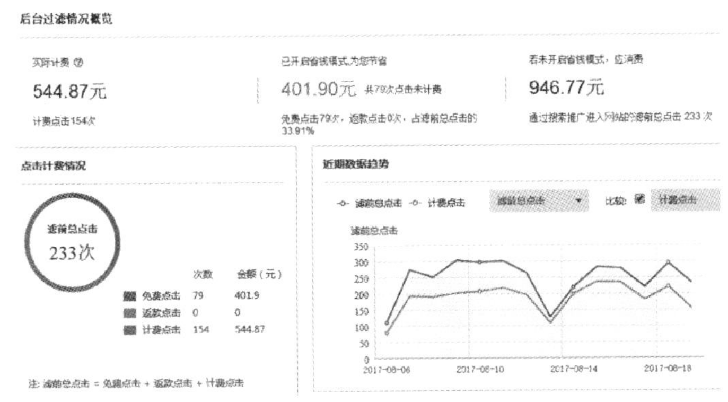

图 3－58 【无效点击报告】数据

由图 3－58 看出，该账户一天花了 544.87 元广告费，计费点击了 154 次；百度过滤了 79 次无效点击，为客户节省 401.90 元，如果没有百度的过滤功能，客户将花费 946.77 元。该图的左下角，对公式做了说明：滤前总点击 = 免费点击 + 返款点击 + 计费点击。其中，免费点击就是我们之前提到的，如果在很短的时间内，一个关键词被同一个 IP 地址和计算机点击超过两次，第三次以后的点击就被算成免费点击。返款点击是指百度对于换不同 IP 地址和计算机恶意点击的，通过其内部数据计算识别出恶意点击，从而将部分恶意点击返还给商家。不过，自从有了这个功能，我还没有见过哪个【无效点击报告】里在返款点击上有过记录，都是 0。

六、【竞争对手分析】

虽然你可以通过【推广实况】工具看到自己与竞争对手的广告，但【竞争对手分析】工具能够通过百度大数据向你透露一些对手的信息。反过来，这些信息竞争对手也能看到。如图 3－59 所示，这是我公司账户的【竞争对手分析】结果，竟然还有百度公司。与这些大公司相比，我的展现份额很低，只有 6%，情有可原。在这份表格里，还能发现以前没有注意过的竞争对手，可以进入他们的网站好好学习。

该工具比较简单，只能按天来查看数据，也只能看 PC 端或者移动端的分析，【地域】倒是可以任意选择，用来查看全国各地的竞争对手。

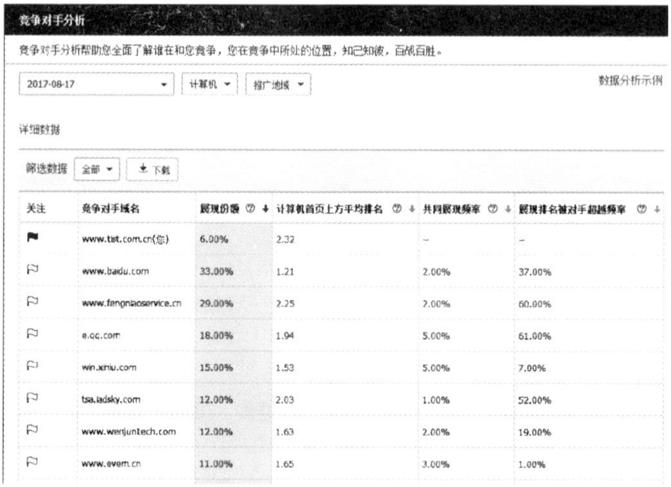

竞争对手分析

竞争对手分析帮助您全面了解谁在和您竞争，您在竞争中所处的位置，知己知彼，百战百胜。

2017-08-17　计算机　推广地域　数据分析示例

详细数据

筛选数据　全部　下载

关注	竞争对手域名	展现份额	计算机首页上方平均排名	共同展现频率	展现排名被对手超越频率
	www.tist.com.cn(您)	6.00%	2.32	–	–
	www.baidu.com	33.00%	1.21	2.00%	37.00%
	www.fengniaoservice.cn	29.00%	2.25	2.00%	60.00%
	e.qq.com	18.00%	1.94	5.00%	61.00%
	win.xiniu.com	15.00%	1.53	5.00%	7.00%
	tsa.iadsky.com	12.00%	2.03	1.00%	52.00%
	www.wenjuntech.com	12.00%	1.63	2.00%	19.00%
	www.evem.cn	11.00%	1.65	3.00%	1.00%

图 3－59　【竞争对手分析】数据

第九节　防恶意点击全攻略

我们先来区分一下恶意点击和无效点击。无效点击就是对方没有什么恶意，只是出于自己的需要点击了你的广告，但你确实不希望这类人群点击你的广告，如推销员（希望向你们提供产品和服务）、求知者（常带有这些搜索词：什么是、原理、学习、教程、如何等）、同行（多搜索行业词和产品词）等。无效点击可以通过否定词过滤一部分，在对应对方访问数据后，屏蔽对方的 IP 和设备识别号再过滤掉一部分，做到来一个处理一个，久而久之，就能过滤掉大部分无效点击。而恶意点击就是对方为了能获取广告收入，或者为了消耗你的广告费，故意多次点击你的广告的行为。

许多人会认为恶意点击主要都是同行做的，为的是把别人的广告费点光，好让自己的广告排到前面去；或者是泄愤者，某人被公司开除了，点几下公司广告发泄一下。但他们绝对不是恶意点击的主力，因为他们只损人不利己。真正的恶意点击者是损人又利己的一类群体，他们靠这个赚钱，以此为生。另一个原因是，同行也好、泄愤者也好，毕竟不是网络专家，他们的网络知识和技能还不够强大，想变换不同的IP地址和计算机来点击的成本高；而后者都是网络和计算机高手，做这些事就如我们天天睡觉和吃饭一样简单而又常态化。如果我们为恶意点击群体由主到次排队，他们分别是：

（1）百度网盟合作伙伴。

他们把百度广告挂在自己的网站和应用上，需要有人点击广告，才能有收入。大型网站不愁流量，但一些小网站和APP就需要人为地增加点击广告来提高自己的收入。自从2016年的魏则西事件后，百度的广告业务受到重创，百度搜索结果首页的广告位由之前的最多18个，被国家要求调整到现在的最多5个，百度也想尽各种办法来弥补这方面的损失。其中一项措施就是把网盟广告形式由原来的点击网盟直接进入企业网站，改成了点击广告进入搜索结果页面，而不再直接进入哪家企业网站，需要浏览者再次点击搜索推广的广告，才能进入企业网站。更要命的是，这条来自于网盟的点击，在百度统计里只标出是来自哪个搜索词的搜索结果，不标出最初是来自于网盟的。这样的结果就会让我们分不清哪条搜索是真实的搜索，哪条搜索实际是网盟广告。

图3-60是在某个听书网站看到的部分百度网盟广告，当鼠标划过第一幅广告时，会显示关键词和百度图标，点击后就进入图3-61的界面。

图3-60　在第三方PC端平台上看到的百度广告

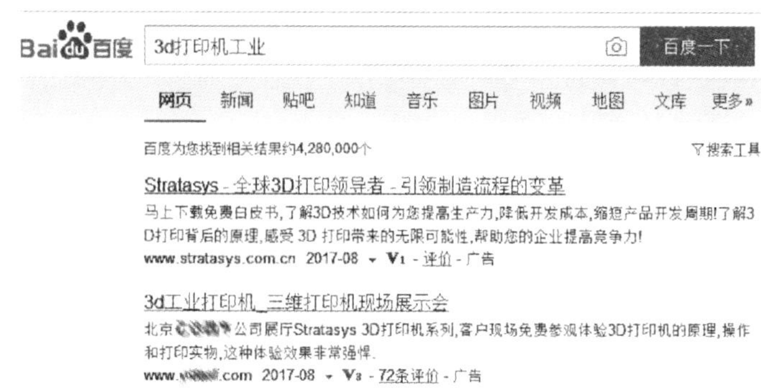

图 3－61　在第三方 PC 端平台上看到的百度广告

点击图 3－61 的第二条广告后，我们再进入北京这家公司的百度统计里，很容易找到这条点击广告的数据，如图 3－62 所示。

图 3－62　在网站后台看到的来自网盟广告的点击与正常的搜索点击没有区别

图 3－62 就是我刚才点击广告进入网站的访问记录，用鼠标放在【搜索推广】位置，看到的是一条搜索某关键词的结果（s? wd = 后面几个字符的意思是搜索的关键词，后面一串字符是“3d 打印机工业”汉字的计算机代码），完全跟正常的搜索结果一模一样，看不到任何网盟的痕迹。

以前，企业真的想做网盟广告，还有权选择网站平台，可以专挑大型网站、相关度高的网站。现在没得选，由百度自动地把网盟广告推送到所有网站上，包括容易遭到恶意点击的小网站上。

（2）搜索引擎广告代理商。

前面也提到过，百度的直营城市并不多，只有几个，其他城市则是由合作的代理商提供服务，代理商可以拿广告费的 12% 作为服务费。这种代理制度意味着客户花的广告费越多，代理商的收入也就越高。如果代理商一旦听说客户推广的效果还不错，偷偷地增加恶意点击是有可能的。其他搜索引擎（360、搜狗等）由于市场份额太少，为了更快地占领市场，代理费给得更高。曾经有一个做搜狗代理的公司想发展我公司作为二级代理，他们能给出 50% 的折扣，水分这么大，自然会刺激恶意点击。所以我常常指导我的客户在与各种搜索引擎代理商打交道时，要学会“哭穷”，总说没什么效果，老板一直想停掉广告，让这些代理商不敢夹杂带水分的点击。

（3）搜索广告代运营或者是外包服务商。

这几年流行外包服务，企业的许多服务都拿出去外包，包括搜索推广的打理。但一些企业在签订外包服务时，喜欢以广告费的多少来算服务费，比如按10%。如果一个企业一个月的广告费是10万元，就需要给外包服务商1万元的服务费，听起来似乎很合理，广告费越多，工作量越大，服务费自然也越高。但这样就会造成一种隐患，服务商为了提高收入，也有可能恶意点击广告。正是看到这种合作方式的弊端，我公司的外包服务向来是固定的，固定的服务时间和工作量对应着固定的服务费用，彻底排除客户的担忧。

（4）网络竞争对手。

由于现在百度搜索广告位只有5个，加剧了网络同行间的竞争。假如一个地区至少有100个同行竞争这5个广告位，而且有些企业特别是初创型公司没有老客户，线下业务能力差，对网络的依赖严重，对他们来说能否在百度上接到业务关系到企业的生死；或者是有些行业利润非常高，从网络上抢到一个客户的成本低、回报高。这两类企业就很希望将其他竞争对手的广告费尽快点光，让自己的广告以低成本方式展现。也许我接触的客户都是传统的低利润行业，很少遭受到同行间的恶意点击，毕竟恶意点击也需要技术和成本。我只是听说过医疗行业是重灾区，投资理财行业至少有一半广告是被恶意点击的。

（5）泄愤者。

某个人对企业不满，点击企业的搜索广告发发怨气，我认为这是偶然的。因为有更多的渠道让企业损失更大，所以我不认为个人因不满而恶意点击是我们要考虑的因素。倒是企业因为与自己的网络营销人员、第三方服务商之间的关系处理不好遭到恶意点击，才是要引起重视的问题。这些人或服务商都深谙恶意点击技术，一旦合作不愉快，泄愤造成的损失更大。我就遇到过两次这类恶意点击事件：一次是一个三线城市的客户，在开始选择搜索引擎广告服务商时得罪了一家小代理商，在与一家正规代理商合作时，时常在百度商桥得到这样的留言：“我又点击了你的百度广告了，呵呵”，非常嚣张。另一次是一家企业认为网络营销部门主管能力差，换了一个人接替他，结果换人后就恶意点击不断，要不是前任不小心露了马脚，后任主管真的很冤。

分析完主要的恶意点击者，再来看看主要的恶意点击途径。我们按由简单到复杂的顺序列一下都有哪些恶意点击的方法。

①通过公司或者家里的计算机、手机点击。这类点击有一个特点，就是容易使用固定的几个 IP 和设备（计算机、手机、平板电脑），稍微勤快点的恶意点击者会经常重启“猫”（MODEM，调制解调器，通俗说就是连网设备，如电信的光纤宽带机顶盒），重启后 IP 地址就会改变。同时还需要改变一下自己的计算机编号，才能伪装成一个新的搜索者点击广告。

②采用软件点击，网上有不少免费的换 IP 软件和计算机编号自动生成软件，可以不断地组合 IP 地址和计算机编号点击广告。网上也有部分免费的 IP 地址可供使用，但由于这些 IP 使用频繁，早被百度大数据归为恶意点击 IP，所以要想得到不被识别的 IP，就需要花钱买 IP 地址。计算机编号可以由免费软件自动生成，不需要购买，所以采用恶意点击软件的主要成本来自买 IP。

③采用同盟点击。网上有这样一类平台，他们专门聚集各种原因需要点击的人，形成几万甚至几十万人的群体，大家互相帮忙点击。他们采用积分方式管理，当你帮别人点击时挣积分，你要求别人点击时花积分，当然你也可以买积分。

④招募兼职人员点击，单个网站很难找到成千上万的人帮你点击广告，于是网络上就形成了一种组织——站长联盟。他们联合起来招募兼职人员来派发点击任务，并通过网站平台、QQ 群、微信群等进行管理。这类人群可以操作比较复杂的恶意点击，比如网盟，甚至把恶意点击做得很像潜在客户的正常访问。招募的对象多为在校生、计算机从业者或者是家庭主妇，他们有时间做这份工作，一个月能多几百元甚至几千元的收入。

第三种、第四种恶意点击最难防控，因为这些点击者散布于全国各地，都是真实的 IP 地址和计算机编号。这些 IP 地址每天也在正常使用搜索引擎，只是同时兼做恶意点击，似乎无规律可循。果真这样吗？

只要是恶意点击，一定有迹可寻，更何况对方还是反复做。所以总有方法将恶意点击控制在最小范围，需要借助的是企业网络营销真实数据及百度的一些工具。

【商盾】：该工具位于百度工具中心第一位，是百度防恶意点击的主要工具。有三种屏蔽恶意点击的方式，如图 3－63 所示。

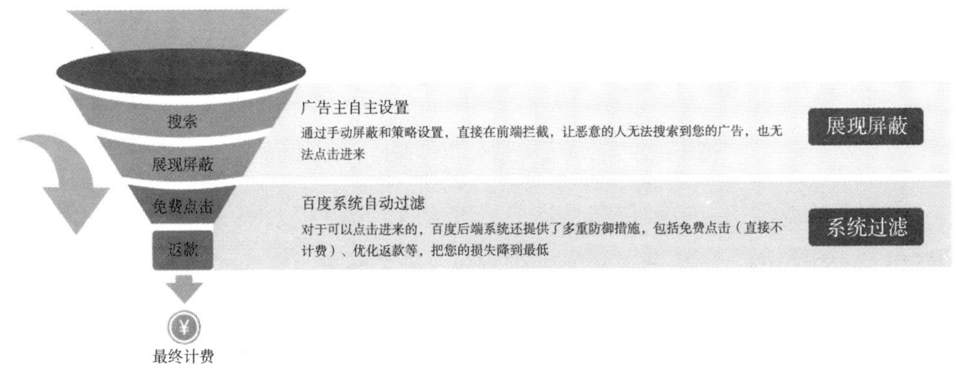

图 3－63　百度【商盾】宣传的功能

【展现屏蔽】：通过手动屏蔽和策略设置，将一些无效的点击排除在外。被屏蔽的 IP 或者访客将无法搜索到你的广告，也就无法通过百度搜索推广点击进入你的网页。

其中，手动屏蔽需要借助百度统计的实时访客检查是否遭到恶意点击，并直接在【实时访客】中屏蔽 IP 地址和访客 ID。如图 3－64 所示，来自沈阳同一 IP 和访客标识码的三条付费点击，相隔不到半分钟，而且既没有访问时长，也没有看其他页面，判断为恶意点击。只需要将 IP 或者访客标识码旁边的按键点开，屏蔽 IP 同时屏蔽该访客，以后来自这个 IP 和访客编号的人就无法看到我们的广告。

	访问时间	地域	关键词	搜索词	访问IP	访客标识码	访问时长	访问页数
41	2017/08/22 21:11:48	沈阳	solidworks…	solidworks…	182.200.116.201	2152175431170753770	未知	1
42	2017/08/22 21:11:47	沈阳	solidworks…	solidworks…	182.200.116.201	2152175431170753770	未知	1
43	2017/08/22 21:11:31	沈阳	solidworks…	solidworks…	182.200.116.201	2152175431170753770		1
44	2017/08/22 21:10:27	北京	电气设计	--	180.89.86.181	1966203360901323558		1
45	2017/08/22 20:17:07	兰州	彩色3d打印机	浮雕打印机	42.91.17.12	1705969783993319854		3

图 3－64　在百度【实时访客】里发现恶意点击直接屏蔽

【策略设置】：这是百度简单的自动屏蔽功能，当在指定的时间内广告被同一 IP 或者访客连续点击多次，就自动屏蔽该 IP 或者访客识别码，如图 3－65 所示。百度有三个时间段设置：15 分钟、1 小时、6 小时，我一般设置为 3 次、4 次和 5 次。

访客策略展现屏蔽　IP策略展现屏蔽　手动展现屏蔽

新增策略设置　设置不屏蔽IP　删除

策略名称	生效范围	时间间隔	点击次数	昨日新增IP数	状态	累计屏蔽IP数	操作
6小时	整账户	6小时	5次	0	启用	0	编辑
1小时	整账户	1小时	4次	0	启用	0	编辑
15分钟	整账户	15分钟	3次	21	启用	547	编辑

图 3-65　百度【商盾】里设置自动屏蔽功能

由图 3-65 看出，主要屏蔽的恶意点击是 15 分钟档，一天屏蔽了 21 个 IP。当然也会有错判的，因为计算机无法识别这个多点者是否认真看了网页并联系业务，如果发现有错判的，可以在【设置不屏蔽 IP】按键中纠正。图 3-66 是部分屏蔽的 IP，多数屏蔽的 IP 也被其他推广企业所屏蔽，特别是最后一条竟然被 750 个客户屏蔽。

添加时间	IP地址	策略来源	身份标识	屏蔽记录
2017-08-23 11:01:59	117.84.15.134	6小时	软件攻击	被3个客户屏蔽
2017-08-23 10:06:58	49.67.70.59	1小时 ...	点击标记访客身份	被10个客户屏蔽
2017-08-23 09:54:19	49.67.143.240	15分钟 ...	点击标记访客身份	被10个客户屏蔽
2017-08-23 09:43:20	114.232.193.58	15分钟 ...	软件攻击	被19个客户屏蔽
2017-08-23 09:42:19	121.232.17.44	1小时 ...	软件攻击	被8个客户屏蔽
2017-08-23 09:39:12	180.121.199.2	15分钟 ...	点击标记访客身份	被6个客户屏蔽
2017-08-23 09:33:37	114.250.202.167	6小时	点击标记访客身份	被屏蔽过1次
2017-08-23 09:24:43	121.226.58.32	15分钟 ...	点击标记访客身份	被750个客户屏蔽

图 3-66　被百度【商盾】自动屏蔽的恶意点击

【免费点击】：这是百度过滤系统不计算收费的点击，一旦点击出现异常，如点击过于频繁，直接就没有计费，百度称之为免费点击。

【优化返款】：对于部分无效点击，需要一定的时间才会被发现。针对这部分点击，百度会予以返款，你可以通过财务中的点击质量调整一项查看返款金额。在此，我也为百度说句公道话，在我管理的上百家账户中，确实能见到被同一个 IP 恶意点击几十次的，到了第二天又把钱退回来了。

另外，百度还根据自己内部的大数据对于恶意点击者进行标记，如标为“高危访客”，估计是他们使用了网上免费的 IP，经常点击别人的广告，所以很容易被百度大数据识别。还可以根据我们竞争对手的标注，识别出同行（我认为百度仅靠自身的系统也能识别出同行，比如有一台计算机既经常登录到 A 公司百度账户，也经常点击 B 公司的广告，百度就可以在 B 公司的【商盾】里把那台计算机标为同行），当然多数是标注为软件攻击。

我们常常取笑能被百度【商盾】屏蔽的恶意点击者都是“笨贼”，就是那些不懂换 IP 地址和计算机编号的恶意点击者，多为不懂网络技术的同行和泄愤者，还有就是长期合用软件点击的惯犯。真正恶意点击的主要群体是与百度有合作关系的小网站站长，他们不会傻到能让百度识别的水平。我们需要动用百度相关工具，虽然这些工具都不是专业的防恶意点击软件，但综合应用，可以最大可能过滤掉这些人群。

【同台展现】：可以在账户层级的【更多设置】里选择这个功能，可以让自己的多条广告在搜索结果的同一页面上展现。如果没有发现恶意点击，可以放心大胆使用，增加成功率；如果发现恶意点击，则需要暂时关闭此功能，减少恶意点击的概率。

【设备】：在计划层级的设置里，都能够对 PC 端和移动端设备设置不同的出价，由于考虑到移动端的恶意点击更容易，成本也更低，对于 B2B 领域的推广，完全可以将移动端出价系数调整到最低 0.1。而对于大宗 B2C 的推广，由于移动端真实搜索量也不少，我建议可以试验性地在不同时期调整不同的出价系数，看哪个出价比例最合适。

【搜索合作网络】：这个功能还是在账户层级的【更多设置】里，正如前面所说，百度强制性地在合作网站里安放广告，我们不做都不行，唯一能做的就是把出价系数调整到最低 0.7。虽然不能像移动端出价系数可以调整到 0.1，但也能过滤掉部分该源头的恶意点击。当然，如果这样操作还是发现恶意点击比较多，可以向百度客服申请彻底关闭此功能。

【地域】：目前见不到对于恶意点击人群的报道，但 2017 年 6 月 20 日全国首例组织刷单炒信（电商领域）刑事案件公开审理后，让我们看到这类人群的特点：参与刷单的多为在校学生、宅男、宅女、家庭主妇等，刷单也算是体力活，大多数人的收入只有几千元。而恶意点击人群的收入相对刷单者还要低，所以这类人群主要集中在收入不高地区和学校集中区域。一个企业可以根据历年来的客户地域分布情况，尽可能将目标客户少的区域排除在推广区域外。另一个原因就是全国各地 IP 资源也是不均的，偏远地区的 IP 资源过剩，价格也便宜，常常被恶意点击者购买用在恶意点击软件上；而发达地区 IP 资源稀缺、价格贵，不容易用在恶意点击上。如图 3－67 所示，在百度【地域】工具里，可以只选某个省的发达地区推送广告，能很好地屏蔽掉部分恶意点击。可能在山东济南从事恶意点击的人每天需要工作 10 个小时才能挣几千元勉强养活自己；而在山东临沂，恶意点击者只需要每天工作几个小时就能很好地养活自己。所以，如果你的客户多集中在经济发达地区，你可以只选择发达地区投放广告来规避恶意点击的重灾区。

山东

☑ 济南	☐ 滨州	☐ 德州
☐ 东营	☐ 菏泽	☐ 济宁
☐ 莱芜	☐ 聊城	☐ 临沂
☑ 青岛	☐ 日照	☐ 泰安
☐ 潍坊	☑ 威海	☑ 烟台
☐ 枣庄	☐ 淄博	

图 3－67　通过百度【地域】设置，屏蔽恶意点击集中地

【时间段】：刚才分析了恶意点击者多喜欢上网，这类人群没有早起的习惯，也没有上下班时间。而客户群体多为上班族，在一天 24 小时中，选择上班族的时间，避开宅男、宅女时间，也能最大限度地防止恶意点击。我喜欢把账户推广时间设定在早上 8 点到 12 点、下午 13 点到 17 点。如果你已经做了好几年的网络营销，把几年的数据统计一下，看看有效的咨询多集中在哪个时间点，多在这个时间点投放广告，在其他时间点少投广告，也能起到防止恶意点击的作用。我的一个客户更有趣，他以前经常玩 CS（一种枪战游戏），把游戏中躲子弹的技能也搬到推广上来，用来防恶意点击，把游戏中的跳跃式躲子弹改成推广时间段的间隔式投放广告（即 9 点到 10 点上线，10 点到 11 点下线，11 点到 12 点又上线……一般我们都是设置连续时间段投放广告）。我问他效果如何，他说比连续时间段好。

【人群】：百度可以在计划层级上对不同的人群投放不同价位的广告。尽管前面也提到过目前百度的人群划分比较粗放，而且多以电商角度对人分类。但对有可能是恶意点击人群的广告出价比较低，对潜在客户群出价比较高，既能引进更多的优质客户，也能过滤掉恶意点击者。如图 3－68 所示，我的一个客户做金属板材加工设备，他的推广账户在【人群】设置里，只选中机械设备并关注同行人群给出了 1.4 倍的系数，可以拦截很多恶意点击。

人群出价设置

兴趣　影音娱乐　软件应用　机械设备　网络购物　医疗健康　餐饮美食　家电数码　母婴亲子　运动休闲　招商加盟　房产家居　教育培训　游戏　旅游出行　汽车　书籍阅读　金融财经　个护美容　生活服务　其他　商务服务

确认　取消

行为　搜索：关注同行人群　修改

出价系数　1.4　修改

图 3－68　通过百度【人群】设置，屏蔽恶意点击集中的人群，只开通行业相关人群

【搜索框提示词】：只要用过百度搜索的人都会使用这个功能，在百度搜索框输入几个字就会提示出我们想要的词，直接点击，省了打字的时间。以前我们一直认为这种提示词最容易遭到恶意点击，因为相比恶意点击者来说，比较容易、成本相对就低。自从网盟广告夹杂在搜索推广中，“两害相权取其轻”（这也是添力战法的口诀），现在反倒使用提示词的点击，恶意点击概率相对低一些。根据前面解读的来自网盟广告的点击路径，第一步点击第三方平台的广告，第二步进入搜索页面点击广告，不太可能在第二步还在搜索框里重新搜索再点击。所以我认为，用【搜索框提示词】里的词作为关键词相对来说安全一些。

数据分析法：通过以上设置，虽然在一定程度上防止了恶意点击，但不是最有效的。最有效的仍然是添力防恶意点击战法。不管恶意点击来自哪个群体，通过长期积累的数据和百度几个简单的工具，都能有效防止恶意点击。

这套战法的理论基础是：恶意点击者毕竟不是任何一个行业的专家，他们不懂得哪些是有价值的关键词，只会点击热门关键词和出价高的关键词。而长期做搜索推广的企业，经过长期认真的统计，能够知道每一个咨询是来自哪个搜索词，与每天的搜索词做对比，很快就能识别出什么词是恶意点击来的。如图 3-69 所示，这是一家卖 3D 打印机和 3D 软件的企业，一个月内点击量比较大的搜索词排名表。

搜索词		网站基础指标				流量质量指标	
		浏览量(PV)	访问次数	访客数(UV) ↓	IP数	跳出率	平均访问时长
4	有限元分析软件	97	75	75	75	90.67%	00:01:14
8	3d打印设备价格	59	41	40	40	90.24%	00:01:58
9	3d打印机哪个品牌好	57	37	37	37	75.68%	00:03:34
10	三维软件	41	36	36	36	91.67%	00:01:51
11	3d打印机报价	46	34	34	34	88.24%	00:01:45
18	钢结构设计	26	23	23	23	91.3%	00:00:52
19	3d打印	72	22	22	22	72.73%	00:08:27
20	solidworks教程	28	22	22	22	86.36%	00:00:55

图 3-69 通过百度统计系统的【搜索词】发现跳出率高、访问时长短的恶意点击者

一般情况下，我们认为跳出率比较高、平均访问时长比较短的搜索词被恶意点击的嫌疑比较大。所以，第 4、第 8、第 10、第 18 条对应的搜索词（有限元分析软件、3d 打印设备价格、三维软件、钢结构设计）需要进一步分析。我们调出了半年来所有咨询过的客户记录，以“钢结构设计”这个词为例，半年来没有客户通过搜索该词来咨询，但相关的咨询是有。记录显示半年以来，客户是在 360 上自然搜索“safi 钢结构分析软件教程”，在百度上自然搜索“钢结构楼梯设计软件”后洽谈业务的，独独没有搜索“钢结构设计”这个词来咨询的，哪怕是无效咨询都没有，所以我们就可以判定该词遭到恶意点击。

知道了什么词遭到恶意点击，那么如何应对呢？添力战法对付恶意点击：**敌点我撤，敌撤我上。**步骤如下：

①将账户下面的该关键词删除并做好记录，以备后期重新启用。

②将该词在对应的计划或单元里精确否定。

③做好下次重新启用该词的计划。

④按计划时间点将该词上架，并删除否定词。

⑤观察上架后的表现，表现不好回到第一步，如此循环往复。

有人担心，这样做会不会把真正有价值的关键词也关掉了？当然会有少数关键词因删除而失去客户，但省下来的恶意点击费用会让我们挖掘出更多的有价值的客户。这些少数关键词多为各行业的核心词或者称热门词，如3D打印机行业的“3D打印”和“3D打印机”，这两个词不但容易遭到恶意点击，更容易带来无效的访问（只是泛泛地搜索某个词，求知者居多）。这些词早被老练的推广人员否定了。

既然恶意点击主要对象是核心关键词，而核心关键词确实能带来有效的咨询，该怎么办呢？这就是下一章我们要讲的内容：关键词的自然排名。行业里的核心关键词排到百度前几位，就能保障既有效果，又不怕恶意点击了。

另外需要指出的是，不要谈虎色变，我在和许多企业主交流网络营销话题时，问及他们为什么不做百度广告。他们说怕恶意点击。其实，恶意点击现象主要发生在需求量大、竞争激烈的行业，只要你专注自己的细分市场领域，就会大大降低恶意点击的可能性。我选了三个行业的关键词做对比：一是传统机械加工设备：“液压机”；二是3d打印行业：“3d打印机”；三是离型材料行业：“离型膜”。图3－70是这三个词的百度指数。

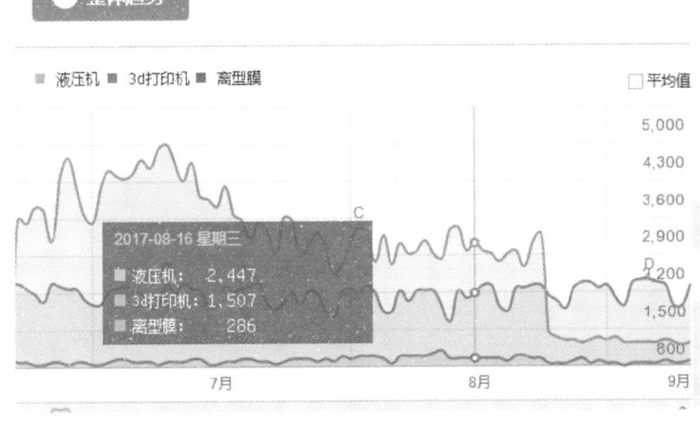

图3－70　三个不同行业的关键词每天搜索量

由图3－70看到，“离型膜”每天的搜索量很低，只有200多次，是“3d打印机”的1/5、“液压机”的1/8。相应的关键词出价也低，如果恶意点击者想靠搜索量低的词来赚钱，一定亏死了。所以，对于细分市场，竞争不激烈的行业，如离型材料行业，不用过于考虑恶意点击，只管放心大胆做推广。

本章小结：

正因为搜索推广是网络营销的利器，所以用了很多篇幅讲解，我也只是讲了百度竞价常用的一些功能和技巧，还有个别重要的功能会在第七章和第八章里涉及。

所谓“仁者见仁，智者见智”，不同的人使用百度搜索推广的习惯和技巧也不一样，我的方法比较适合数据量不太大的中小型企业，如每天网站独立 IP 点击量为 300 次左右。如果点击量为上千次（大型企业或者是 B2C 行业，如医疗、美容、理财等），就需要借助百度客户端软件来管理，而不是用在线的百度后台进行管理，甚至还需要借助第三方的软件来管理，如调价软件和 CRM 管理软件等。

我按顺序列出本章所提到的关键词（知识点），看看你已经掌握了哪些知识点，如果你对某些知识点还很陌生，可以重读相应的内容：

广告开户—V 认证—网盟广告—手机端广告—账户—计划—单元—人群—地域—时段—设备—关键词—关键词规划师—否定词—匹配模式—广告创意—凤巢—闪投—创意样式—创意组件—推广实况—实时访客—搜索词报告—关键词管理—数据报告—竞争对手分析—恶意点击—商盾—防恶意点击。

第四章
如何让企业官网有免费的流量（SEO）

第一节 SEO不光是百度排名这么简单

前面我们已经多次提到SEO，是由英文Search Engine Optimization缩写而来，中文意译为“搜索引擎优化”，通俗讲就是做网站自然排名。我见过不少做SEO的人，有个共同的特点，就是都不怎么玩计算机游戏，包括我自己。因为做网站的自然排名要比游戏有趣得多，游戏江湖里该有的规则和玩法，SEO江湖里也有。更重要的是SEO人生活在现实生意场上，SEO高手的粉丝不是玩家，而是企业的老板们，他们除了为企业带来真金白银的订单外，自己也会有份不错的收入。

一说到给企业做网站自然排名，大家能想到的就是把自己行业最短的关键词拿来让SEO公司报价，并约定最短的排名时间，好像只有这样才能看出对方的实力。比如一家生产液压机的厂家希望别人搜索“液压机”一词时，自己的网站能排在百度快照的第一名，这实在是一个误区。以阿里巴巴网站为例，我认为阿里巴巴的SEO做得最好，应当有个不小规模的SEO团队在运营，每天都从百度那吸引不少流量，可很少见过他们在很值钱的短词上有排名，都是长尾词。

有兴趣的朋友此时在百度搜索“液压机”，会发现首页上看不到阿里巴巴的任何信息，但你如果用“液压机规格”“液压机型号”“液压机品牌”“液压机报价”等词搜索，在百度首页上都能看到阿里巴巴的一两条信息。随着关键词的长尾化，如搜索“四柱液压机报价”，阿里巴巴的信息在百度首页甚至能达到5条之多。

所以，SEO是一个系统工程，需要大量的长尾词的排名，才能达到为企业网站引流量的作用。只是希望某个SEO高手点石成金，帮你把几个自认为重要的关键词排到首页就万事大吉，按这样的思路走下去，只会浪费钱而见不到效果。图4-1是三个关键词的日均搜索量，“液压机”2000多、“四柱液压机”1000出头、“液压机厂家”只有600左右。日均搜索量值越大，自然排名越困难，请第三方排名公司的代价也就越大。假如这几个词排名到百度首页，“液压机”报价是每年2万元、“四柱液压机”是1万元、“液压机厂家”是5000元。我更愿意花1.5万元做后面两个词，而不会花2万元做第一个词，因为长尾词的代价小而且业务转化率更高。

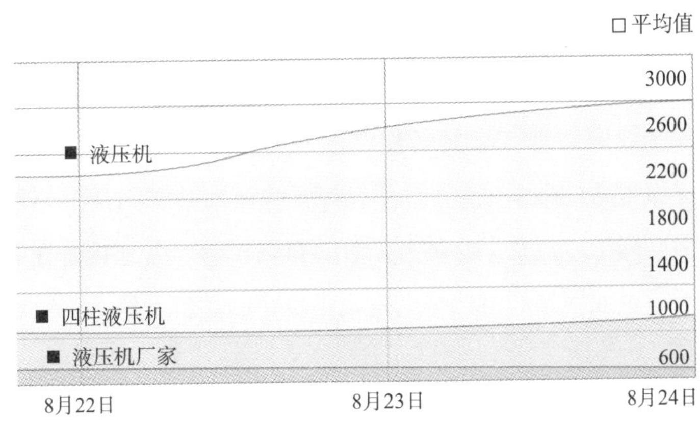

图4-1　三个关键词的每天搜索量不同，排名难度也不同

一、自然排名的优势

一劳永逸：做自然排名都是利用企业的官网，一旦网站整体排名做好、做稳定，就会长期受益。不像搜索推广，一旦不充值，就立刻没有效果。

全国24小时可见：尽管搜索推广也能做到在全国每天24小时广告全覆盖，但代价非常大，恶意点击也多，很少有企业这样操作，大多数企业是在工作时间投放广告。自然排名则不同，一旦排名上去了，在全国的任何地方任何时间点都能看到，不用担心恶意点击，而且越被别人点，排名越好。

多平台、多网站、多页面排名：各大搜索引擎的自然排名规则大同小异，所以一旦把排名做好，百度、360、搜狗、bing等都会有相应的排名。搜索推广要求一家企业只能有一个账户，但自然排名你想排名多少个网站就排多少个。我曾经见过一家翻译公司，建设了十多个网站，只要有人搜索“翻译公司”，各大搜索引擎首页都是他们公司的网站，这也许是网站自然排名的最极致目标——霸屏。正如我们看到阿里巴巴在自然排名上的成功，企业网站的页面越多，关键词排名也就越多，前提是每个页面都得到有效的优化。

二、自然排名的劣势

需要专业的自然排名技术：在整个网络营销技术中，自然排名技术是最难的，因为任何一家搜索引擎都不会公开自然排名规则，还不断地调整规则，所以自然排名技术都是根据推测、测试和经验获得的。使用该技术也有风险，一旦被判定违规，之前所有的排名可能一夜之间都不见了。

排名时间长、不稳定：各搜索引擎为了防止一些网络营销公司利用SEO技术快速让一家企业网站排名靠前（注：也是利益问题，如果自然排名能轻易完成，谁还会去做付费的搜索推广），一般都会将新网站或网站内容调整大的网站丢进一个沙漏队列中，过几个月才开始计算排名。由于受到排名规则调整、竞争对手排名影响，企业网站的自然排名也是不稳定的，忽上忽下，很难保持稳定的排名位置。

排名关键词少：搜索推广介绍过利用关键词的匹配模式，几个关键词可能会匹配出成百上千的搜索词。而自然排名主要是利用各页面排名不同的关键词，一般一个页面也就能排名几个关键词，需要更多的关键词排名就需要更多的页面。作为一个开放性的平台，阿里巴巴很容易实现这一点，因为有大量的付费会员和免费会员每天都在往平台上加内容。但大多数企业网站每天增加一篇文章都很难做到，所以整体的关键词排名数量就少很多。

如果只是认为SEO就是做一做企业网站的关键词排名这么简单，那就太浪费SEO这项技术了。其实视频的推广、图片的推广、地图的推广、搜索框提示词、相关搜索上都能有所作为。还记得我们在第一章第三节《网络营销从公司起名开始》里提到的上海泰瑞吸塑包装厂吗？搜索“上海吸塑包装厂”，在百度搜索结果首页的底部不但能看到它的自然排名，在相关搜索里仍然能看到泰瑞的身影，如图4－2所示。

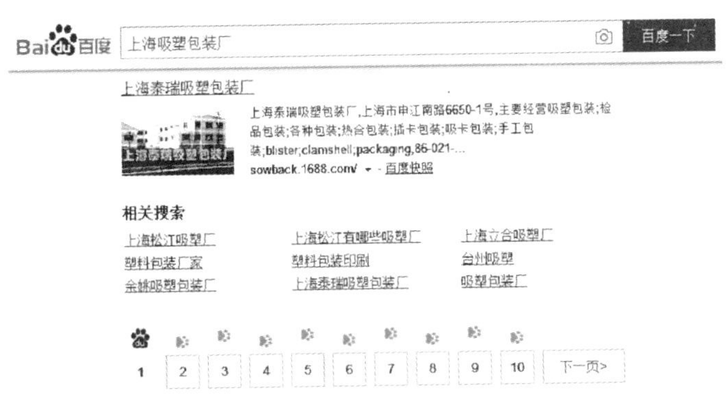

图4－2 在百度搜索“上海吸塑包装厂”，搜索结果底部的相关搜索展现结果

大多数搜索者是不会明白为什么“相关搜索”里，这两条是有具体的公司名，会以为这两家公司在上海吸塑包装行业比较出名。如果想让你的企业也有如此的效果，继续往下看。

第二节 好的建站系统（CMS）是第一步

CMS是“Content Management System”的缩写，直译为“内容管理系统”，通俗讲就是建站系统。大多数企业不需要关心这些专业名词，企业建站自然全部交给了建站公司，但有些建站公司不懂SEO技术，采用的CMS系统不利于今后的SEO优化。这样的网站就是建得再漂亮，一旦全面开展网站自然排名工作，缺失的功能也会让优化工作举步维艰，这种网站刚建好，就面临着需要推倒重建的厄运。那么好的 CMS 建站系统应当有哪些功能？

网站框架结构合理，可根据 SEO 需要及时调整，网站导航采用面包屑导航。通常我们把企业网站所有页面分为一级页面（网站首页）、二级页面（栏目页面，如“产品中心”页面）、三级页面（子栏目页面，如“新闻中心”里的二级栏目“行业动态”）、四级页面（底层页面，也叫内容页面）。好的 CMS 系统里，这些栏目和页面都可以改名、增加、修改、删除和移动。

面包屑导航借用童话故事《奇幻森林历险记》，故事的两个小主人公在森林深处撒出了一条面包屑路径，然后顺着这条路径回到了家中。就像这个故事一样，在互联网中，面包屑为用户提供一种追踪返回最初访问页面的方式，可以清晰地为客户指引进入网站内部的路线。最简化的方式是，面包屑就是水平排列的被“ > ”或者“/”隔开的文本链接；这个符号指示该页面相对于链接到它的页面深度（级别）。如图 4 - 3 所示，是 SAP 公司代理商上海达策的网站页面，大家有机会可以按图中的网址欣赏一下这个网站。它被多家网站设计模板平台当成经典设计风格供大家参考，该页面的面包屑导航就是这种形式：解决方案/ SAP Business One/银行业 ERP 系统。

图 4 - 3 上海达策页面展现的画面

尽管这是一个公认的优秀网站，但它的 CMS 系统有个小问题，就是把二级栏目页面默认为下一级的第一个页面内容。如图 4 - 4 所示，尽管与上图的内容是一模一样的，但注意两张图的顶端网址是不一样的。也就是说网站存在这样的问题：一个内容分配到两个不同的页面上了，你让搜索引擎如何计算这两个相同内容的页面排名呢？

图 4-4　不同页面展现了同样的画面

问题出在哪呢？就是该网站的 CMS 系统模板存在着缺陷，我见过不少企业网站也有过类似的问题。这个问题是网站底层技术问题，无法修改，或者说修改了代价太大，只好让它一直存在着，始终影响着公司网站某些页面的排名。

CMS 系统后台能够对每个页面的头部进行优化。网页的头部内容都不会展现在网站上，主要是用来设置一些参数给浏览器和搜索引擎看的。如图 4-5 所示，我们看到的浏览器搜索结果，其实都是在网页内容制作时，在头部事先设置好的。如图 4-5，搜索结果的标题（第一行大字）和描述（第二行、第三行小字），就是头部优化的内容。

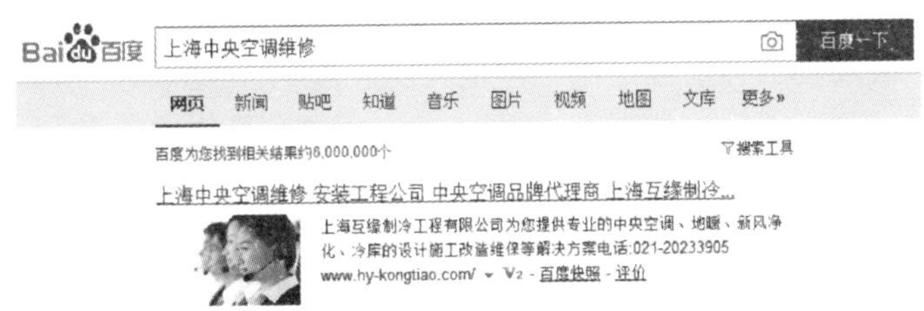

图 4-5　头部优化内容对应着搜索结果的标题和描述

对应在搜索结果里展示的标题和描述，在好的 CMS 系统后台里也一定会有相应的编辑头部的地方。图 4-6 就是这家公司网站的 wordpress 系统（一款在世界范围内使用最广的博客网站后台，也常常作为企业网站的建站系统）里的修改区域。

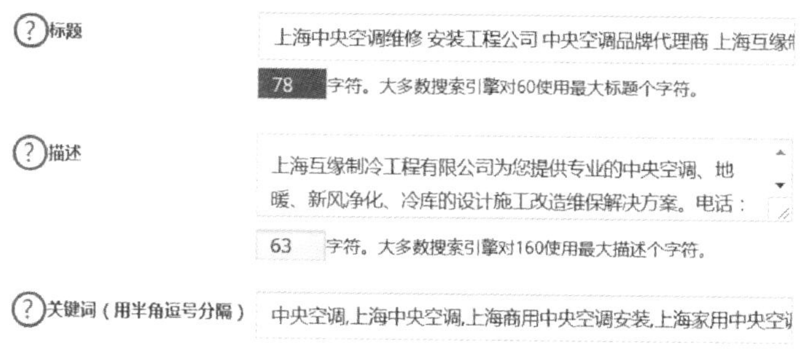

图 4-6　头部优化的标题、描述和关键词

头部优化是 SEO 工作最重要的部分，我们在下一节详解，但有些 CMS 系统无法进行头部优化，或者是只能优化部分页面的头部。在搜索引擎自然排名算法中，页面层级越高，排名权重也就越高，所以一个网站中权重最高的是网站首页，其次是各栏目，再次是栏目中的子栏目，最后是底层页面的内容。但不少 CMS 管理系统中，栏目页面无法修改头部内容，白白浪费了这些栏目页面的高权重资源。

CMS 系统能够对正文内容进行优化。我们看到的所有网页内容都属于正文内容，也有人称为前台内容，是相对于在 CMS 系统里后台编辑内容而言的。好的 CMS 系统应当可以对正文内容所有部分进行修改，并能够加入优化元素。详见下一节的正文优化部分。

网站安全性能：采用开源的 CMS 建站系统，如 wordpress、phpcms 等，就像使用 windows 操作系统用户数巨大，系统相对稳定，但总会有些安全漏洞，容易被黑客利用破坏网站或者是植入非法代码而直接影响网站排名。而采用订制的建站系统，虽然很难被黑客发现漏洞，但也因用户数少，很难发现导致系统崩溃的 bug（缺陷）。针对前者，需要找专业的技术人员修补漏洞，并制订严格的数据备份制度。对于后者，需要与建站公司建立长期的维护合作，确保系统一旦崩溃能够及时修复。总之记住一点，网站优化经不起系统的经常崩溃或者被黑，如果反复出现这种状况就需要考虑换系统和服务商了。

友情链接：好的建站系统应当在首页底部有块区域专门用于和其他网站做友情链接。更好的 CMS 系统可以在任何一个页面底部设置独立的友情链接区域，以方便各子页面与其他网站子页面的友情链接。也有不少的建站系统，友情链接区域要么没有，如果有，每个页面都是相同的友情链接内容。这相当于我们与别人做首页友情链接，而我们则是全站所有页面链接对方，很吃亏。

动态转静态功能：尽管包括百度官方在内，都告诉我们现有的搜索引擎技术能够很好地识别动态网页，不需要再转成静态，但我们还是注意到在竞争激烈的关键词搜索结果里，还是静态页面更容易排名靠前。所以，CMS 建站系统是否具有动态转静态的功能，也是衡量好坏的指标。如果你有兴趣，可以搜索一个较长的专业关键词，如“单塑单硅离型纸”，排名在百度搜索结果首页的网址不少都是标准的纯静态页面（以 htm 和 html 结尾）。相对于纯静态而言的，就是伪静态，由系统临时生成一个类似于目录的网址。总之，**纯静态比伪静态要好，伪静态比动态要好。**

第三节　网页头部优化和正文优化

有了好的建站系统，接下来就可以放手做网站的优化了。我们打开任何一个页面，在页面的空白处按右键，点击“查看源”，就能看到该页面的 html 源代码。毕竟本书不是讲技术的，是讲营销的，所以大家不用理会每条代码都是干什么的，只需要知道在源代码的顶部都会有这样的代码。（注：有些网站为了保护内容不被同行抄袭，无法用右键看源代码，可以使用快捷键 Ctrl + U 或者 F12 替代。查看源代码是我们做网络营销分析竞争对手的重要工具，所以请大家记住这两个快捷键。）

```
<title> × × × × </title>
<meta name = “descrIPtion” content = “ × × × ×” / >
<meta name = “keywords” content = “ × ×X， × ×X， × ×X， × × × ×” / >
```

这些就是我们前面提到的头部优化三个点：标题（title）、描述（descrIPtion）和关键词（keywords）。

其中标题并不是指网站上你看到的任何一个标题，而是在自然搜索结果中出现的标题。百度为了区分搜索结果的广告区域和非广告区域。一般给广告区域填有一个底面，并标明广告，而对于非广告区域的自然排名信息，都会标注上“百度快照”的字样，我们就知道这样的信息是自然排名上去的。我们在此讲的标题正是百度快照里的标题，如果一个页面的排名权重是 1，仅标题的重要性就占到了 0.5，可见它的重要性。

标题（title）：做标题优化，首先要想好优化哪些关键词，把主要的关键词尽量放在前面，把次要的关键词靠后放，尽量不要重复关键词，而且读起来要通顺。比如上海一家专业做厂房装修的企业网站是这样定义标题的：<TITLE>上海厂房装修，工厂装修　车间装修　仓库装修：上海映砚建筑装饰工程有限公司</TITLE>，其中“厂房装修”“工厂装修”是这个行业最值钱的关键词，所以放在标题的最前面，而公司名是最不重要的关键词，放在最后面。标题的语句比较长时，可以使用半角的空格、逗号、下划线分隔关键词。有些人会对这样的安排不理解，公司名是品牌形象，应当更重要，但在 SEO 的世界里，公司名最不值钱，因为没有人和你抢公司名排名，而全国至少有几千家企业在抢“厂房装修”的排名。如果你有兴趣，用“厂房装修”“工厂装修”“车间装修”“仓库装修”“上海仓库装修”“上海工厂装修公司”等词搜索，这家企业的网站都排在百度首页。

标题的长度能展现在搜索引擎结果里的只有 32 个汉字（64 个字符，两个半角字符算一个汉字）。但标题长了也没有问题，百度会自动根据涉及哪方面关键词而自动显示标题的前段或者后段。如图 4－7 所示，分别用“厂房装修”和公司全名搜索的结果标题和图都不一样。

上海厂房装修,工厂装修 车间装修 仓库装修:上海映砚建筑装饰工程...

上海映砚厂房装修公司【24小时咨询热线:021-57613792,18001818119】承接上海厂房装修,工厂装修,车间装修,厂房翻新,厂房改造和办公楼室内外建筑装饰设计和施工,获上海...
www.zhuangxiu1.cn/ - V1 - 百度快照 - 评价

...装修,工厂装修 车间装修 仓库装修:上海映砚建筑装饰工程有限公司

上海映砚厂房装修公司【24小时咨询热线:021-57613792,18001818119】承接上海厂房装修,工厂装修,车间装修,厂房翻新,厂房改造和办公楼室内外建筑装饰设计和施工,获上海...
www.zhuangxiu1.cn/ - V1 - 百度快照 - 评价

图 4－7　具有较长标题的页面，在百度搜索结果只会展示标题相关的一段

另外，大家需要了解的是，标题中的任何一个字都参与关键词排名，前后颠倒也算，甚至标题里没有但描述或者正文中有的字也参与排名。一个网页的权重越高，这种关键词的排名也就越多。比如我搜索“上海厂房装饰设计”，这家企

业的网站仍然排在百度首页，因为标题的前面有关键词“上海厂房”，描述中有“装饰设计”。

描述（descrIPtion）：有些网络营销公司认为头部的描述对页面的排名没有影响，但它也展现在搜索结果里。描述中的关键词在与搜索词一致时，会变成红色，所以这方面内容也需要精心编写。描述允许写80个汉字（160个字符），足可以把公司名、与标题相对应的关键词、广告语、联系电话都加上去。我认为，标题中含有的关键词也应当巧妙地出现在描述中，这就需要文案精心编写。

关键词（keywords）：按SEO行业普遍的说法，关键词也不影响对页面的排名权重。但作为专业的页面优化工作者，我认为这是必须做的科目，用来表明某个页面优化哪些关键词。关键词没有字数限制，但建议每个页面关键词放6~8个，之间用半角的逗号分隔开。

讲完头部优化，我们给出一段完整的头部优化结果，下面非常清晰地表明了该网站优化的关键词，实际搜索一下，你会发现企业的基本目标。

<TITLE>上海厂房装修，工厂装修　车间装修　仓库装修：上海映砚建筑装饰工程有限公司</TITLE>

<meta name = “descrIPtion” content = “上海映砚厂房装修公司【24小时咨询热线：021－57613792，18001818119】承接上海厂房装修，工厂装修，车间装修，厂房翻新，厂房改造和办公楼室内外建筑装饰设计和施工，获上海装饰装修行业协会会员与绿色装饰企业等多项资质企业.”/>

<meta name = “keywords” content = “工厂装修，厂房装修，上海工厂装修，上海仓库装修，办公室装修，厂房翻新，厂房改造，上海装修公司”/>

如果你希望某个页面在某个关键词上有不错的排名，至少你要将该关键词分别放在头部的标题、描述和关键词里，并尽量靠前放。

正文优化可以拆解为正文主标题、小标题、图片优化、正文关键词密度。

正文主标题：许多网站偷懒，正文主标题也就是整个页面的内容标题与前面提到的头部标题一模一样。我认为不妥，头部标题的作用只是为了优化和在搜索结果里展现，其特点是关键词多、可读性差。而正文主标题侧重的是可读性，所以关键词含有最重要的一两个就行。一般好的 CMS 系统都允许将主标题设置成 N 号标题，如 1 号标题、2 号标题等。虽然号越大，越有利于排名，但也要看整体美观效果，1 ~3 号标题，适度就好。图 4 –8 的标题虽然看着很大，但实际是用了段落字体放大加粗的格式，不是真正意义上的标题字。

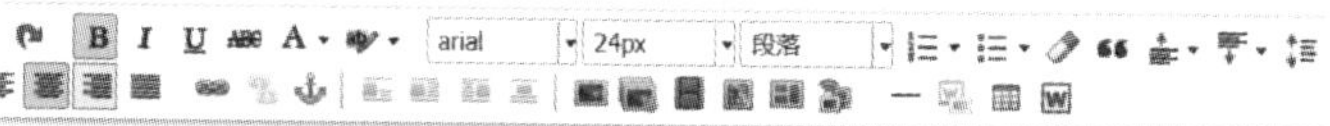

图 4 –8　正文标题仍然使用的是段落字体，而不是标题字体

需要将段落字改成标题 2 号字，系统会自动加粗并居中，为了与上下文协调，我将字的大小由 24PX 改成了 18PX。图 4 –9 美观一些，也有利于排名。

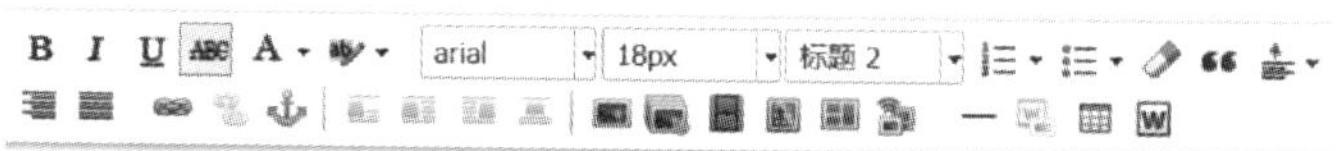

图 4 –9　正文标题使用的是标题 2 字体

小标题：页面内容一多就会设置小标题，如图 4 –10 所示，这是我们正常写文章时加的小标题，但从 SEO 角度来看是有问题的。

图 4 –10　正文当中的小标题

跟主标题的问题一样，需要把段落字改成标题字才有利于排名，考虑到主标题已经是2号标题，小标题应当采用3号标题。又考虑到这个页面主推的关键词“snna调节阀”和“snna蝶阀”在正文中没有出现，所以在这两个小标题上分别加上品牌词“snna”，如图4－11所示。

snna调节阀

SV118 系列高性能单座调节阀 SV110 系列高性能套筒调节阀

SV112 系列多孔式套筒、多级降压、低噪音、防气蚀型调节阀 SV113 系列三讠

SV116 系列高压多级降压式角座阀

snna蝶阀

SE60系列高性能高底温高中压双向零泄透蝶阀 AS343系列金属硬密封三偏心蝶

AS343 V型系列真空专用蝶阀 SE17 系列高性能蝶阀

图4－11　优化后的正文小标题

图片优化：图片优化有两个含义：一是图片尺寸的优化，大家不知道注意过没有，在百度搜索结果中，有的信息是带图片的，有的没有带图片。如图4－12所示，第一张图是我公司官网在百度PC端搜索的结果，第二张图是在移动端搜索的结果。

上海网络推广公司:B2B网络营销外包 SEM推广_SEO网站优化:上海添力...

上海添力网络科技有限公司是一家专业从事企业网络营销外包服务的高科技型企业,主营业务:网络推广、SEM推广、网站SEO优化、网络营销培训等服务,咨询热线:4006-115-220

www.tist.com.cn/ V2 - 百度快照 - 评价

上海网络推广公司:B2B网络营销外包 SEM推广_SEO网站...

上海添力网络科技有限公司是一家专业从事企业网络营销外包服务的高科技型企业,主营业务:网络推广、SEM推广、网站SEO优化、网络营销培训等服务,咨询热线:4006-115-220

www.tist.com.cn 评价

图4－12　在百度PC端和移动端搜索结果里展示的图片尺寸

不管网站里的原图有多大，在PC端搜索结果展现的图尺寸为长方形121×75DPI，在移动端的尺寸为正方形90×90DPI。我的建议是，页面里的图如果有好几个，你最希望百度抓取并放在搜索结果里展示的图片最好设置成PC端的比例，如240×150DPI、480×300DPI……移动端上的图基本都是从PC端的图正中心截取正方形，所以建议将图的主要元素居中放，以免重要内容被裁切掉。

图片优化的另一个含义是图片文字的优化。网站上的每张图片都应当有替代文本（俗称图的注示，最早由于网速慢或者图片出问题时，浏览器能在第一时间将图片注示的文字先放上去。在有些浏览器上做过替代文本的图片，当鼠标放在图片上时会显示一个文字框），这是搜索引擎识别图片内容的重要依据。如果你将一只猫的图片传到网络上并标注成藏獒，没准哪天你在百度图片里欣赏藏獒，就会发现你那只可爱的猫咪。

正文的关键词密度：搜索引擎对于网民最大的功劳莫过于我们想要找什么信息就能得到相应的网页。如果我在某搜索引擎上找一家出国留学中介机构，看到有一家网站的标题和描述都很吸引人，点进去后却发现是游戏类内容，这叫"挂羊头卖狗肉"，我会认为这家搜索引擎很不靠谱。各大搜索引擎为了能做到"靠谱"，会很在意页面的头部标题和描述是否与正文内容一致，但浩瀚的信息量无法采用人工判别，除了通过正文标题、小标题、图片注示等参考外，还有一个重要的判别标准就是关键词密度。

假如一个网页有100个汉字，两个字的关键词在正文中出现了两次，词密度就是4%；四个字的关键词出现两次，词密度就是8%。SEO业内认为关键词密度为2%~8%是比较受搜索引擎青睐的。密度过低，会被搜索引擎认为此文与关键词相关度不高，降低排名；密度过高，涉嫌关键词堆积、过度优化，同样也得不到好的排名（被过多的关键词堆积的文章确实阅读性很差）。网络上有不少站长工具平台提供测试网页关键词密度的工具，如图4－13所示，我利用站长工具（一个常用的网站检测平台）的【网页关键词密度检测工具】测试了一下我的网站首页在"网络营销"一词上的密度。

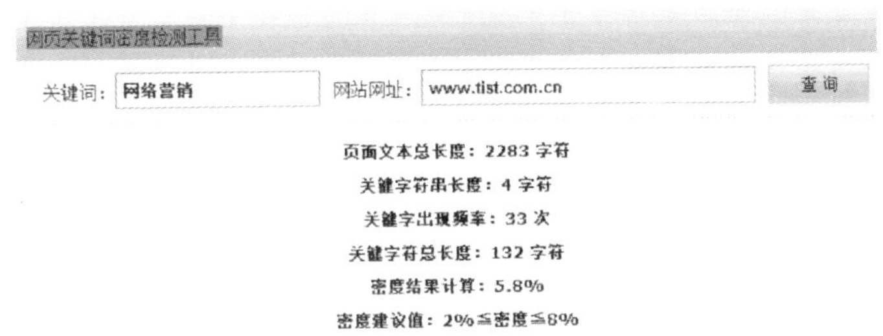

图 4－13 利用站长工具检查网站的关键词密度

任何一个规则都不是绝对的，特别是在词密度这件事上。如果一个网站的权重值本身比较高，词密度的影响就小了很多。前面我们也说过，如果一个网页权重是 1，头部标题就占到 0.5，词密度顶多只占到 0.05。如图 4－14 所示，搜索“ERP”一词，在百度首页排名靠前的两家公司网站首页的词密度分别是 1.1% 和 9.7%，可见词密度的影响力并不高。

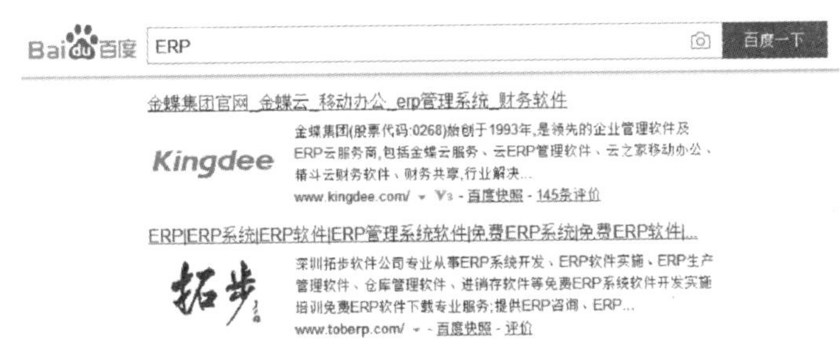

图 4－14 在“ERP”一词上排名靠前的两家公司网站

大家会注意到图 4－14 的搜索结果里，两家公司的展示图片都是公司的标志。我向来认为 ERP 领域的企业由于非常熟悉网络技术，所以他们也非常精通 SEO 技术，除了有不错的自然排名，还在图片上进行了优化，把公司的 logo 有意识地设置成搜索引擎喜欢的尺寸，实现在搜索结果里直接展现公司品牌标志的目的。

第四节 网站更新和文章采编

掌握了网页优化的技巧，有可能将一个页面上的几个关键词优化到百度搜索结果首页，但如果网站页面不足、内容不丰富，优化再好，也只是少数关键词有不错的排名；只有生成更多的页面内容，才能排名更多的关键词。试想一下，一个行业有三家企业，如果其他条件都相同的情况下，A 企业网站有 100 个页面、B 企业网站有 1000 个页面、C 企业网站有 10000 个页面，那么每天网站的自然访问量也会呈数量级的差别。所以，在每个页面都能得到有效优化的情况下，文章数量是多多益善。

网站内容的更新频率也称为网站更新度，是网站优化的重要指标。不是说你有很多内容就可以任性，高兴时一天之内上十几篇内容，不高兴时几个月都不更新。搜索引擎喜欢有稳定更新频率的网站，更喜欢有增加频率趋势的网站。所以如果你手头有一定量的文章资源，就需要规划一下，以什么样的进度更新到网站上，一天、一周还是一个月。一旦制定好计划，就应当坚决地在规定时间内上传新文章到网站上。上传文章，优化好后，第一时间去各大搜索引擎里提交新文章的网址，以促进该文章尽快被各搜索引擎收录。提交收录的方法比较简单，以百度为例：第一步，上网站上找到那篇文章，并复制该文章的网址；第二步，在百度搜索框里粘贴网址，搜索，就会出现图 4－15 的界面。

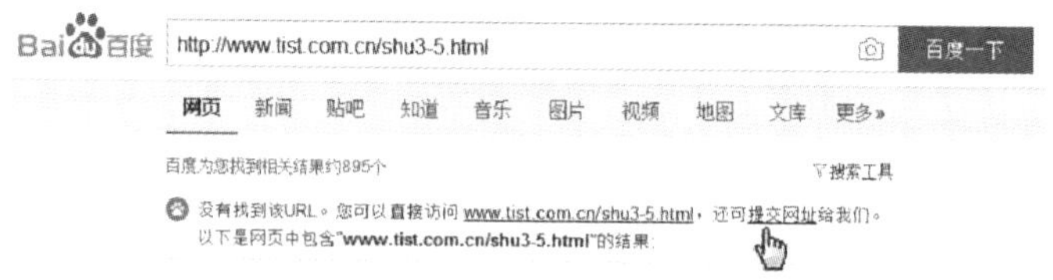

图 4－15　用刚制作好的网站页面在百度搜索结果

图 4－15 是百度搜索结果的显示：找不到该 URL。点击【提交网址】，进入下一个界面，按提交就 OK 了。需要指明的一点是，我提交的网址是我的第一本书《传统行业如何用网络拿订单》第三章第 5 节的内容，我在四年前就将此书的全部内容放在我的博客网站。在 2015 年改版公司官网时，将博客里的内容原封不动地复制到新网站上，结果就是百度认定博客里的文章为原创，而官网里的文章为抄袭，不予收录。可见百度也有相应的算法，防止同一个内容在网上大量地复制而成了垃圾信息，它只收录最早的信息作为原创内容。

写什么样的文章？

一方面，企业需要把自己希望宣传的内容放在网站上。工作中要写的内容真不少，我就见过一个工业薄膜生产厂家的销售经理，他每天把发货场景及时分享到微信朋友圈。一是在潜在客户面前刷存在感，二是表明他们工厂的正常供货状态。只要是正能量的东西，能给企业形象加分的内容都可以发布到网站上，我见过的有这些内容：新产品上架、工厂通过了某生产许可证、员工培训报道、旅游活动展示、年会报道、客户参观工厂报道、展会报道、新技术标准、历年的获奖……总之，只要不违反公司保密条例，有利于提高公司形象的内容都可以放在网站上。这些内容主要放在网站的“产品中心 ”“关于我们”“新闻动态”等栏目里。

另一方面，我们需要制作一些知识页面，来满足潜在客户的学习需求。特别是广告预算少的企业，在搜索推广里有意识地否定掉了与知识相关的关键词，如带有这些关键词：什么是、如何、怎样、学习等，就需要在不花广告费的自然排名技术上有所作为，把行业内与这些词相关的文章写出来并放在网站上。这样有初级客户搜索这些知识点时，能够找到企业网站，从而转化为客户。如网络营销行业，我们就需要精心制作这些知识性的文章，满足刚入门客户的求知欲，这些文章的标题应当是：什么是网络营销、什么是 SEM、如何做网站推广、网络推广主要使用哪些方法……在网站上，可以专门开辟一个知识小百科的栏目，放置这些内容。

最后，也是最重要的一点，我们需要产生大量客户需求的文章，特别是客户转化率高的文章。还记得前面提到把潜在客户的行为分为六个阶段，其中最有价值的阶段是客户的借鉴期和对比期。如果我们提供的文章能让他们很好地参考和对比，转化率会大大提高。在这个时期，客户喜欢看供应商的解决方案够不够专业、成功客户够不够多、企业规模够不够大，并进行价格和品牌对比。解决方案、成功案例都需要设置成独立的栏目用于放置大量的文章。而价格和品牌的对比文章是敏感话题，虽然是企业网站优化和推广的重点，但需要放在不起眼的地方，做到客户如果对这类话题感兴趣，可以通过这样的页面进入网站；客户对这个话题不感兴趣，在正常浏览网站时，不容易看到这样的文章。建议将其放在网站新闻栏目时间点靠前的页面里，客户需要翻好几页才能看到这篇文章。这样的文章非常适合搜索推广的着陆页面和自然排名页面，当有人搜索“××行业品牌对比”或者“××产品价格表”时，这类文章能排中在百度首页。

我在指导一家变速箱维修企业的网络营销时，发现网络上很多人搜索“变速箱维修哪家好”或者是“变速箱维修的厂家有哪些”，于是我们就计划写一篇几家变速箱维修企业对比的文章。尽管这家公司在国内算是龙头企业（轿车变速箱年维修量最多），但没必要把主要的竞争对手都写上去，于是我们从另一个角度来说事，先选中全球最大的变速箱厂家（当然他们在国内也修变速箱，但不是他们的主营业务，而且只修高档车，价格也贵，与我们不在一个市场层面），再找一家卡车变速箱维修龙头企业，写成了“国内三大变速箱维修公司对比”。文中表达的意思是这三家在各自的领域做得都很大很好，但要想修轿车变速箱，既便宜服务又好，就只能找我们了。

总之，只要客户需要，我们就应当编写对应的文章，没有什么不能写，也没有什么写不出来的文章。只是看你想不想写，花多大代价去写。

如何写文章？

不管是抄文章也好，还是原创文章也好，写文章的第一步都是收集相关信息。万一你自认为写出来的原创文章与别人“撞衫”，不就白忙活了。企业内部资料来源于多个部门，需要企业领导重视，制定相应制度，要求各部门在某活动期间有目的地收集图片和文字信息，在事后能及时交给网络营销部门。企业外部资料，就需要网络营销人员定期在行业平台和竞争对手平台上（包括网站和微信端）及时浏览并抓取有价值的信息。

收集信息是为了使用，但在使用前不认真处理，可能会引起麻烦。在下一节里，我们会细讲链接，有些文章里会藏有链接，如果你只是简单地复制下来粘贴在自己的网站上，可能把链接也带上了。这样你的网站就链接了别人的网站，你提高了别人网站的权重的同时也在降低自己的权重。所以，将别人的内容放在自己的网站上，事先一定去除超链接。比较简单的做法是要么先复制到计算机里的记事本上（这种简单的文字处理软件会过滤掉各种格式和链接），要么粘贴到网站后台编辑器里，用【格式刷】清除隐藏的格式和链接。

完全抄来的文章有可能涉及侵权，所以最好标明出处，如此文转载于××.××.××网站。而图片就是标明出处也涉嫌盗版，特别是一些气势磅礴的大图，大多来自于各大图片公司，他们就是靠卖图赚钱的，也靠起诉盗图者赚钱（有专业的团队发现、取证、发律师函、起诉）。所以想使用这些高清大图，最好是直接从正规的图库公司购买，一张图几百元。

真正的原创文章，如一篇公司简介、一个产品介绍、一篇新闻报道等，由于是自然写成，能优化的关键词并不多。还有一类原创文章，虽然没有什么实质内容，但引流量效果明显，这类文章就是根据搜索词编写的文章。当客户搜索这类词时，该文章能排名在百度首页，通常都是按地区和按行业编写文章。如一家宁波 ERP 软件公司希望在南通开展业务，于是他们就写了一篇南通 ERP 公司的文章，尽管是宁波公司网站里的一个页面，但由于优化和推广做得好，排名效果不输南通当地的 ERP 公司，如图 4 – 16 所示，在百度搜索“南通 ERP 公司”的前三名。

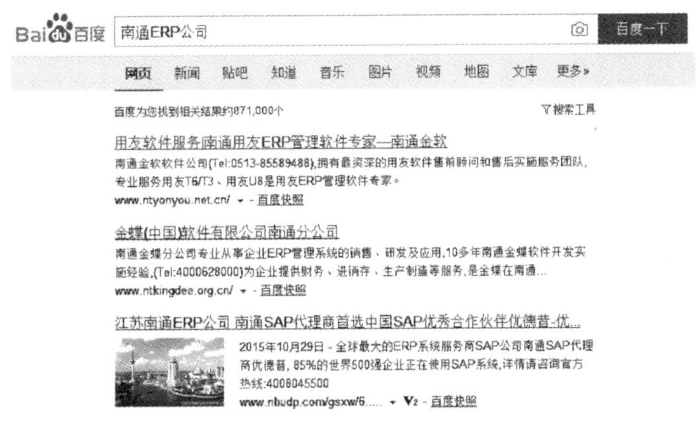

图 4 – 16　在百度搜索“南通 ERP 公司”的结果

第一名是用友公司在南通的代理商，第二名是金蝶公司在南通的代理商，第三名就是我的客户——宁波优德普的一篇文章。用这种方法，你可以按固定的套路写多个城市的 ERP 公司，将公司业务触角伸向每一个潜在客户的城市。

第五节　对待链接就像对待恋爱

假如新浪官网首页给我的公司网站做一个超链接，哪怕用一个字符做链接，那我也发财了，想排哪个关键词就能把它排到百度首页。但这只是幻想，因为新浪首页每个广告的费用都是以六位数来计算的，拆成一个小字符也需要好几万元，没有人能够承担得起这么高昂的链接成本。链接就像某些游戏中勇士的血，别人链接你，就是别人在给你加血，提高你的排名功力；而你链接别人，就是你给别人加血，消耗你的排名功力。

内链：最容易也是最便宜的链接方式就是内链，在自己的网站上选中正文里的关键词，超链接到本网站的另一个网址，就是内链。做内链的技巧是，一定要在正文中找到关键词，链接到与该关键词相关度最高的网页；内链的位置一定要尽量靠近文章顶端；全文有 1 ~ 3 处关键词做链接就够了。如果一篇文章中实在没有关键词可以做内链，还可以在文章底部增加相关链接，为相关的或者是重要的网站做链接。我们把做内链戏称为“埋地雷”，有些比较笨的“贼”把我们的网站内容搬到他们的网站时也会将链接带上，无形中给我们增加了排名功力。

外链：与内链相对的就是外链，所有非本网站指向自己的链接都是外链或者称反链。一般情况下，一个网站权重最高的是首页，所以最有价值的外链就是第三方网站的首页对自己的链接。如果你刚好认识几个网站管理员，让对方链接到你的网站上，而你不用链接到对方网站上，这叫单链（单恋，引出了第一个恋爱方式，为了便于记忆各种链接术语，我们把它们形象地与恋爱挂钩）。一般认为，非盈利性的机构网站权重比较高，如学校、研究机构和新闻网站，所以这些网站的单链能够快速提升网站的权重。当然在不影响公司网站排名的情况下，你也可以为朋友的网站帮忙，单链一下他们的网站，但一定不能多，多了会让你失血过多而排名全无。

大多数情况下，我们没有站长朋友的资源，这时就需要与其他公司的网站进行互链，俗称友情链接（这就是最常见的恋爱）。互链讲究的是门当户对，而且要白头偕老，即双方拥有相近的排名权重、外链和出站链接（简称出链，初恋）等参数，还需要双方不离不弃，保持长久而稳定的互链。当你的网站在行业里有一定的排名后，就会有同行找你来做友链。你不但要用一些站长工具检查他们的网站的权重，还需要对这个站长的人品进行评估，不然有一天，他把你的链接撤了，你都不知道。那时你要求他重新加上去，他可能不会在意，因为通过友链，你已经帮他把排名提高了。所以，选择友链对象一定要慎重。互链期间，如果对方网站有非法内容或者网站打不开，就需要当机立断，停止与对方的友链，这是与现实生活恋爱的不同之处，这里不能讲感情，否则会降低自己网站的权重。

像我们这样的网络营销公司，一般管理着上百家企业的网站，新网站权重很低，大多数人不愿意链接。为了新网站能得到优质的链接，我们也会采取三角链（三角恋）甚至多角链的办法来解决问题。第一步，找一家与新网站相关度比较高的企业网站，与网站管理员谈判，希望他们链接我们的新网站，作为回报，我们可以拿自己手头上更优质的网站链接对方。这样看来，评估一家网络营销公司的实力，也要看他们掌握了多少家优质的企业网站，掌握得多才有可能快速帮你把网站自然排名做好。

什么样的网站才算是优质的？并不是“高大上”的企业网站就是优质网站，而是要看网站的综合 SEO 指标。国内主流的站长工具平台都有一项网站综合分析工具，只要输入网址，就能立刻显示出这些指标。我们用两个网站的指标让大家明白优质的网站与新网站的差距，第一个是做了 SEO 优化 5 年的企业网站，第二家是 2017 年刚建成的网站，如图 4－17 所示。

图 4－17　两家企业网站的 SEO 综合查询结果

第一家企业网站每天有 200 个左右 IP 来自百度的访问，移动来路 30 个 IP 左右，出站链接 28 个，反链 57 个，整整多了一倍，对首页的内链只有 25 个，偏少。百度权重为 1，移动权重为 0（因为它们到现在为止还没有移动端网站），搜狗和谷歌权重都为 4，在企业网站中算是权重高的。

第二家企业网站是 2017 年年初才建的，近期尽管也做了百度竞价广告，但上面显示百度来路为 0，可见这里只统计自然访问量。另外，不要以为百度权重值为 0 就是最差的，许多新网站权重为空，现在这个网站为 0，说明该网站已经被各搜索引擎收录，而且有一定的自然排名权重了。

前面反复提到了网站的权重，但百度从来不承认有网站权重这一说，google一直使用 PR 值（10 分制的权重值）来评估，为了便于评估，各站长工具也给出了各搜索引擎的评估值。在此我们只能说是参考，不可全信。在做友情链接时，需要看这几项指标做到门当户对：域名注册时间、百度来路、出站链、反链和百度权重值。一旦做了友情链接，就要定期监测，防止友链的哪个网站因关闭、被黑、被处罚而影响到自己的排名。图 4－18 是一个站长工具检测友情链接的结果。

网址 http://tech-sonic.net 的查询结果：共 56 条链接

序号	标题	网址	BR	反链数	链接名称
1	中国专业数据恢复公司-华军数据恢复中心	www.fixhdd.cn	1	≈21	SAP系统
2	上海网络推广公司:B2B网络营销外包 SEM推广_SEO网站...	www.tist.com.cn	1	≈47	SAP系统代理商
3	上海吸塑厂:食品吸塑盒，食品吸塑托盘，透明吸塑泡壳:上海裕...	www.xisumo.net	1	≈3	SAP系统
4	上海吸塑厂 吸塑盒,泡壳,吸塑托盘 通过QS认证 上海广舟包...	www.shuizhou.net	1	≈28	SAP系统
5	广州ERP公司 深圳ERP公司 深圳SAP公司 东莞ERP公...	www.comm-pro.net	1	≈25	SAP
6	SAP学习中文网站-SAP Online learning ...	www.sapzh.com	1	≈3	SAP系统

图 4－18　用站长工具检查友情链接结果

图 4－18 的检测友链的排名顺序也是有讲究的，基本是按对方网站的权重来排名，对方的权重突然降低或者是反链数突然下降，有可能影响到我们的网站排名，这时就需要和对方协商，中止友链。

有些企业很注重形象，不愿意在自己网站的首页底部放上很多链接，特别是那些每天流量很高的网站，会担心流量从友链分流到别人的网站上，这时就要考虑暗链（暗恋）。图 4－19 是某网站底部友情链接的位置，左侧是正常显示的结果，右侧是点击后展开的所有友情链接。

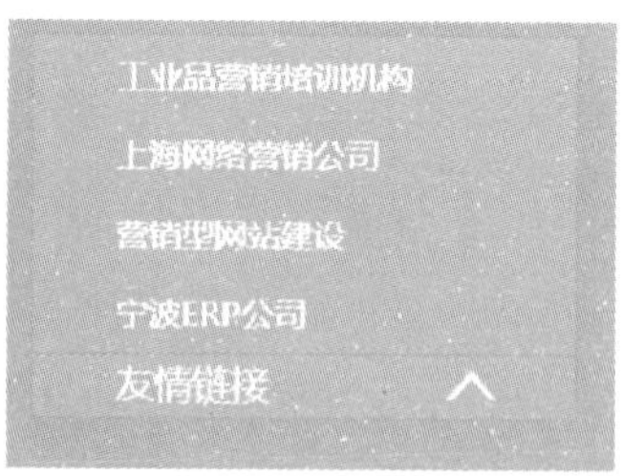

图 4－19　某网站的友情链接模块

相对于暗链，我们能在企业网站底部看到的链接都叫明链。暗链方式确实对链接的质量没有什么影响，如果一方是明链，另一方是暗链，只是不公平而已。如果对方的权重比较高，只能做这种不公平的友链。图4－19的暗链还不是最差的，最差的暗链是你在对方网站首页完全找不到你的链接，只有查看源代码才能看到，当然使用站长工具也能检测到链接的存在。如果对方是一个大公司官网，或者是一家门户网站，还是有许多企业愿意做这种不公平的友链。

这种只在网站源代码里做的暗链，对于网站权重增加的效果不如明链好，因为它跟黑链没什么区别。黑链就是一些网络黑客专门攻击一些权重高的网站（教育、政府、新闻等类网站），得手后就获取了可以篡改网站代码的权限，对外贩卖这种只在代码中存在的单链。买黑链风险大，毕竟是在别人不知情的条件下非法获得，所以不稳定，一旦被别人发现，立刻就没了高权重的反链，对自己网站的权重会产生较大的波动。而且有的搜索引擎对于这种含有大量黑链的网站进行降权处理，而刚才讲的后一种暗链与黑链相似，建议最好不要用黑链和后一种暗链。

友链也要适度，企业网站首页最多做20～30条友情链接，再多就可以考虑自己重要的子页面与别人的子页面相互链接，简称为子链。子链不需要太多，一个页面有几个就行。一些大型门户网站的子页面会被设置成二级域名，来和企业的首页进行友链，虽然不公平，但考虑到大网站的大流量，更考虑到这些门户网站被百度收录的频率高（一般企业网站被百度收录的频率为几天甚至几个月一次，而大型门户网站的频率为几小时甚至几分钟一次），有利于企业网站新文章的收录，我们还是很乐意用首页交换其权重低的子页面。图4－20是检测一家企业网站友链，排名在第32位的今题网宁波分站，尽管它的权重很低，只有0，完全没有门户网站的高权重，但对于企业网站的更新度贡献却很大。

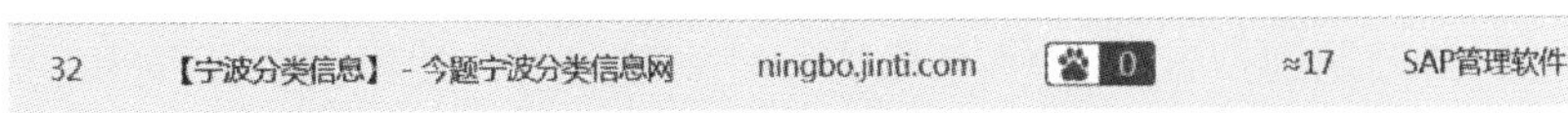

图4－20　和一家分类信息门户网站的二级域名做友情链接

如果不考虑权重，网络上会有无穷无尽的反链资源，而且是单链的，我们不用链接对方的网站，这就是在发布免费信息时捎带做的友情链接。

第六节 点击有用，也得会用才行

10 年前，我管理着十几家企业网站，仅靠着这些网站之间的友情链接和免费的第三方平台上的反链，就能让这些网站的排名不错。但 2010 年前后，百度调整了算法，以这种方式取得好的排名变难了。有一天，我的一个装修公司客户说接到一个电话，一家来自北京的公司声称，他们可以快速帮企业做关键词排名，排名提高以后再收钱，把“办公室装修”一词排名提高的报价是每个月 600 元，听起来不算贵。当时我帮这家客户排名在第三页，再也提高不了，我也想借此学习一下别人的经验，就让客户与他们合作。奇怪的是他们并没有去修改网站的任何内容，也就是说他们根本没有优化网站，也没有发现他们给网站做友情链接，但才三天的工夫，搜索“办公室装修”，客户网站果然排名在百度首页。用网站统计工具查看每天的访问数据，可以看到每天大概有十几次来自全国各地的搜索“办公室装修”访问，但没有访问时长也没有访问深度，都是点了就走。客户也得不到咨询，还不如我们平时的灌水信息效果好，所以合作了几个月也就中止了。从那时起，我知道点击可以快速地提高排名，也更清楚了这些核心词排名提高的无效性，开始关注和研究与点击相关的营销。

其实要想知道哪些网络营销手段在使用点击，只需要参加点击联盟就能一目了然。一旦成为点击联盟的会员，开始自动帮别人点击，就能看到以下几种点击需求：

第一，搜索框提示词、相关搜索。前面都提到过，搜索框提示词和相关搜索都是百度根据近期的搜索量，将搜索量大的关键词列在搜索框提示词和底部相关搜索里。大到多少才能列入，没有一个定数，要看该行业的整体点击量。这里所说的搜索量也是百度所说的展现量，只要是在搜索框搜索某词，点击【搜索】，不管接下来是直接关掉网页，还是认真看搜索结果，展现量都被统计了一次，这样的搜索次数都会被记录到百度指数和百度【关键词规划师】工具里的搜索量里。这种点击最容易获得，所以常被用来提高某产品或者某品牌的知名度，比如搜索“挖掘机学校”，百度搜索框提示词几乎被蓝翔的广告占全了。

图 4－21　在百度搜索框输入“挖掘机学校”的提示词

（注：在图 4－21 的搜索框提示词里，还有一种蓝色的提示词。由于本书都是黑白图，所以显示出来是浅灰色。“挖掘机学校培训”是你的计算机上曾经搜索过的词，与提示词不同，只针对你的计算机有效，别人的计算机看不到这个提示词。）

这种靠点击来干扰百度提示词和相关搜索的手段，是一把双刃剑，也有可能作为抹黑竞争对手的手段，详见第七章第五节。

第二，自然排名。2013 年 2 月，百度推出了绿萝算法，打击买外链，让仅靠高权重或者多数量的友链能有好的排名成为历史，此消彼长，点击排名就变得更容易了。到了 2015 年下半年，百度也发现点击的问题：有的关键词能在 24 小时内由之前的排名第三页直接到了第一页。百度再次调整算法，点击排名周期拉长，让点击排名变得不容易。

要想把某一个关键词的自然排名点到满意的位置有一个前提，就是该词的排名已经在搜索结果的前几页，排名超过五页以后的点击容易被百度甄别出是在炒作。如果你只是想简单地利用工具搜索某个词，到了前几页点击自己的网站，过一个月排名也不能提高了。道高一尺，魔高一丈。百度可以通过大数据计算出你的网站点击异常，从而不给你提高排名。要想提高排名，就必须模仿真实的自然搜索习惯。比如你想找一家纸箱厂，60% 的可能性你在首页就止步不前了，会点点广告里的供应商，也会看看百度快照里的供应商，40% 可能性你会去第二页找找，选一两家网站看看，然后是第三页、第四页……但绝对不会搜索“纸箱厂”直接到第三页点某一个网站。所以，让百度看不出你有问题的点击就如上面真实点击所述一样。还有就是安排点击的频率，你的网站在某个词上的点击一定是在第一页的频率最高，其次是第二页、第三页……比如你的网站目前排名在第三页，你每天安排点击 5 次；第二页你安排 8 次点击；第一页你安排 14 次点击。百度有时也会跟你开个玩笑，把排名从第一页突然降到第五页，如果你还在傻乎乎地点击 14 次，百度也很容易知道你在炒作。所以，用点击来提高自然排名也是苦差事，需要每天根据排名的波动来计算第二天的点击量。

客观上讲，点击成了自然排名的法宝，但也是暂时的，正如淘宝里的宝贝排名规则是以销量和信誉为主，所以就产生了大量的刷单公司和差评师。百度由原来注重友情链接改为现在的注重点击量算法，也造就了大量的点击平台和抹黑者。随着人工智能的推进，炒作点击量也会变得越来越难，真正好的网站还是需要靠扎实的内容来吸引流量，靠大量的原创文章带来大量的长尾词搜索量，这些词不需要炒作，认真做好优化和简单的友链就行。当然，有些企业也会有意识引导线下的客户，通过搜索某个词访问到公司网站，这在某种程度上也能带来自然搜索点击，从而提高排名。

第三，百度地图排名：第一章提到一个好的公司名，有可能不花钱就让你的公司名出现在百度搜索结果里。如在百度上搜索“上海吸塑包装厂”，一家叫“上海泰瑞吸塑包装厂”的公司就名列其中（在搜索结果首页的百度地图上列出了该公司名），而其他没有好名字的企业就需要刻意地在百度地图上标注成相关词，如“上海雄英实业有限公司”在百度地图里标注成“上海雄英吸塑包装厂”，也能名列其中。但它们都没有在“上海吸塑厂”一词上列入百度搜索结果首页的地图里，如果点开地图，翻开第二页才能找到。如果希望这个词也能排到地图的首页，则也需要点击帮忙提高排名。

似乎一说增加网站的自然搜索点击量，许多 SEO 人员能想到的就是通过点击软件或者是点击联盟平台快速完成。但 2017 年下半年起，百度不断调整算法，加大打击通过点击提高排名的力度，许多之前只用刷点击量来稳定排名的网站突然就被百度列入黑名单，从而再也找不到排名了。有没有可能不通过刷点击量的方式来提高网站的自然搜索点击量，从而提高网站的排名呢？答案肯定是有的，结合线上线下的一些市场活动就能实现这一愿望。比如在所有宣传资料中除了列出公司官网网址，还可以列出在百度搜索什么词就能够找到公司网站。有些客户不习惯在浏览器的地址栏输入网址，而是习惯在百度上搜索某词找到网站，他们会成为很好的自然搜索点击量来源。比如制定一个小的奖励措施，凡是在搜索引擎上搜索某个词找到公司网站的，直接发 5 元的优惠券，哪怕网站是在搜索结果的第五页……总之，这样的办法很多，不一定非要冒着被百度惩罚的风险使用点击软件刷点击量。

第七节　当心中了 SEO 的各种机关

我也算是国内最早一批做 SEO 优化的，十几年来经历了无数次搜索引擎算法的调整，眼看着许多本来很牛的 SEO 公司和 SEO 大师，在算法调整的一瞬间丢掉了排名而被迫关门或者转行做其他事。我从之前的优化几个网站到现在的上百家企业网站，基本上没有被搜索引擎降权过，只是大的算法调整后，我引以为自豪的几个重要关键词没有排名了，但优质的原创文章带来的长尾词流量始终没有丢。究其缘由，是因为我始终保持用最笨的方法做 SEO：先做好原创和转载的文章，再优化好每个页面，适当增加相关网站的友链，在各个灌水平台上增加单向反链。这种不急于求成的方法能让这些企业网站在十几年的风雨中细水长流，源源不断地引入自然流量。

刚入门的 SEO 新手或者是接手 SEO 工作的人员，不但要像我一样做好这些 SEO 基础工作，还需要熟练掌握 SEO 的各种技艺，以防中了 SEO 的各种机关。

机关一：网站中含有客户端强行运行程序的网站，肯定被降权。如在网站上安装了恶意获取客户信息的程序，当客户打开网页时，该程序获取客户端的 QQ 号或者手机、微信号；在网站上安装了防恶意点击软件，这种软件实质上是一种类似病毒的程序，导致被怀疑为恶意点击者的浏览器或者计算机出现打不开、黑屏等现象；强行将弹窗广告安装到浏览者的计算机里；有款霸屏软件更厉害，直接篡改浏览者的搜索结果，将整个页面改成像正常的百度搜索结果，但实际上全是一家公司的广告。这些程序听起来很诱人，但实际上损害了浏览者和百度的利益，所以百度对这些网站降权甚至标注为非法、危险网站。

机关二：网站被黑，偷偷地被塞进其他内容，多为涉赌和涉黄的非法信息，也会被百度降权。将这些内容删除后，也要等上一段时间才能恢复排名。网站被黑有两种可能性，一种是有人获取了你网站管理员的用户名和密码；另一种可能是你的网站服务商被黑客攻击到服务器里，给每个网站里都加了非法内容，你只是其中之一。如果后一种情况频发，就需要考虑换服务商了。

机关三：买卖外链、参与链接联盟的网站有可能被降权。目前，百度已经大大降低了外链对网站排名的影响，特别是通过外链买卖平台获取的链接，更是惩罚性地降低权重。与外链买卖平台一样，参与链接联盟的网站也同样会遭到降权的处理。在这里，我要强调一点，不要低估百度大数据的能力，越往后数据更大，百度就越容易发现买卖平台和联盟平台。

机关四：网站克隆，克隆的网站没有排名。有的企业很轻易地将一个网站排名提高后，就会想着克隆出一模一样的第二个、第三个网站……以期获得流量的增长，但百度通过简单的分析，就能知道这是一模一样的网站，后面的网站不给予好的排名。

机关五：robots. txt 文件和 nofollow 标签。前者是网站根目前下面的一个文件，告诉各搜索引擎要不要抓取网站内容。大家可能已经注意到了，在百度的搜索结果里永远找不到淘宝网站的内容，就是淘宝网在 robots. txt 文件里设置了不让任何搜索引擎抓取网站内容。后者是在网页的链出时设置的，告诉搜索引擎不要将本页的权重传递到链出的那个页面。我曾经见过一个公司的前任网络营销专员走后，网站突然就没有排名了，我帮他们诊断后才发现他在 robots. txt 文件做了手脚。

机关六：认证、备案影响网站权重。虽然这点百度没有公开说明，但从百度 V 认证及要求开户网站都需要实名认证和工信部备案等措施来看，网站主体与域名拥有者不一致、网站因无法备案而放在国外服务器上都可能会影响排名。而通过了 V 认证的企业网站更有利于自然排名。

机关七：突击增加外链，可能引起降权。假如你手头有 20 个网站可以增加友情链接，你是一天内都增加还是每周增加一到两个呢？后者更能让搜索引擎认可，更能增加权重；前者有可能被搜索引擎判定为炒作，从而降权。

机关八：网页里含有大量 JS 程序代码会被降权。有的企业网站为了追求网站的动感功能，使用了大量的 JS 程序代码，但又没有统一归到 JS 文件中，而是大量穿插在页面源代码里。百度抓取网页信息时总是要识别大量的 JS 代码，影响正常的网页内容抓取，所以 JS 代码太多会被降权。

……

本章小结：

只利用SEO技术排名几个核心关键词根本获取不了大量有效的网络咨询，只有把SEO基础工作做好，让更多的关键词有排名才能获取有效的订单。这些基础工作包括：

①采用适合网络营销的建站系统（CMS）。

②每一个网页的优化工作，包括头部和正文。

③网站内容的采编和更新频率。

④外链和内链。

⑤有效的点击量。

⑥规避可能引起排名下降的各种风险。

虽然本章所讲的技术主要应用在各大搜索引擎上，但部分理论和技术也可以应用到其他网络营销平台，如百度地图、阿里巴巴的搜索引擎、博客和视频营销上。在做好搜索引擎的排名后，读者也可以尝试着在其他平台上应用这些技巧。

第五章
如何充分利用免费的第三方平台：灌水

第一节　免费的网络营销也可以很强大

免费发布信息是添力网络营销战法必做的工作，由于在交流中读这几个字太绕口，我们戏称为灌水。我经常会给企业做网络营销方面的知识演讲，不止一次有企业老板问我：“接触过许多网络营销公司，大家谈到的网络营销技术都很‘高大上’，很少有哪个公司会把灌水工作摆在重要的位置上，也很少推荐企业采用这种方式展开网络营销，这是为什么？”我的回答是：“灌水是件苦差事，用的都是蛮力气，那些想靠技术轻松赚钱的公司自然不会推荐这种方法，但它确实很管用。”

我 2009 年起不再从事吸塑包装行业，转而做网络营销业务。自从我离开了那家吸塑厂，网站上所有的联系方式都改为新的业务负责人。但由于之前几年里，信息员注册的免费信息发布平台实在太多，懒得一一改掉上面的联系方式和联系人，直到今天已经过去了 8 年，我仍能偶尔接到咨询吸塑包装方面的业务电话。这可是前两章讲的手段中都无法做到的。

一、灌水的优势

费用低，技术水平低。做搜索推广需要付广告费，还需要专业的 SEM 人士打理；做 SEO 网站优化需要高薪聘请技术人员或者外包给第三方，这些都需要费用和高技术人才。而做灌水工作，只要适当地给企业内部文员做简单的培训就能胜任，对文化程度也没有要求，会打字、会上网就行。

全天候展示。跟 SEO 优势一样，灌水的效果出来后，24 小时都能展现。比 SEO 更好的一点是，如果一旦企业网站出了问题被关闭了，免费的第三方平台仍能发挥作用。

一家美国软件公司近期因为中文网站上使用了“最佳”“最好”之类的极限词而被人举报，工商局受理后要对其处罚。该公司的中文网站在这期间一直处于关闭状态，百度搜索推广也暂停了。但 2017 年 8 月业务统计结果表明，仍然收到网络上的 6 条业务咨询，由于网站关闭，不可能是来自搜索推广和自然排名，应当全部来自于灌水。

借助第三方资源。第三章我们谈到了付费的搜索推广广告，第四章我们谈到了免费的自然排名，虽然都很重要，但也仅限于搜索引擎这类渠道。而灌水信息除了能在搜索引擎营销里发挥作用，还能直接获取第三方平面的业务询单。

2013 年 4 月，我的一家软件公司客户，在这一个月里不断收到来自一个软件平台的咨询，而我们在这个平台上既没有做广告也没有花钱注册会员，都是免费注册、免费发布信息。原来那一个月，这个软件平台组织了行业内的大型活动，引入了不少流量，其中也有少部分流向了我们在这个平台上开的免费店铺。

二、灌水的劣势

占用人力多。灌水第一步需要注册大量的免费平台，对于新手来说任务艰巨，因为你有可能注册了 10 个平台，最终审核通过的只有 2 ~ 3 个，许多时间花在无用功上了。灌水第二步就是在第三方平台上建设免费的店铺，这不亚于在企业网站后台里建设自己的官网。灌水第三步就是每天发布不同的信息内容，从打开免费平台到成功发布一条信息，至少也需要几分钟，一个熟手一个小时也只能发布 20 条左右的信息，而一个生手一小时最多发布几条信息。

排名时间长、不稳定。由于灌水信息毕竟是在各门户网站里的某个底层页面上，页面深度比企业网站里同样内容的页面还要深，所以权重低，排名稳定性比企业网站的页面还要差，名次也会低于企业网站同样页面。完全依赖于第三方平台的推广力度，如果第三方平台一段时间推广力度大，灌水信息的排名就好，第三方平台在一段时间内不推广，灌水信息的排名也会下滑。

多为长尾词。由于灌水信息的权重不高，多数情况下不可能在核心词上有排名，只能将长尾词排名在搜索引擎首页。

第二节　你不知道的灌水功效

吴老板是做铝合金门窗的个体户，由于企业规模小，没有企业网站，所以根本不可能做网站自然排名和付费的搜索推广。几年前，听过我的网络营销课后，他工作之余发布几条免费灌水信息，偶尔接点小活。2015 年的一天，他突然接到一个小工程，对方是一家企业的副总——金总，专门负责对外协作事务，需要将一层楼的铝合金门窗业务委托给一家公司施工。业务谈得很顺利，在和金总成为朋友后，问及是如何找到他们公司的。金总说以前也经常在百度上搜索，找的基本上是首页的供应商，可一般能排名在前的公司都有一定的实力，所谓店大欺客，服务并不好。这次的铝合金门窗工程，技术比较简单，所以他专门找小公司做，有意识地从搜索结果第三页找起，在第五页找到了吴老板发的信息。在对比几家公司后，最终选择与吴老板合作。其实金总还打了埋伏，实际的工程量是整栋大楼的铝合金门窗业务，在吴老板顺利完成一层楼施工后，紧接着就做起了二期工程和三期工程。

需要说明的是，吴老板的这种运气不是个例，我曾经不止一次听有经验的采购员说，他们在百度上寻找供应商，都有意识地跳开前面的广告，尽量到后面找供应商，有可能会询到比较合适的价格。这就是灌水的第一个功效：**直接获取订单**。需要指出的是，获取订单可能有两个来源，第一个来源就是前面提到的，客户通过百度搜索到灌水信息而联系的；另一个来源则是该免费平台本身就聚集了许多潜在用户，这些用户要么在平台内部的分类里一级一级找到免费店铺，要么通过平台内部的搜索引擎找到免费信息，从而找到联系方式，洽谈业务。

尽管我们有数据表明，对于大多数网络竞争激烈的行业，80% 的业务咨询来自搜索推广，可能 10% 左右来自于网站自然排名，灌水只占很少的份额，但是灌水有一个功效是前面两个手段都无法替代的，那就是对于同一个长尾关键词的搜索结果反复曝光。大多数情况下，一个企业网站在某个长尾词的排名顶多一两个（少数情况就是阿里巴巴，能把某些词优化到百度首页，并且有一半自然排名信息都是阿里巴巴的内容）。但灌水就不同了，只要你认为有必要推广一个关键词，用这个关键词在几百家灌水平台上发布一条免费信息。结果是，当客户搜索某个词时，就是翻到十几页，还能不断看到某企业的灌水信息。

我与一家美国 CAM 软件（一种高端机床加工软件）公司（ESPRIT）2014 年 8 月开始合作，主要为他们提供网络营销外包服务。到现在合作三年多了，我公司客服每周至少为对方发布 50 条免费灌水信息，累积灌水量几千条。他们公司的软件主要用在全球几个大品牌的机床上，我们以“西铁城机床加工软件”为例，用这个词搜索看看都有哪些灌水信息排名在百度前几页。如图 5 - 1 所示，排名在百度首页前五位的灌水信息全部都是 ESPRIT 公司的。

图 5 - 1　在百度搜索“西铁城机床加工软件”的结果

由于受篇幅所限，我们无法展现搜索结果首页的所有内容。我使用添力工作报表中用来统计排名的方法，列出灌水信息在这个关键词上的前几页排名，如5.13.29分别代表着第一页第五位、第二页第三位、第三页第9位。

2017年9月4日8点42分，ESPRIT公司的灌水信息在百度搜索“西铁城数控机床加工软件”一词的前五页排名如下：

1.2.3.4.5.8.9.12.13.14.15.16.17.18.19.20.21.25.36.39.40.42.46.47.49.50……在前5页的50条搜索结果中，有26条信息是ESPRIT公司的灌水信息。这就是灌水的第二个功效：**让企业品牌反复曝光**。

在百度上寻找大的供应商或者服务商，如找一家包装厂，合同金额每月几十万元；或者找一家留学机构（对个人而言，这是一件非常慎重的事或者说是一辈子的大事），一般人都不会轻易做出选择，总是在网上不断地学习、比较和评估。期间，企业的各种灌水信息反复在这个人眼前出现，对于他的选择有很大的影响。讲到这里，不知道有没有读者能理解我的苦心，为什么提出了广义搜索引擎营销观点，为什么在广义搜索引擎营销里一定要包含灌水？

我还接到一家企业的咨询，说他们公司遭到别人的诽谤，如果有人搜索他们的公司名时，总能在百度搜索结果首页看到来自某招聘网上的负面信息，给他们的公司声誉和招聘带来不利影响，希望我能快速消除。每每遇到这样的事，我总是婉言推掉这样的任务，心里也在说：早干什么去了，如果你能像我的大多数客户，灌水超过一年以上，哪有这种情况发生。从零开始，需要经过至少几个月，大量发布几百条正能量的信息，才有可能把负面信息压制到后面几页。而做过若干年灌水工作的企业，负面信息很难对其奏效。这就是灌水的第三个功效：**阻击负面信息**。我的第一本书有一节专门讲此内容，这里不再重复。

在上一章中，我们提到做企业网站的自然排名离不开外链，除了和其他企业交换链接外，网络上还有一个巨大的链接资源，就是在灌水时捎带着做外链，这种外链并不需要企业网站的互链，而是一种从灌水平台到企业网站的单链。这就是灌水的第四个功效：**增加反链数**。

由于我们都是在各信息平台的免费店铺里发布信息，内容与企业网站内容保持高度一致，所以只要能在免费信息平台上做链接，虽然权重值不高，但内容相关度却非常高，也有利于企业网站权重的增加。

第三节　如何选择合适的免费平台

既然灌水有这么多好处，那我们就开始吧，第一步就是选择合适的免费平台。凡是能够免费注册并能发布免费信息的平台都是我们的灌水平台。我们按平台的重要性排序，看看都有哪几类灌水平台：

（1）B2B 信息平台。

以阿里巴巴、慧聪为代表。这类 B2B 信息平台一般都将企业分为付费会员和免费会员，付费会员我们将放在本章最后一节详解。免费会员注册相对烦琐，企业会员更是需要一堆资质和审核。一旦注册成功，可利用的资源很丰富：可以在这些平台上免费开店铺、发产品和供求信息，甚至可以在站内的博客和论坛上做营销，也比较容易为企业官网做外链。B2B 平台对于大多数工业领域的公司比较有效，如上一节的图 5－1，搜索“西铁城机床加工软件”，排在百度前几页的多为 B2B 平台上的灌水信息。B2B 信息平台之所以排在第一位，是因为对于 B2B 行业特别是工业领域，它在百度搜索结果的排名要好于其他平台。

（2）分类信息平台。

以 58 同城和赶集网为代表。这类平台以生活服务类业务为主，几乎与每个人的生活息息相关，所以多数人都注册过、使用过这些平台。每个平台各有不同领域的优势，有的擅长租房，有的擅长卖旧货，有的擅长招聘……适合与生活服务类相关的企业在此发布免费信息。如搜索“上海租房”，排在百度首页的除了几个专业的租房网站，就是几个主要的分类信息网：58 同城、赶集网、百姓网。分类信息平台的注册相对于 B2B 平台要简单得多，但可利用的资源只能是发信息，能做外链的分类信息平台不多。分类信息平台之所以排名在第二位，是因为对于服务型企业（如注册公司、装修公司、二手家具等），它在百度搜索结果的排名好于其他平台。

（3）博客网站。

以新浪、网易和博客园为代表。这类平台以知识类服务为主，多以个人用户为主，很少以企业用户注册，适合围绕一个专业知识主题建立博客文章群。由于大多数博客都允许在正文做链接，所以发表在博客上的每篇文章都能为企业官网带来外链，只是目前博客的权重下降了，这种链接对于企业网站的影响很小。

（4）贴吧论坛。

以百度贴吧和天涯论坛为代表。在这类社区型平台做营销，要看吧主、坛主的脸色，有的版主很勤快，也不允许乱发广告，在上面营销的可能性不高；而有的版主很懒，把自己的社区当成了广告墙，谁都可以在上面发广告，在这样的平台上发广告，会淹没在广告里，作用不大。加上百度对于在博客评论和论坛签名里的反链会降权，所以论坛类的营销目前对于 B2B 和大宗 B2C 所起的作用不大。建议可以用原创性的软文在各论坛上形成原创帖，容易被搜索引擎收录。

（5）知识栏目。

以百度知道、新浪的爱问为代表。这些栏目设立之初，管理不严，可以在回答的问题里放网址、联系方式，起到营销的作用。从 2013 年起，这类平台管理变得严格，很难成功将广告信息留在答案中，也就失去了营销的意义。但可以通过客户感兴趣的问题影响其观念，如购买××注意事项、如何给车贴膜等。遇到这些问题，你可以在第一时间用自己的百度账号回答，也可以一个账户问，另一个账号回答，所谓自问自答。我们也讲过，要想在百度知道栏目里做广告，可以使用其付费的【知识营销】推广功能，将广告送达百度知道栏目里；对于不常灌水的生手，在注册免费平台时就会出状况，因为有些平台虽然让你免费注册，但实际上注册好后不允许发任何信息，其实是付费平台，只允许付费的会员发帖，如某些行业协会网站、新闻网站等。所以经常听新人抱怨：注册了 10 个平台，只有 1 个平台能成功发信息。

这里有几点经验分享给大家：注册前，先要识别出哪些是免费平台、哪些是付费平台。一方面，在注册前要看一下这个平台的相关介绍；另一方面，在网站里查看一下你的同行店铺，看看有没有付费的标志（如阿里巴巴的诚信通标志、58 同城的精选广告标志），如果既有付费标志也有无任何标志的信息，那就说明这个平台既有付费会员也有免费会员。如图 5－2 所示，在 58 同城网站里搜索“二手办公家具”的部分截图，第一条是付费会员网邻通的标记（显示为 1 年付费会员），第二条是免费会员转转的标记（转转是 58 同城的移动端 APP 软件名称）。

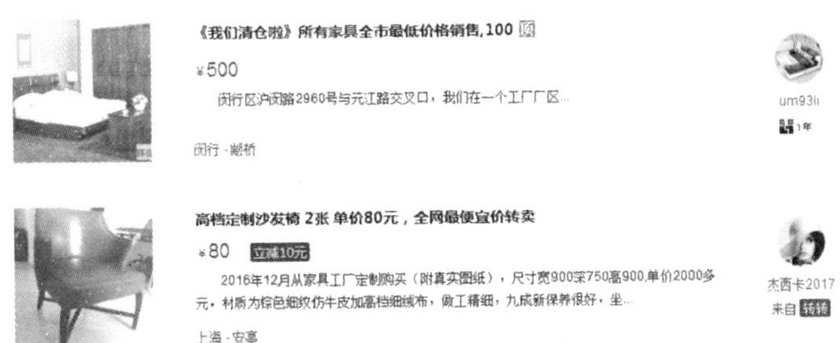

图 5－2　在 58 同城网站里搜索“二手办公家具”的部分结果截图

免费信息还有一个特征，就是在信息周围充斥着跟内容不相关的甚至是竞争对手的广告，这些广告有的来自于平台本身的付费会员，有的来自于网盟广告。图 5－3 是我的一个客户在中国供应商网上的店铺信息，除了左侧的联系方式和中间的公司简介，其他都是百度广告，最下方的黑底白字广告则是该网站的付费会员同行广告，点进去就是同行在这个平台的店铺，里面就没有广告。

图 5－3　某企业在中国供应商网的免费信息，四周充斥着广告

所以，如果你看到某平台的店铺里有网盟广告，你就放 100 个心注册，肯定能成功，因为这些灌水平台也要靠你的信息挂广告。

学会识别免费平台后，接下来就要选择适合自己的灌水平台。常规来讲，要选择知名的综合平台和行业相关度高的平台。但还要有一个原则，就是你反复用行业关键词搜索，总出现在百度前三页的，都应当是你的重要的灌水平台，尽管有些平台听起来似乎和你的行业没有任何关系。用这种搜索方式确定灌水平台，先过滤掉百度自己的栏目，因为这些栏目排名在前不是因为它们权重高，而是百度给予自己的栏目优先排名权。

对于大多数工业企业，阿里巴巴和慧聪是必选项。事实也是如此，这两个网站能经常出现在搜索结果首页。除了几个大型的综合灌水平台，按理是你从事哪个行业，就在哪个行业门户网站上发信息，但也要看这些平台在百度的排名。用关键词搜索来选择灌水平台，要尽量使用长尾词，因为使用核心词，排名在前的不是百度栏目就是企业独立网站，选择效率大大降低。正如图 5－1 的示范，搜索“西铁城机床加工软件”这样的长尾词，前三页的 30 条搜索结果大多来自免费的灌水平台，有 B2B 信息平台、行业论坛、百度贴吧、视频网站等。仅靠这一次搜索还不足以选出优质的灌水平台，还要换其他词来搜索，如五轴数控机床编程软件、线切割加工软件等。反复出现在百度搜索结果里的网站，就是我们选择的重要灌水平台。

选择多少个重要的灌水平台合适？以我公司为例，客服一个小时能完成 20 家平台的同一条免费信息发布，我们就选择 50 家灌水平台，其中 30 家备用，20 家平台用于每天发布。有些平台有免费信息量的限制（这种限制迫使你成为付费会员），一旦发布信息条数达到上限，就需要在其他免费平台上继续发布。

第四节　“到什么山唱什么歌”：灌水技巧

2015 年，我应邀给上海一家比亚迪 4S 店的销售人员做网络营销培训。几个月后，销售人员小李的业绩突出，引起老板的关注。小李一个月卖了 24 辆车，其中 6 辆是门店业务，18 辆全部来自网络，而且是来自同一个网站——百姓网。他并没有在这个网站投入一分钱，都是灌水所得。我也很好奇，研究了他的灌水技巧，发现百姓网是标准的分类信息网站，与 58 同城和赶集网是同类，但这几个分类信息网都有其主打领域，百姓网就主打二手车买卖。于是，小李不但在百姓网上多发信息，而且打出了诱人的广告语：花几万元买二手车，不如买比亚迪新车。他很聪明，百姓网聚集了想花几万元买车的人群，他只针对这类人群展开营销，成功率自然很高，高到他只愿在此发布信息，而不去其他平台灌水。

这个案例引出了第一个灌水技巧：借助灌水平台的优势行业和关键词，省力。一个叫“中国供应商网”的免费平台，比较适合发布这样标题的信息：上海××生产厂家、湖南××设备供应商。

灌水的素材不仅仅是我们理解的公司介绍、产品信息，媒介也不限于图片和文字，还有行业知识、技术问答、演示视频、下载文档等。总之，素材越丰富，你打出的牌也就越多，可利用的免费资源也就越多，真正做到“到什么山唱什么歌”。

大型的综合类门户网站包罗万象，如阿里巴巴虽然主体是 B2B 信息频道，但它还有博客、论坛等；新浪主体是新闻，但也有新浪博客、社区、行业频道等。其他专业门户网站又分别适合不同的行业做免费推广，如软件下载网站是软件行业重要的灌水平台，而视频播放网站是培训和机械加工行业的重要灌水平台，博客网站又是管理咨询行业的重要灌水平台，图片库网站是设计师的重要灌水平台……当然还有各行业的门户网站，如全球五金网、中国包装网、中国建材网等。只看到这些行业门户网站的名称，就能明白适合什么企业灌水。

注册技巧：找好免费平台后，第一步就是在其上面注册免费会员。这里需要注意一点，在注册用户名和密码时，不要起得过于简单，那样很容易因用户名重名而需要改名，也不要与你的公司、个人某些密码，特别是银行类密码相同，因为容易被不法之人利用。听说过“撞库”吗？是黑客通过收集互联网已泄露的用户和密码信息，生成对应的字典表，尝试批量登录其他网站后，得到一系列可以登录的用户。很多用户在不同网站使用的是相同的账号、密码，因此黑客可以通过获取用户在 A 网站的账户从而尝试登录 B 网址，这就是“撞库攻击”。

为了便于今后的高效灌水，我建议用户名和密码要在所有的灌水平台上保持一致。用户名和密码尽可能起得复杂并长短适中。太短了容易重名，太长了有的平台不允许使用长用户名或者密码，而迫使你产生不同的用户名和密码，背离了我们的初衷。有人会有疑问：太复杂的用户名和密码会让每次登录平台时间变长，效率低。别急，后面我们会在发布信息技巧中讲如何提高效率。

验证手机和邮箱：在注册新的平台时，都会被要求验证手机和邮箱，这里强烈建议必须使用公司名下的手机和公司邮箱。使用个人手机和邮箱的风险在于，一旦个人离职，更改验证手机和邮箱非常困难，甚至无法做到。

审核资料：正规的免费平台如阿里巴巴都要求注册者提供营业执照、公司负责人身份证和银行对公账户。初步审核后，还要向公司银行打入几毛钱，并要求注册者报出具体数字，用来验证公司账户的真实性。百度搜索推广账户开户时，也使用同样的方法。

公司网名：有的平台要求严格，公司使用的网名必须是公司名，这就要看你之前注册的公司名的好坏了。而有些平台要求不严，你可以根据自己的需要来取免费平台的店铺名。如一家吸塑包装厂的公司名叫“上海雄英实业有限公司”，它在各免费平台上的店铺名就是“上海雄英吸塑包装厂”，或者干脆就叫“上海吸塑包装厂”。

建店铺技巧：在免费信息平台上设立企业的店铺，有两种策略：一种是作为重要的免费平台，需要经常发信息，建议把免费店铺尽可能建得完美，做好每个细节。另一种是不重要的免费平台，今后主要是作为友情链接和“备胎”，简单建店就行，只要平台允许，能有多简单就多简单，日后启用成重要平台时再完善不迟。在店铺的联系方式页面，建议最好区别于官网的各种联系方式（固话、手机、邮箱、微信、QQ 等），这样一旦有来自于灌水的咨询，就能识别出来，有利于评估灌水的价值。灌水工作有一项重要的功能就是为公司网站增加外链，所以在允许放置公司网址的地方一定准确填写，有的平台允许企业填写多个公司网址。免费店铺装修的风格建议与企业官网风格一致，店铺内容也要和官网保持一致，并注意避免使用别人公司的商标；广告语要符合国家广告法，不能使用夸大和极限词，如“第一”“最大”等。

友链技巧：在免费平台上有几个地方是可以做企业官网的反链的。第一个地方就是在联系方式页面里，有专门的地方填写公司网址，但注意有些平台比较小气，就是让你填写，也不真正链向你的网址，所以要检查一下。第二个地方就是有部分 B2B 信息平台在企业店铺首页都设有友情链接栏目，可以在此填写 10 个以上的网址。建议在此处把企业所有网站都填写上去，只要没有达到友链上限，还可以把重要的页面网址放上去，以提高这些页面的搜索引擎收录速度和排名。

图 5 -4 的左侧，在一个叫“一比多”的免费平台上，一家机械设备制造商在店铺里做的友情链接，实际上是指向官网不同页面的单链，15 个友情链接位置，全部用尽。

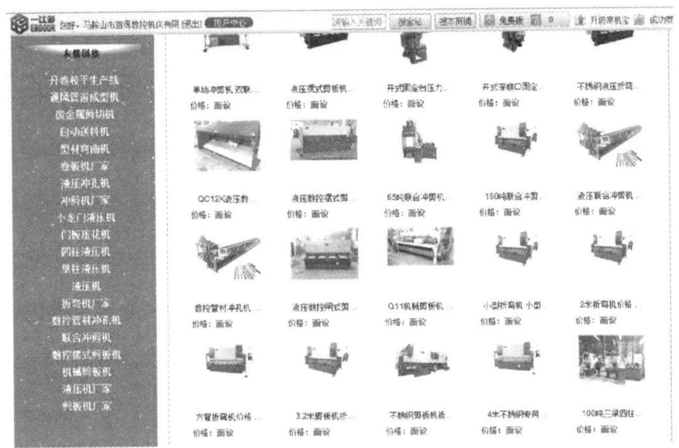

图 5 -4　某企业在免费平台上的店铺友情链接全部链接到企业网站不同页面

第三个地方，在有些小型 B2B 平台的正文里或者是博客的正文里都可以做文字链接到官网上，这与在自己企业网站里做内链是一样的。

在这里一定要把握一个度，即知道你注册一个新的免费平台是为了什么。如果是作为重要的灌水平台，那你不要在乎能不能友情链接，能做就做，因为这种网站的重点是灌水而不是友情链接；有些网站的相关性和权重值都不高，那就注册下来，不用刻意装修店铺，简单填写公司资料、发布一些信息就行，重点是在联系方式里一定要把公司网址放上去，如果还能做友情链接，尽量用好它就行。

发布信息技巧：

技巧一：每天在同类平台发相同信息。比如你今天想在 B2B 平台上发布一条这样的信息：上海浦东塑料袋厂，你就要从之前注册过的免费灌水平台里选择 20 ~ 30 家 B2B 平台，将预先准备好的同一内容信息同时发布到这些平台上。有人会问：“为什么不在同一个平台上发不同的信息，而是在不同平台上发同一信息?”因为如果你在同一个平台上发不同的信息，一是效率不高，二是许多平台限制同一时间段发多条信息。在不同平台发相同信息，会让你的灌水信息在长尾词的搜索结果里占据多条位置，正如前面提到的 ESPRIT 公司在“西铁城机床加工软件”一词上，能占到百度前五页一半的信息量。

技巧二：选用高效的浏览器。在灌水这件事上，不是哪个浏览器知名、用户数多就用哪个，而是要看其的自动填表功能如何。相对来说，一款少有人用的遨游浏览器，具有一键填表功能，能将刚才所填写的内容用在第二个打开的平台上，大大地提高了效率。而也具有一定记忆功能的 google 和 360 浏览器都不如遨游功能强。在这里，就能体会到我们注册时使用统一的用户名和密码的好处。

技巧三：记事本存文字。为了方便将同一内容复制、粘贴到各平台上，最好事先把文字内容按一定顺序（如标题、描述、产品属性、关键词、正文标题、正文等）放在记事本上，然后再粘贴到各平台里。之所以不在 word 文档里或者企业网站上操作，是担心将文字格式属性也复制到平台信息里引起格式混乱，所以要使用不带有任何格式的记事本，而不是其他文字软件。另外，记事本是最小的文字工具，复制、粘贴快。

技巧四：多窗口并行工作。将记事本的信息快速复制到各平台上，最好的办法就是一次性打开多个平台，也就意味着在一个浏览器上打开多个窗口。到底能打开多少个窗口，要看网速和计算机硬件配置。我们公司的客服一般能同时打开 10 个平台，如果你有更大、分辨率更高的显示器，甚至可以一次打开 20 个窗口，如果你的计算机和网速能跟得上，效率会更高。

技巧五：尽量填全参数。有许多产品信息特别是工业产品信息，需要填写许多参数，甚至是报价。请尽量填写全这些空格，因为这些参数一方面会影响你的信息在平台、搜索引擎上的排名；另一方面齐全、整齐的参数让客户更相信你。图片大小要按各平台的要求来准备，而在正文的图片，也最好设置成 120 × 75DPI 的倍数，以便搜索引擎的抓取。

灌水排名技巧：前面的网站页面的优化和推广方法，也同样适用于灌水上。当你在某平台上灌水时，同样也要注意这些优化点：标题、描述、关键词（标签）、正文小标题、词密度、图片注示、内链等。特别是内链，有许多网站不允许在正文中做外链，有人就想当然不在正文做外链，但你可以做内链，比如在阿里巴巴里由 A 产品页链接到 B 产品页，有效的内链仍然可以提高某条灌水信息的排名。灌水所使用的图片比较容易被搜索引擎抓取，为了更好地宣传，可以在图片上加水印（公司名、品牌名、网址、标志等）。

第五节　发布免费信息用人工还是软件

大家不要以为灌水是不体面、不耻的行为，实际上这些平台非常需要大量的灌水信息加入，才能保持它的网页增长速度和更新度，这些都是搜索引擎决定平台权重的重要标准，更何况平台还可以在灌水页面上插入广告，所以各平台都鼓励大家积极灌水。但它怕垃圾信息，特别是由软件自动生成，并无时无刻向其注水的信息。各大平台也制定了各自应对软件灌水的措施，比如增加图片识别验证、拼图验证、限制在短时间内多次注册会员、限制每天发信息的条数等。这些措施的综合应用，让采用软件灌水很难奏效。所以，一旦使用上灌水软件，你就会发现无法向类似于阿里巴巴、慧聪网、58 同城、赶集网这些网站上灌水。

目前灌水软件有两大类：一类是称为云同盟，这些软件服务商一方面和一些门户网站合作（甚至有些门户网站就设立在服务商的云服务器上），允许使用灌水软件向这些网站上输送灌水信息；另一方面将大量的企业网站都建设在其云平台上，再给他们提供软件灌水服务，向合作的门户网站上发布免费信息。另一类就是传统的灌水软件，网上也能找到免费的，这类软件对于不设防的小型门户网站能够快速注册并大量发布免费信息，但对于设防的平台，还需要人工帮助其做验证和识别，耽误的工夫还真的不如手工快。

采用人工灌水还是软件灌水，还要取决于你的产品。比如你是一家轴承经销商，有上万个不同规格的产品需要发布到各平台上，这时就需要借助软件来帮你发布。如果你的产品与服务比较单一，要发的信息也很少，建议你还是直接用人工发比较合适。

在大量增加反链这个功能上，软件肯定也比人工来得快和多。但要控制好节奏，不能高兴起来一下子用软件增加几千条，搜索引擎会认为作弊。也要讲策略，需要每天逐步增多，才能有效地增加外链，从而提高排名。

选择灌水软件，不仅要看软件的使用功能是否强大，还要看该软件的服务商持有的免费平台资源。如果其资源有限，或者好久不更新，使用起来还需要人工做大量的筛选，就得不偿失了。

这些年，我的团队一直坚持用人工方式灌水，所以我无法向读者推荐哪个灌水软件更优秀。

第六节　程咬金的半斧：付费的第三方平台

前面我也讲过，之所以要把付费的第三方平台算成半斧，是因为不同的付费平台只适合不同行业的企业。我的一位客户张老板，在上海做二手办公家具生意，每个月的销售额有20多万元，70%以上的业务来自58同城和赶集网。他在这两个平台上花的广告费要大于百度竞价。如果你此时用“二手家具”在百度上搜索，会看到百度搜索结果首页全部都是58同城和赶集网的信息，这也是58同城和赶集网成为二手家具行业主要网络营销阵地的原因。虽然他做的是标准的B2B业务，但如果他把重心放在阿里巴巴上，一定是大败。同样，我的另一位客户是做金属板材加工设备的，他经常在阿里巴巴上得到客户，甚至有时超过了在百度搜索推广上得到的客户数，如果让他把重心放在58同城上，也同样感到不值。所以，在第三方付费平台上做推广，一定要选对平台。

选平台第一步，可以完全按选灌水平台的方法，用行业里的各种长尾关键词去搜索，排名靠前的平台作为候选。第二步，打开这些候选平台的首页，看看平台力推哪些行业，有没有你所在的行业。第三步，利用站长工具，检查这些平台的权重值和流量，剔除权重低、流量少的平台。第四步，做加法或者做减法：企业的网络营销预算充足，人员配置齐全，做减法，将几个权重值高、流量大的相关平台都申请成付费会员，并适当在各平台上投放广告，用网站统计工具和实际咨询的出处评估平台好坏，逐步剔除效果差的平台，保留效果好的平台。企业预算不足，网络营销人员不齐备，做加法，按上述评判标准，找出最好的平台做付费会员并投放广告，评估其与同样付费的百度搜索推广哪个好、哪个差。如果第三方平台效果好，除加大该平台广告预算外，还要开通其他同类平台；如果效果不如百度，那就停掉付费第三方平台，将全部精力都花在百度上。

2013 年起，我们为一家上海注册公司做网络营销外包服务，主要就是采用 SEM + SEO + 灌水三种方式。效果稳定后，注册公司老板想在第三方平台投放广告，预算只有几千元，想试试效果。经过认真筛选后，我们决定先在 58 同城上做一年的付费会员，交了 5800 元，其中 2800 元是会员费、3000 元是预算的广告费。经过一年的经营，统计数据表明，这 5800 元的投入跟在百度上投入 5800 元的效果差不多，还多了一份经营 58 同城账户的劳动量，不如把钱和精力都花在百度上。这家企业原计划如果 58 同城效果比百度好，就继续增加投入，并再开通赶集网的付费会员。

我身边的朋友用得最多的第三方付费平台是阿里巴巴，在本书第八章第八节《把阿里巴巴用到极致》里，一家做工业用品贸易的企业竟然安排 60 多个业务员在阿里巴巴上开店（注：与百度不同，阿里巴巴允许同一个企业开多个店铺），而且做得非常不错。所以我们今天以阿里巴巴为例，谈一下付费的第三方平台经营之道。

二级域名和一级域名：阿里巴巴的域名是 www. 1688. com，阿里巴巴为每个付费的会员店铺提供一个二级域名，如 baidecnc. 1688. com。如果一个企业除了有企业官网的域名（如 www. baidecnc. com）外，还可以注册多个域名，并为阿里巴巴的店铺绑定一个一级域名（如 www. baidecnc. cn），一级域名比二级域名更有利于店铺在搜索引擎里的排名。

店铺建设：成为阿里巴巴诚信通会员后，就可以建设企业自己的阿里巴巴店铺，其工作量不亚于建设独立的企业网站。有利的一面是可以借用阿里巴巴强大的店铺建设后台和模板，甚至付费的第三方店铺建设插件，装修出精美的店铺。如果企业没有相应的网站建设人员，建议外包给第三方店铺装修公司完成。

店铺优化：跟网站优化和灌水优化一样，店铺的所有页面都应当得到优化，这些优化点包括头部的标题、描述和关键词，以及正文的标题、小标题、图示和词密度等。

图片：店铺的图片分为三类：一是店铺的装饰图，如底图、广告图等，可根据平台的宽度尽可能做出精美的图片；二是产品图，各平台都要求固定的尺寸，比如阿里巴巴要求图片分辨率在 750×750DPI 以上，尽可能让所有产品图片使用统一的尺寸；三是正文配图，可学习一下淘宝的宝贝描述页里的制作风格，用图美化产品，还要考虑搜索引擎抓取的尺寸，尽可能按 120×75DPI 的倍数设置图片大小。

关键词的搜集和应用：阿里巴巴的内部搜索引擎跟百度一样，在搜索框输入文字也会出现下拉推荐关键词。如图 5－5 所示，我们用“冲床”一词做对比。

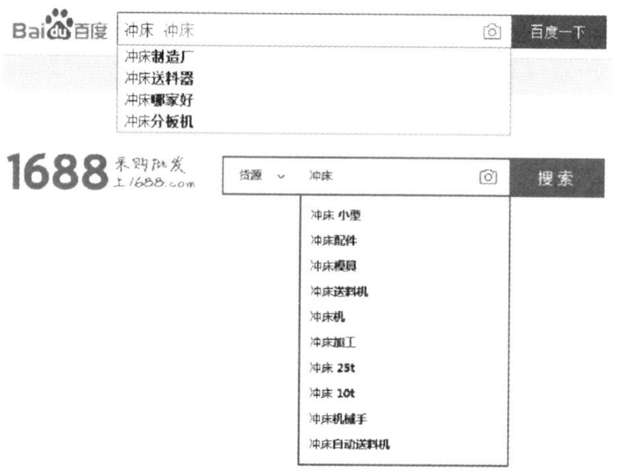

图 5－5 百度与阿里巴巴搜索框里的提示词有所不同

由于阿里巴巴把搜索内容再细分为：货源（即产品）、供应商、求购、生意经（类似百度的知道和经验栏目）频道，所以“冲床”的推荐词与百度相比，不含有供应商相关的关键词，也比百度更细。这些词既可以应用在阿里巴巴的网销宝广告上，也可以应用在产品自然排名上。

询价单订阅功能：有些人只是把阿里巴巴网站理解为发布供应信息的平台，其实它也是发布求购信息的平台，所以才会有询价单订阅功能。对于购买了诚信通会员的企业，阿里巴巴给予 6 个月 5 个关键词的询价单订阅使用权，即你可以提供 5 个与产品相关的关键词，由阿里巴巴自动匹配采购商的产品需求，发送到你手中，包括采购者的联络方式。尽管这些采购信息也可能同步发给其他竞争对手，但你能认真对待并在某些方面有优势，也可能通过这个渠道开发出新客户。这一点与搜索引擎营销就有很大的不同。搜索引擎营销只能把潜在客户引到你的网站上浏览，无法将潜在的采购信息发到你手里。

广告：虽然在阿里巴巴网站首页能看到许多广告位，但你会发现这些广告大多是个人消费品行业，看不到B2B的产品与服务。对于B2B和大宗B2C企业，比较适合的广告有三种：标王、实力卖家和网销宝。其中，标王广告（以一个王冠图标表示）是位于查找结果的第一个展示位，通过竞拍的方式获取一个月的广告展示权；实力卖家广告（以一个牛头图标表示，你也可以把这种广告看成是一种高级付费会员待遇）是按年收费，排名在标王之后的几个广告位。这两类广告最大的好处是不用担心恶意点击，因为是包月或者包年收费的。网销宝广告类似于百度的搜索推广广告，但不限于阿里巴巴搜索引擎结果里展现，也有可能是访客通过分类一级一级打开目录页面时展现的。网销宝广告一般是在标王和实力卖家广告后几个产品展示位，以及页面右侧广告区和底部的热门推荐区。如图5-6所示，在阿里巴巴搜索框里输入“四柱液压机”看到的三种广告形式。

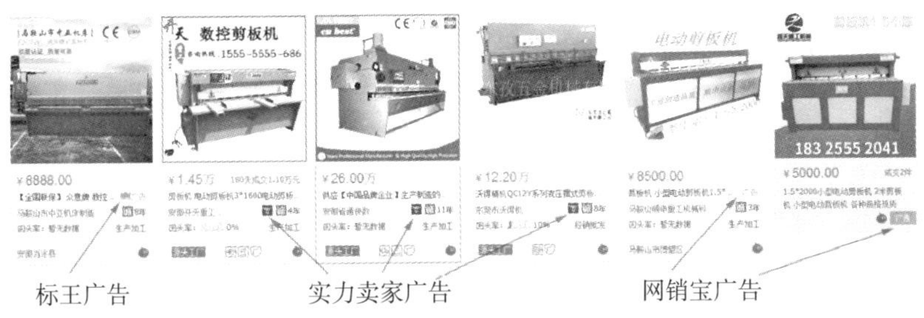

图5-6　阿里巴巴网站上的三种广告形式

自然排名：阿里巴巴的自然排名与搜索引擎自然排名有很大不同，首先阿里巴巴把搜索结果分成四个大频道：产品、供应商、求购、生意经，如图5-7所示。

图5-7　阿里巴巴的自然排名

默认情况下，系统会认为搜索者是寻找产品的。点击供应商后再搜索某关键词，才是找搜索的供应商，与产品搜索结果不同。点击求购信息，搜索到的是近期采购方发在阿里巴巴上的采购信息。生意经有些像百度知道和百度经验栏目，搜索结果多为问答和经验谈。自然排名的结果主要取决于标题的优化和产品描述相关属性，以及销量等因素，与淘宝上的宝贝自然排名有许多相似之处。对于小型产品和低价值产品，容易在阿里巴巴上进行交易，从而提高排名；但对于大型设备产品，很难促成线上交易。这就需要有心的商家对买家进行引导。对于双方不太信任的订单，可以鼓励客户在阿里巴巴上直接交易，或者鼓励关系好的老客户线上交易。比如提出在阿里巴巴上交易，可以优惠几个点，在大家都没有销量的情况下，只要在线上卖出一台设备，就会有好的排名。

决定排名的另一个重要因素是信息发布时间，哪怕是老信息，只要重新发布一遍，就比不重发的信息有好的排名，所以每天重发信息成了各店铺的必修课。另外，产品是否为店内推荐产品也决定着排名的好坏，一般推荐产品比不推荐产品排名要好。

还有许多自然排名的技术细节，我就不在此详解了，对此有兴趣的朋友可以看《阿里巴巴实占运营——14 招玩转诚信通》（聂志新著），是讲诚信通会员如何运营的书。

打理阿里巴巴的诚信通也要有好的工具，其中阿里指数（类似于百度指数）、生意参谋（类似于百度统计）是比较重要的两个工具。如果你能使用付费的生意参谋（每年 1800 元），能参考的数据会更多，但整体上不如百度统计数据全面。

2016 年 5 月魏则西事件后，许多网络营销公司原本以为 SEO 的春天到了，百度的广告少了，由之前的 18 条广告位变成了现在的 5 条，剩下的 10 个自然排名广告位都可用于企业网站优化。可百度算法也跟着调整，为了避免为无良的商家背黑锅，百度加大各大型平台的网站排名权重，如阿里巴巴、58 同城等。这些网站的自然排名明显增多，不单单是长尾词，就连核心词的排名也有所提高，加上这些大型第三方平台也意识到 SEO 的重要性，都设有专门 SEO 团队（据说阿里巴巴的 SEO 团队有十几人，而大多数企业没有专职的 SEO 人员），积极优化栏目页和目录页。造成的现状是，第三方平台的目录页在搜索引擎排名靠前，而企业的灌水页排名下降，许多行业的企业在灌水上几乎捞不到业务，迫使这些企业成为第三方平台的付费会员，甚至投放广告，才能在栏目页和目录页有较好的排名，才能接到业务。看来不是企业网站 SEO 的春天到了，而是大型门户网站 SEO 的春天到了。所以，作为全面开展网络营销的企业也要特别关注适合自己的第三方付费平台，没准你在这半招营销的投入回报要好于其他几招。

本章小结：

灌水虽然在广义搜索引擎营销中的地位弱一些，但它却很好地弥补了搜索推广和网站自然排名的不足。特别对于有些行业的初创者，灌水能够直接带来业务，对于大多数企业，灌水都具有这几项不可取代的功效：让企业品牌反复曝光、阻击负面信息、增加反链数。

灌水占用人工较多，更需要高效的技巧发布免费信息，必要时可使用相应的灌水软件提高效率。

当你所处的第三方行业平台势力很强大，而灌水又无法在其平台上发挥作用，就要考虑以付费会员的形式在其平台上开展营销工作，必要时还需要投入一定的广告费。

第六章
大宗 B2C 和 B2B 企业的整合网络营销

第一节 “听风者”：网站统计工具能看到的一切

2012 年，国内上映了国产谍战片《听风者》，故事发生在 20 世纪 50 年代，剧中男主人公盲人阿炳是一个奇人，他仅靠一双灵敏的耳朵就能辨别出嘀嘀嗒嗒发报声的不同，从而识别出发报机的型号，发报员的性别、经验、喜好等，帮助公安部门挖掘出大量的敌特电台。我很喜欢这部片子，并专门看了故事的原著，由麦家写的《暗算》。喜欢这个故事的最大动因并不是男主人公的扮演者梁朝伟，也不是故事精彩（尽管故事确实很精彩，据说获得了矛盾文学奖），而是因为男主人公的工作与我所从事的网络营销工作的性质相似。我们也需要从网站访客数据中分析出各色人等，分辨出同行、恶意点击者、推销员和客户。我常常也自比为“听风者”，在培养网络营销新人时，我也用这个故事激励年青人，他们完全有能力做一名优秀的分析师，因为我们掌握的信息要比发报声多得多。

做网络营销的第一件事就是为网站装统计代码，为网络营销从业者配上了灵敏的眼睛和耳朵。有些功能强大的网站管理系统自带网站统计分析系统，许多第三方的站长工具也有功能强大的网站统计分析系统。但在国内，由于我们是以百度搜索推广为主，所以我建议大家装百度统计系统，至少该系统能够显示关键词与搜索词的对应关系，而其他系统则不能，在分析对比数据时，就会感到其他系统力不从心。

在百度统计系统中，我最喜欢用的是【实时访客】工具，它是百度统计的基础数据，能够看到的信息量很大。图 6－1 是一家金属板材加工设备厂商的数据。

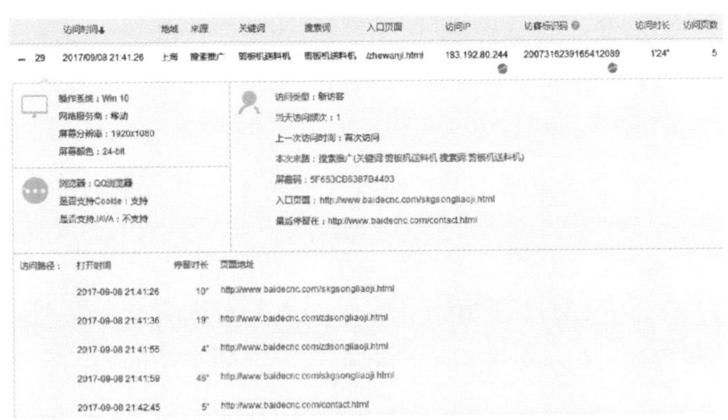

图 6－1　一家金属板材加工设备厂商的数据

我们按从上到下，从左到右的顺序解读这些数据：该访客是 2017 年 9 月 8 日 21 点 41 分 26 秒，通过百度搜索“剪板机送料机”后，点击广告进入这家企业网站，对方的 IP 地址是 183. 192. 80. 244（系统正是通过此 IP 确定他所处地域是上海），访客标识码是 200731……（这个标识码不是该访客的实际设备 ID，所有的物理上网设备都有唯一的设备 ID，按百度的说法是根据设备 ID 和其他参数设定的唯一标识码，下次如果该访客用同一设备再进来时，此标识码不变），他在网站上停留了 1 分 24 秒，看了 5 页。

他的计算机操作系统是 Win10，网络服务商是移动公司，屏幕分辨率是 1920 × 1080DPI，屏幕颜色是 24 位的，他使用的是 QQ 浏览器，而且浏览器支持 Cookie，但不支持 JAVA 程序。（备注：有些恶意点击是采用恶意点击软件完成，尽管可以使用软件不断地换 IP 地址和设备 ID，但其操作系统和浏览器的特征却始终不变，检查被怀疑是恶意点击的数据，对比操作系统和浏览器参数，有可能找到这种恶意点击软件使用者。）

他是第一次访问我们的网站，当天只访问了一次，他进网站的入口页面（也是广告的着陆页面）是“剪板机数控送料机”页面，最后停留在“联系我们”

页面。

他看的五个页面分别是："剪板机数控送料机"页面，停留 10 秒；"送料机目录"页面，停留 19 秒；再次点开"送料机目录"页面，停留 4 秒；又回到"剪板机数控送料机"页面，停留 46 秒；最终进入"联系我们"页面，停留 5 秒。

不知道读者看完这个访客浏览网站的整个过程感觉如何？对于长年观察实时访客的人来说，这是一个非常完美的有效访问数据。这样的数据越多，咨询量就会增多。

我经常在网络营销公开课或者是演讲时，跟学员分享类似的实时访客数据，有不少人会感叹：竟然会有这么多信息暴露在网上，我们还有没有隐私？

确实如此，凡是访问过我们网站的访客，我们都能看到对方的这些信息。其他术语比较容易理解，Cookie 是什么？我们首次登陆某个网站的时候，就会弹出"是否让浏览器记住你的密码"，提醒我们保存账号、密码，下次访问就不需要输入账号、密码了，这是 Cookie 的作用之一。Cookie 是各网站存在浏览器里的一段代码，通过 Cookie 信息，网站自动记忆以及辨认你的账号，它可以记忆你的偏好设置、设备的软硬件配置，就像上面的截图内容一样。浏览器支持 Cookie，也就意味着凡是我们访问过的网站都会记录计算机上的这些信息，不支持 Cookie 虽然更有利于保护隐私，但我们登录常用的网站时也会很麻烦，如淘宝、百度、QQ 等无法识别出你的账户是否被盗，需要不断地验证才能进入。

部分网站利用 Cookie 收集大量的用户信息，并将这些信息转手卖给其他有商业目的的站点或组织，如网络广告商等，从中牟利。使用 Cookie 技术，你在浏览 Web 站点时，不论是否愿意，你的每一个动作都有可能被记录下来。在毫无防备的情况下，您正在浏览的网站地址、使用的计算机的软硬件配置，甚至你的名字、电子邮件地址都有可能被收集并转手出售。

大多数人对 Cookie 不了解，所以默认情况下都是让浏览器支持 Cookie，百度才得以为每个访客标记唯一的标识码。一方面，可以根据客户的喜好投放广告；另一方面，也可以借此屏蔽恶意点击者。

再说说浏览器支持 JAVA 的问题，网站有许多动感的效果，比如广告图的轮动、很炫的下拉菜单，这些都是靠网站上的 JAVA 程序代码来实现的。如果访客的浏览器不支持 JAVA，他可能看不到部分网站内容。所以在网站上尽可能少用 JAVA 程序做的效果，会让浏览器不支持 JAVA 的访客也能完整浏览网站，但美观度差了；而过多地应用 JAVA 程序，虽然让支持 JAVA 的访客感觉很酷，但会让不支持 JAVA 的访客无法完整浏览网站而流失掉。所以建议在网站建设时，要适度使用 JAVA 程序。

为什么说这是一条完美的有效访问数据呢？因为这个访客既看了多个页面，也关注与他搜索词相关的页面（看了两次“剪板机送料机”页面，而且时间也比较长），最重要的一点，他看了联系方式页面（contect. html），接下来联系这家企业的可能性非常大，所以我们判定这条是有效访问数据。图 6 -2 是另一家离型膜厂的一条实时访客数据，有着类似的特点：该访客搜索“离型膜生产厂家”，用了 3 分 33 秒看了 4 页，不但看了联系方式页面（lianxi. htm），还看了工厂展示页面（gongchang. htm）。

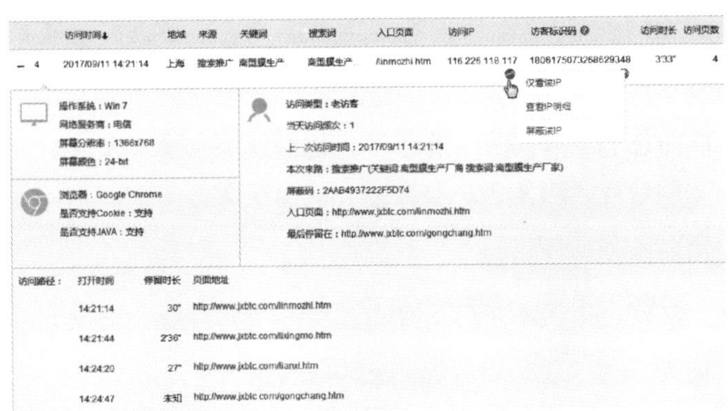

图 6 -2　【实时访客】工具里看到的某条访客信息

图 6 -2 另一点值得注意的是该访客被百度标注成老访客，点击在 IP 地址下方的小圆标，选【仅看该 IP】，就能看到最近这个访客是如何访问我们的网站的，如图 6 -3 所示。

访问时间	地域	来源	关键词	搜索词	入口页面	访问IP	访客标识码	访问时长	访问页数
2017/09/11 14:21:14	上海	搜索推广	离型膜生产...	离型膜生产...	/linmozhi.htm	116.226.118.117	1806175073268629348	3'33"	4
2017/09/08 09:18:39	上海	搜索推广	离型膜生产...	离型膜生产	/linmozhi.htm	116.226.118.117	1806175073268629348	22'6"	4
2017/09/07 17:14:28	上海	百度自然搜索	–	离型膜生产...	http://www.jxbtc.com	116.226.118.117	1806175073268629348	21'40"	4

图 6 -3　【实时访客】工具里看到的老访客所有信息

该访客于 2017 年 9 月 7 日通过自然搜索“离型膜生产厂家”，第一次访问网站，看了4页，花了21分40秒；第二次是9月8日通过搜索“离型膜生产”，点击付费搜索推广，看了4页，花了22分6秒；第三次前面已分析。也许有读者会说这三次访问也有可能来自某个竞争对手，他想研究一下你的广告和网站。确实有这个可能，如果该访客这么认真地看过网站还没有咨询，我们肯定会屏蔽掉他，也会怀疑对方是同行。而事实是他在第二次访问时，打电话咨询了我们。是我们是添力公司接到的电话，而不是这家离型膜厂，因为我们为该企业提供了全外包的线上营销服务，有兴趣的读者可以看这家企业的成功案例——本书第八章第六节。

检查每条访客数据是最有效也是最笨的防恶意点击手段，说它最有效是因为不管哪种恶意点击类型，我们只要认真解读每条数据都能发现。感谢百度给了我们这么好的工具——【实时访客】，google里就没有这样的工具，而其他第三方网站统计工具少了出价的关键词与搜索词的对应关系（第三方工具永远不可能知道百度的出价关键词）。尽管高级的恶意点击能让这些数据的参数都不一样，但恶意点击有其特点：

逐利性。既然逐利就要讲究工作效率，他们就不会像真实客户一样，多看几页并多停留，一般情况是点击完广告就溜，因为还要点击下一个广告，所以被恶意点击的搜索词跳出率都比较高。

非专业性。这些点击者不了解所点击的网站所属行业，更没有时间了解网站使用了哪些关键词，所以恶意点击的搜索词很有限。

扎堆点击。恶意点击者也有自己的生活和工作规律：如果是学生，上课时间不点；如果是家庭主妇，带小孩的时间不点。一旦点击起来，就想在很短的时间内赶快完成任务，所以恶意点击有一个特点——喜欢扎堆点击，比如两个小时内点击同一个词多次，下一个两小时，没有任何点击。

对于网站访客数不多的企业网站，可以利用【实时访客】解读每个到访者，发现并屏蔽恶意点击。但如果访客数量大到根本看不完每条数据，这种方法让人们力不从心，需要对一段时间内的指数据做分析，百度统计也提供了许多实用的分析工具和图表。

在百度统计系统中，除了【实时访客】，另一个我最喜欢使用的工具就是【搜索词】。图6-4就是一家3D打印机经销商的一个月部分搜索词数据。对于每天有 500 个访客光顾的这家 3D 打印机网站，很难做到每条数据都解读，也很难发现那种更聪明的恶意点击（这些恶意点击者本着放长线钓大鱼的策略，平均每天针对一个网站点 1 ~ 2 次。如果只看当天的数据，不管是百度还是广告主都很难察觉），但我们做 30 天的累积数据，就比较容易发现问题。在图 6 – 4 中几个搜索词：3d 打印机报价、3d 打印设备价格、三 d 打印机价格，有普遍的规律：跳出率高、平均访问时长短。这几个词被怀疑恶意点击的可能性大，如果结合搜索推广的【搜索词报告】，以及对比实际咨询客户所对应的搜索词，能够更准确地判定恶意点击。

搜索词	网站基础指标					流量质量指标	
	是否推广	浏览量(PV)	访问次数	访客数(UV) ↓	IP数	跳出率	平均访问时长
3d打印材料	√	115	71	70	70	78.87%	00:03:01
3d打印机报价	√	56	47	47	47	91.49%	00:01:33
3d打印设备价格	√	65	46	46	46	89.13%	00:01:49
3d打印机哪个品牌好	√	47	34	34	34	82.35%	00:01:46
3d打印机价格	√	38	30	30	30	73.33%	00:01:29
3d 打印	√	93	30	30	30	66.67%	00:06:28
金属3d打印机	√	60	26	25	25	61.54%	00:02:54
三d打印	√	34	23	21	21	78.26%	00:01:20
三d打印机价格	√	23	20	20	20	85%	00:01:17
雷尼绍	√	26	20	20	20	80%	00:02:30

图 6 – 4　某家 3D 打印机销售商网站的 30 天【搜索词】排名，能够发现恶意点击

如果百度的技术人员在场，会反驳：跳出率高、平均访问时长短，也有可能是你的网站问题，比如着陆页面错误、网站打开慢、内容不吸引人、没有正确的内链等。一个网站刚开始做网络营销会有许多问题，需要通过解读【实时访客】和【搜索词】数据，发现网站内容和结构上的问题，不断地优化网站。但对于一个做了好几年搜索推广的网站，着陆页面都被优化好多遍了，这时发现数据的异常，应主要考虑是来自于恶意点击。

【实时访客】工具，除了能让我们发现有效的搜索，从而挖掘出有价值的关键词和搜索词外，还能让我们发现无效点击和恶意点击，并能当场屏蔽这些点击的 IP 和访客识别码，防止他们下次再点我们的广告。另外通过对访客浏览路径的分析，还能发现网站结构和内容上的问题，比如最后停留页面如果是联系方式页面就比较完美，如果总是其他页面，那么这个页面可能有什么问题，让访客讨厌或者因结构问题让他去不了其他页面。

访客在不同页面上停留的时间，能让我们知道他对于不同产品和知识的喜好。如果该访客最终咨询了我们，成为我们的新客户，该访客的浏览路径和时长也能帮助销售人员了解客户的真实意图和实力，让生意谈判更有胜算。如某采购访问一家供应商的网站，不但看了产品和公司介绍，还看了许多知识内容（什么是××、××产品有哪些功能、食品安全认证企业的厂区要求等），一旦该采购联系了供应商，他看过的页面和停留时间足以让销售人员判断此采购是一个新手，从而制定有效的谈判策略。

但这还不是最厉害的，百度统计系统的衍生品【百度商桥】是一种挂在网站上的在线客服系统，只要访客进入【百度商桥】在线聊天界面，那么另一头的企业客服不但能立刻看到他的详细信息（跟【实时访客】信息一样全），还能看到他打字的全过程。如图 6－5 所示，一段在【百度商桥】上的在线聊天记录。

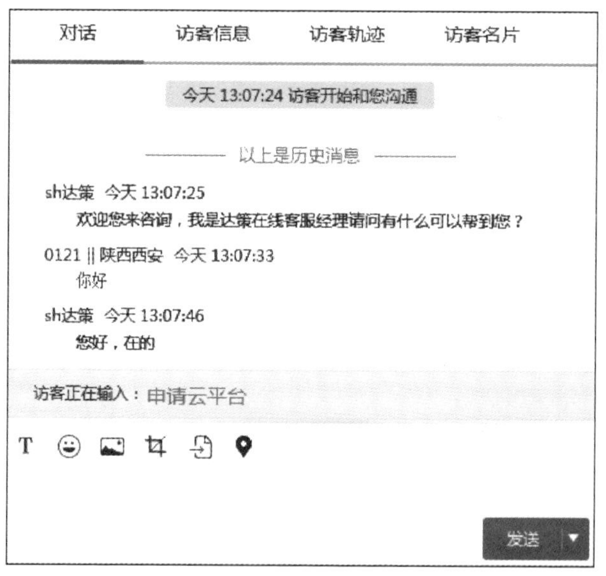

图 6－5 某家企业的百度商桥里能够看到访客正在输入的字

注意到图 6－5 的这几个提示字："访客正在输入"，也就是说对方只打了"申请云平台"五个字，后面的字还没有打完，甚至是打错了重新输入，在他发送信息前，我们就能看得一清二楚，得以了解客户的真实意图。

我们再列举几个百度统计系统里的小工具。

【趋势分析】：该工具可以统计某天数内访客数在一天 24 小时内的分布情况，如图 6－6 是某个账户最近 30 天内不同时段的访客数分布。

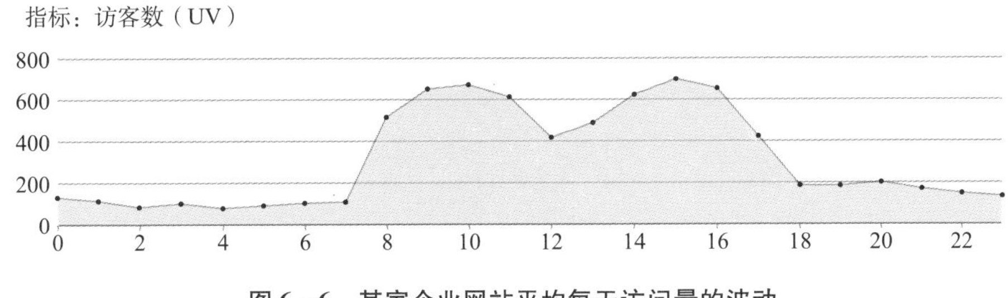

图 6－6　某家企业网站平均每天访问量的波动

从图 6－6 看出，上午的 10 点前后、下午的 3 点前后是全天访客数最多的时间段。该数据可用来优化时间段设置，可以将重要时间段提高关键词出价，以求吸引更多的访客。

根据以上数据，使用搜索推广账户里计划层级的时段工具，将两个时间段 9：00－12：00、14：00－17：00 的出价系数由之前的 1 改为 1.1 倍，如图 6－7 所示。

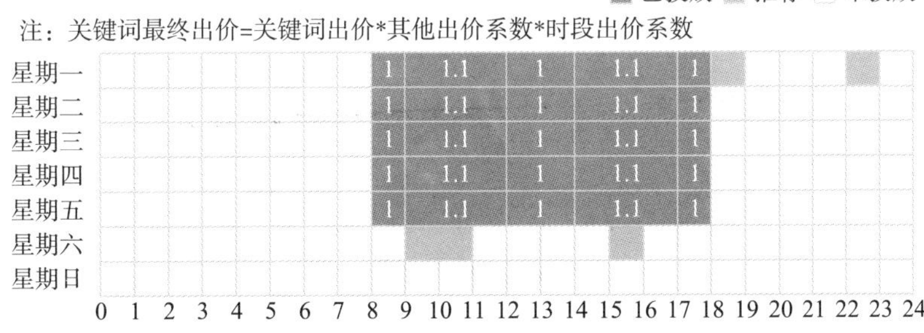

图 6－7　为每天不同时间段设置不同的广告价格系数

图 6－7 的推荐时间段（用浅灰色表示）是百度根据它的大数据建议广告主在此时间点投放广告，由于我们还有其他计划在这个时间段推广，所以此计划只做了周一到周五的早 8 点到晚 6 点区间的推广。

【地域分布】：可以告诉你某时间段内哪个地区的访问量最多，通过对地区数据的分析，可以指导我们在不同区域广告预算有所不同。如图 6－8 所示，某账户一个月的全国各地区访客数排序。

	省份	访客数(UV)	占比
1	江苏	1,145	20.74%
2	浙江	889	16.11%
3	上海	819	14.84%
4	广东	412	7.46%
5	安徽	354	6.41%
6	山东	353	6.39%
7	北京	252	4.57%
8	辽宁	169	3.06%
9	天津	153	2.77%
10	其余地区	974	17.64%

图 6 - 8　不同地区的访客数分布

与【趋势分析】一样，通过对数据的研究和对比，在百度搜索推广账户里调整不同区域的出价比例来提高访问量。

【受访页面】：通过统计一定时间内某页面跳转其他页面数量、直接离开本页次数和平均停留时长，能为网站优化提供一定的帮助，图 6 - 9 是一家企业的 30 天访问数据。

页面URL		网站基础指标		流量质量指标		
		浏览量(PV)	访客数(UV) ↓	贡献下游浏览量	退出页次数	平均停留时长
1	http	1,194	1,075	223	983	00:01:45
2	http	1,167	1,028	43	1,109	00:02:56
3	http	1,112	1,015	174	924	00:01:28
4	http	1,077	824	644	401	00:01:32
12	http	287	256	5	282	00:03:09

图 6 - 9　不同页面的访客数量排序

图 6 - 9 的第 4 行是网站首页，共有 1077 次的浏览量，824 名访客，贡献下游浏览量最多达到 644 次，直接退出首页的有 401 次，平均访问时长是 1 分 32 秒，就是因为首页的内容非常多，所以贡献下游浏览量比较大。以这条数据为基准，第五行数据比较有特点，虽然只有 287 次浏览量 256 个访客，但访问时长达到最长的 3 分 9 秒，贡献下游浏览量只有 5 次。说明该网页内容比较受某些人群的喜爱，但网页导流到其他页面的内链比较少，可以适当在网页底部增加些相关链接导向其他重要页面上。第 3 行数据访问时长偏短，检查页面后发现该网页是

个过了期的活动页面，可更换成新的活动页面来吸引访客。

百度统计系统是重要的监控和分析工具，使用它越熟练就越能发现问题、挖掘出有价值数据，它对于我们的网络营销各手段都有一定的指导作用。但它只是一个分析工具，只能发现问题，不能解决问题，想要解决这些问题，还是要到网络营销的后台来完成。这些后台包括搜索推广后台、网站管理后台和第三方网站后台。

第二节　关键词的全面收集与综合应用

我们在讲搜索推广时，讲到过如何在搜索推广里收集关键词，但那只是一种收集方法，本节将全面系统地讲解如何收集并应用关键词。

排名第一的收集关键词渠道是客户。一家准备开始做网络推广的企业，真正获取有价值的关键词不是来自网络，而是来自线下的客户，毕竟在网络上挖掘的客户都需要通过输入搜索词来寻找供应商。不管他是在搜索引擎上还是在第三方平台上，使用的搜索词就是平时用惯了的行业术语甚至是地方俚语，远在千里之外的我们不一定知道他们的语言习惯，所以收集关键词最好方法就是找之前的老客户帮忙，让他们提供一些信息。举例来说，现在大多数人开的都是自动挡轿车，在广东被称为自动波轿车，自动挡所使用的自动变速箱在广东叫自动波箱，简称波箱，而自动变速箱在严谨的技术领域又被称为自动变速器。如果你是一家轿车变速箱的批发商，你可以请教一下全国各地的老客户，问他们如何叫自动变速箱，也许还能挖掘出意想不到的关键词。

收集关键词排名第二的渠道是公司业务员。他们长年和客户打交道，耳濡目染，最有资格告诉你各地区和各行业关键词的使用习惯，甚至他们已经被同化了，嘴里早就挂着各种关键词的俚语和术语。相对于客户，他们更有义务为网络营销部门提供尽可能多的关键词，因为网络营销的好坏跟他们的业绩相关。

排名第三的渠道就是前面讲过的百度统计里的搜索词。这里面最优质的搜索词就是能对应上咨询客户的搜索词，其次是有效访问的搜索词（所谓有效访问就是该访客认真地看过着陆页面，甚至连续看了好几页，特别看了联系方式页面）。这些搜索词也代表了客户的真实意图，所以是非常优质的关键词。

排名第四的渠道才是搜索推广后台推荐的关键词。以百度为例，百度是根据30天内日均搜索量进行推荐的，相对于第三个收集渠道这里面会含水分，因为恶意点击、无效点击和相似但不相关的关键词也会包含在其中。优势在于，在百度提供的推荐清单中，我们也可以同步收集否定词，把不相关的关键词从一开始就设置成否定词，可以让我们节省不少广告费。

图6－10是让百度的【关键词规划师】推荐与“3d打印机”相关的关键词，按整体日均搜索量由高到低排序，排名靠前的无效关键词居多，如打印机（可精确否定“打印机”）、3d图库（可否定“图”）、3d立体画（可否定“画”）、打印机价格（可精确否定“打印机价格”）、3d打印人像（可否定“人像”）、3d画、3d立体画（可否定“画”）、3d打印笔（可否定“笔”）、3d木门（可否定“门”“木”，因为3d打印机打不了木材）、uv打印机（可精确否定“uv打印机”）、3d壁纸（可否定“纸”）、3d电视（可否定“电视”）。

关键词规划师

3d打印机 | 为你推荐 | 流量查询 | 网址拓流

关键词	整体日均搜索量	关键词	整体日均搜索量
打印机	2500	3d打印笔	370
3d图库	2200	3d木门	320
3d打印材料	2100	uv打印机	240
3d打印	2000	3d壁纸	220
3d打印机	1300	3d软件	190
3d立体画	1200	3d墙纸	180
打印机价格	960	3d打印机多少钱一台	170
3d打印人像	810	3d打印服务	150
3d画	730	3d电视	150

图6－10 让百度的【关键词规划师】推荐与“3D打印机”相关的关键词

排名在前的可用关键词，只有3d打印材料（一般卖3d打印机的都卖耗材）、3d打印（虽然搜索该关键词的人可能只是寻找3d打印的服务商，但他们也是未来的潜在客户）、3d打印机、3d打印机多少钱一台、3d打印服务。

排名第五的渠道就是各搜索引擎（包括第三方平台内部的搜索引擎）搜索

框的提示词，以及搜索结果底部的相关搜索。与第四个渠道相比，取材更广泛，有 360、搜狗、阿里巴巴等，只要这些平台有足够的大数据就行。但也要注意，这里面的水分可能比第四个渠道还大，因为有些人利用点击软件干预提示词，需要人工识别，剔除不可能的关键词，如“××黑店”“××有用吗”等。

排名第六的渠道就是成熟的网络竞争对手。如果某些竞争对手比我们早几年做了网络营销，已经使用了百度搜索推广、优化过网站并大量发布过免费信息，那么去看看他的搜索广告使用的关键词；打开主要页面在源代码里看看他们头部优化过的关键词；搜索他们公司名或者是品牌名，就会列出 N 多条他们的灌水信息，看看这些灌水标题使用的关键词……借用对手的关键词可以大大缩短你收集工作的时间。

通过上述渠道收集到的关键词，只是今后使用的一部分，需要在推广期间不断从所示渠道继续增加，如果还能借助添力战法的一个小工具——关键词逻辑表，就能快速产生更多的关键词。所谓关键词逻辑表，就是将已经获取到的关键词按不同属性拆分成更短的词，通过举一反三、交叉组合，产生出更多关键词的方法。

我们还是拿 3D 打印机行业举例，表 6－1 是某 3D 打印机经销商近期咨询过的搜索词：3D 打印企业、HP3D 打印机报价、重庆金属 3D 打印机、3D 打印金属模具、大连 3D 人像打印机、德国 EOS 3D 打印机、3D 打印机耗材、3D 打印公司有哪些、Dimension3D 打印机全国代理有哪些、3D 打印机哪个品牌好。

我们将这些关键词拆分到添力公司独创的关键词逻辑表里，如表 6－1 所示，每列的标题可根据不同企业进行调整。

表 6－1　关键词逻辑表

产地	品牌	地区	应用	原料	型号	产品	服务	机构	后缀
						3D 打印机		企业	
	HP					3D 打印机			报价
		重庆		金属		3D 打印机			
			模具	金属			3D 打印		

续表

产地	品牌	地区	应用	原料	型号	产品	服务	机构	后缀
		大连	人像			3D 打印机			
德国	EOS					3D 打印机			
						3D 打印机			耗材
						3D 打印机		公司	有哪些
		全国			Dimension	3D 打印机		代理	有哪些
						3D 打印机			哪个品牌好

这是最初的逻辑表，而最终的逻辑表要求每列不允许有重复项，需要将每列的重复项合并。再结合举一反三的原则，我们填写每列必然会出现的同类词，比如产地一列，肯定有中国产的 3D 打印机，所以我们填国产，还有几个知名的 3D 打印机产地国：美国、英国、日本等。每列允许有同义词，英文名和中文名可以并存。如表 6－2 所示，只有少量关键词的逻辑表。

表 6－2　只有少量关键词的逻辑表

产地	品牌	地区	应用	原料	工艺/型号	产品	服务	机构	后缀
国产	stratasys	上海	工业	塑料	熔融	3D 打印机	3D 打印	企业	价格
美国	HP	北京	家用	陶瓷	热融	三 d 打印机	售后	公司	报价
日本	RENISHAW	重庆	食品	金属	光固化	三地打印机	咨询	代理	多少钱
英国	雷尼绍	深圳	模具	玻璃	UV 固化	三维打印机	购买	总代	排名
法国	TPM	大连	人像	塑料	粉末	立体打印机	销售	厂家	耗材
德国	EOS	广东	医疗	彩色	Dimension	增材制造设备	订购	厂商	有哪些
瑞典	Arcam	东莞	玩具		桌面	3D 打印设备	维修	供应商	哪个品牌好
进口		广州	珠宝		台式				
		全国	零件						
		江苏	汽车						

关键词逻辑表的应用：每一列的词语都有可能与其他一列或者多列的词语组成关键词，只要与客观情况相符，连起来通顺，甚至前后列顺序颠倒，都有可能组成新的关键词。所以上面这个逻辑表虽然只有 10 行 10 列，但可产生的

关键词数量已经非常大了。有心的读者在应用该表时，还可以在长期的累积过程中进行微调，将重要的关键词放上面，不重要的往下放。由于受篇幅所限，这个逻辑表还少了一些列，如前缀（主要由修饰词组成：最大、最好、高端、低价等）。借助逻辑表，不管是为搜索推广增加关键词，还是写网页的标题或灌水信息的标题，都随手拈来，而且读起来还很顺口，关键词如德国 3D 打印机、光固化 3D 打印机、食品 3D 打印机、3D 打印机厂家，标题如美国进口 HP3D 打印机北京代理商有哪些、工业 3D 打印机报价表、国产塑料熔融 3D 打印机哪个品牌好……

如果把关键词比喻成网络营销的弹药，新的关键词收集后，就需要向各个网络营销平台输送弹药。我们在第三章“关键词和否定词的应用”里，把客户在网上查找资料的行为，分为六个阶段：认知期、学习期、借鉴期、对比期、确认期、合作期。为了节约广告费，搜索推广重点只针对这三个阶段推广关键词：学习期、借鉴期和对比期，而将其他阶段的关键词否定了。这是因为搜索推广是网络营销的重型火炮，它打的是大型目标，需要关键词的炮弹（与“价格”“厂家”“对比”相关的关键词）。

而对于认知期、合作期（也有可能是与同行正在合作）的客户，则需要关键词的枪弹（与“为什么”“什么是”相关的关键词），使用网站自然排名和灌水手段，命中的是需要长期培养的客户。仍以 3D 打印行业为例，认知期和合作期的关键词非常多，如什么是 3D 打印机、3D 打印店市场前景、3D 打印机原理、能打玻璃的 3D 打印机、3D 打印机能打什么材料、3D 打印机维修、3D 打印机耗材、二手 3D 打印机、3D 打印机故障等。这些客户虽然暂时没有购买设备的打算，但他们与 3D 打印行业有密切关系，通过一系列的网络营销工作，就能长期维护这些客户，并不断地固化他们对我们品牌的印象。这一系列的网络营销工作包括：

①每天在百度知道栏目关注这些关键词，积极回答相关问题，虽然无法放置广告，但可以在百度知道账号上表明自己的公司或者品牌，让人一看就明白你是做什么的。

②对于经常有人查阅的资料，可以编写成原创的内容，如金属 3D 打印机工作原理，放在企业网站上，做好优化和推广。当有人搜索这类关键词，能在搜索引擎的首页看到企业网站的信息。

③对于更前沿的知识点，不但编写成网站内容，还可以放在网络的各种文库中，虽然不能做广告，但可以引导潜在客户的观念，有利于企业利益。

④在 B2B 信息平台上、博客上发布免费信息，将这类关键词含在其中，一方面可以吸引平台上的流量资源，另一方面这些免费信息的自然排名也能将百度上的流量引入企业网站。

另外，对于重要阶段的关键词，在使用上也讲究轻重武器的配合，现代陆军作战，先是坦克开路，再是机枪压制，最后是步兵冲锋，做网络营销也一样。先是将搜集到的关键词投放在搜索引擎广告上，这是坦克开路；等做了一阵广告后，把有效的搜索词整理出来，作为优质关键词放在企业网站上做自然排名，这叫机枪压制；等企业网站相应文章已经被百度收录，这些关键词有了一定的排名，再将此文章在各大第三方平台上大量灌水，这叫步兵冲锋。

在接下来的章节里，我们将细讲这种多营销平台的配合，并制定出有效的组合拳套路。

第三节　完整的三斧半：SEM + SEO + 灌水 + 付费平台

为了便于讲解，我们把付费的搜索引擎推广简称 SEM，把免费的网站自然排名称为 SEO，把第三方平台的免费信息发布称为灌水，把第三方平台的付费信息发布（包括广告）称为付费平台。我们在第一章就阐明，对于 B2B 和大宗 B2C 企业来说，主要的网络营销手段就是三斧半：SEM + SEO + 灌水 + 付费平台。本节则需要把它们再合起来形成完整的网络营销套路。

我的一个客户，在听过我的课后很重视原创文章的编写，招聘了一名专职的文案，希望能通过在网站上产生大量的原创文章带来流量。但是文章多了不少，也做了优化，就是不见这些文章有好的排名，反而是以这些文章发布的免费信息很快有了排名。检查后发现，百度并没有认定最早发表在企业网站的文章是原创，反而认定其他第三方平台上的同样信息为原创。原因很简单，由于百度抓取各网站的频率不同，一般活跃的门户网站一天抓取好几次，而企业网站可能几天甚至几十天才抓取一次，所以我的这位客户每次把文章刚放在企业网站上，就兴冲冲地在各大免费平台上发布一通，结果就是那些免费信息先被抓取到，判定为原创，而自己的网站可能一周以后才被百度收录，自然判定为抄袭，真是冤枉。

当下，微信公众号越来越受到企业的重视，很多企业都愿意把最新的技术知识内容第一时间发布在微信上，有心的竞争对手就会在第二时间重新采编一下，放在自己的网站上。经过优化和推广，搜索引擎判定这篇文章为原创，而不会判定那个微信内容是原创，因为微信不被各大搜索引擎收录。

反过来，我的一位客户上海达策，是 SAP 公司（ERP 软件巨头，世界 500 强企业）的代理商，他们就盯紧 SAP 公司的官网，把它更新的文章第一时间就放在自己的网站上，加上他们比 SAP 公司更懂优化和推广，这些文章往往排名要好于原出处。印象最深的一件事：SAP 公司每年举办 SAP 同略会（该会是 ERP 行业盛会），如果你此时搜索 SAP 同略会，第一位的信息不是来自 SAP 官网，而是达策网站的一条新闻，以至于在会议前，达策公司天天收到与会者的会务咨询。从另一方面说，SAP 公司的网络营销体系没有做好，以至于官网的内容起不到官网的作用。如图 6－11 所示，上海达策在 2013 年的文章到现在还是稳坐第一名的位置。

图 6－11　在百度搜索“SAP 同略会”的结果

如果你认为网络营销的第一步是先做好企业网站自然排名，那就错了。我见过许多企业的网络营销成长经历，有的从百度广告开始，有的从网站自然排名开始，有的从灌水开始，还有的从阿里巴巴开始。如果一家企业准备做网络营销，我认为最应先开始的是搜索引擎广告。它是急先锋，也是指明灯。如果说只在这几种主要手段中选一个，搜索推广是唯一的选择。道理很简单，搜索推广具有排名优先权，而大多数人都会看排名靠前的信息，如果排名靠前的信息都没有效果，那么排名靠后的信息就更没有效果，也就没有必要做了。

但搜索推广有一个先决条件，就是要有一个网站，特别是今天，这个网站还必须同时兼容 PC 端和移动端。如果没有一个企业网站，根本做不了搜索引擎广告；如果没有移动端网站，去百度开广告账户就会受阻。有读者看到会说："我们公司就没有企业官网，照样在阿里巴巴上做营销，也可以在百度上做推广。"是有个别企业这样操作，但那是把企业网站和第三方店铺合二为一了，如果为这个店铺绑定一个独立的域名，它就是一个独立的网站。但这种二合一不可取，试想一下，如果有一天不与第三方合作了，那么你的店铺也就没有了，多年的推广成果也就白白送给第三方了。所以网络营销的第一步就是建设 PC + 移动端的企业网站，这就好比是搭建了一个军事基地，里面有坦克手、重机枪手、步兵等，一旦有军事行动，基地各兵种协同作战。如果把 SEM、SEO、灌水分别比喻成坦克部队、移动炮兵、步兵，那么第三方付费平台最贴切的比喻是机械化部队，他们在平坦的地区优势很大，但到了山区作用就发挥不出来了。付费第三方平台的特点：对有些行业效果好，而对另一些行业效果差。

网站的内容和关键词就好比基地存储的各种弹药，不同兵种使用不同的武器弹药：炮弹（核心词）、轻重机枪子弹（精确词）、步兵子弹（长尾词）。

由于坦克的负载能力大，坦克部队（SEM）使用的弹药种类最多，不但有各种炮弹，也有轻重机枪子弹（SEM 做的关键词也是最多的）。

移动炮兵，如迫击炮、肩扛炮就是 SEO，虽然能有效摧毁敌方多个火力点，但靠人携带的弹药有限，所以与坦克（SEM）相比，能够推广的关键词有限，这些炮手其实也是步兵，所以他们也经常使用步枪（长尾词推广）。该兵种的推进速度是所有兵种中最慢的，SEO 推广的效果也同样很慢。

大量的步兵就是大量的灌水，靠人海战术取胜，如果说能将某个长尾词在百度首页排名占去一半以上的位置，那一定是灌水信息。这些手拿冲锋枪的步兵相对于移动炮兵推进速度快一点，但仍赶不上机械化部队，同样灌水的推广速度也比较慢。

机械化部队（付费平台）主要配备了移动火炮和行动运兵车，在平原上（对应的工业品在阿里巴巴上做营销）与坦克有着相同的快速响应（营销效果快）与弹药吞吐量（推广关键词多）。但不同的地形（不同行业），可能配置不同的机械化部队，比如进入山区，那些用车轮跑的战车就不好使了，必须配履带装甲车（对应的二手家具行业在58同城上做营销），到了湖泽地区，还必须配水陆两栖车（对应的房屋租赁行业在赶集网上做营销）。

了解好各兵种特点，接下来就要制定作战方案，看看如何使多兵种相互配合作战。

方案一：全部兵种配置，坦克＋移动炮＋步兵＋机械化部队，就是我们所讲的SEM＋SEO＋灌水＋付费平台。对于大多数B2B和大宗B2C企业，这是最佳的全面方案。先是坦克和机械化部队大规模快速推进，接着是移动炮兵用迫击炮和肩扛炮清除火力点，最后是大量的步兵消灭对方步兵，打扫战场。

采用该方案做网络营销，第一步先搭建企业网站和付费的店铺；第二步做搜索引擎广告和店铺的广告；第三步对企业网站和店铺内容进行优化和推广；第四步根据上述推广的结果罗列出有用的长尾词，再应用到第三方平台的信息发布上（包括付费和免费平台）。

方案二：坦克＋移动炮＋步兵，不使用机械化部队，这是我们所讲的SEM＋SEO＋灌水，对于所有B2B和大宗B2C企业都适用。这也是添力公司外包服务的主要方案和服务内容，本书讲的也全部是这些内容。

方案三：坦克＋移动炮，不使用步兵，只用SEM＋SEO。这种方案是大多数第三方网络营销公司提供给企业的常规方案，主推重要关键词，完全靠技术完成任务，舍弃掉费时费力的灌水工作。但正如现代战争中，坦克和火炮也需要步兵的配合和保护一样，没有灌水的保护，企业网站很容易被对手抹黑；没有灌水的海量信息反复向客户曝光品牌，客户容易被对手的海量信息带走。

方案四：坦克，只用SEM。这种方案在市场上很常见，主要是因为企业但凡有了网站，就被几家大搜索引擎公司的业务员天天追着做广告，在企业不接触其他网络营销专家的情况下，只能听从这些业务员的意见，只做SEM广告。只用这种方案，就像战争中的坦克一样，在开阔的平地上作战，速度快、优势大、效果明显，但对于复杂多变的地形，像沼泽地和森林里就只能挨打。同样，只使用SEM做网络营销，对于细分市场，竞争对手少，连恶意点击都懒得点你的行业，效果还是不错的，如离型材料、3D打印机等行业。反过来，市场大，竞争对手多，恶意点击多的行业，单纯用 SEM 常常让企业看不到效果而选择退出，如工商注册、汽车销售等。

方案五：移动炮，只用 SEO。因为企业经常能接到 SEO 公司的电话，许诺把某些关键词排名在百度首页。但这种方案就像移动炮一样，最多能清除几个火力点，最多能在几个关键词上有排名，获得少量的客户，而且速度比坦克慢多了，至少几个月以后才能有排名。如果是新网站，排名周期会更长。而且单用这种手段，跟单用 SEM 一样，在细分市场、竞争对手少的行业还有些效果，但对于市场大、竞争对手多的行业，资源主要被 SEM 占据，有的行业甚至看不到 SEO 的效果。

方案六：只用步兵，只用灌水。这种方案常见于小微企业，老板不想花钱，但有的是自由时间，于是就在各免费平台上发信息。同样，对于细分市场和竞争对手少的行业，认真灌水也会有效果，特别是产品和规格、型号比较多的行业，灌水效果比较明显，如某些工业品、零部件。毕竟灌水信息见效慢，排名也不如 SEM 和 SEO，只是碰运气，偶尔接到订单的企业只用灌水无妨，但想系统地开展网络营销，这样做太浪费时间和人力了。

方案七：只用机械化部队，只在第三方平台上开付费店铺、投广告。有些大型第三方平台，其网站流量不亚于一个搜索引擎，比如阿里巴巴或者 58 同城。对于某些行业，在第三方平台上做广告的效果要好于在百度上的效果。一家做工业用品的企业，在阿里巴巴上投广告的效果好到公司需要开几十个账户来经营。可惜付费的第三方平台只适用于某些行业，无法满足大多数 B2B 和大宗 B2C 企业的需求。

第四节　整合网络营销的全流程图

我精心制作了一张企业整合网络营销流程图，将前几章讲的内容都串起来，并做了流程图注解，如图 6－12 所示。

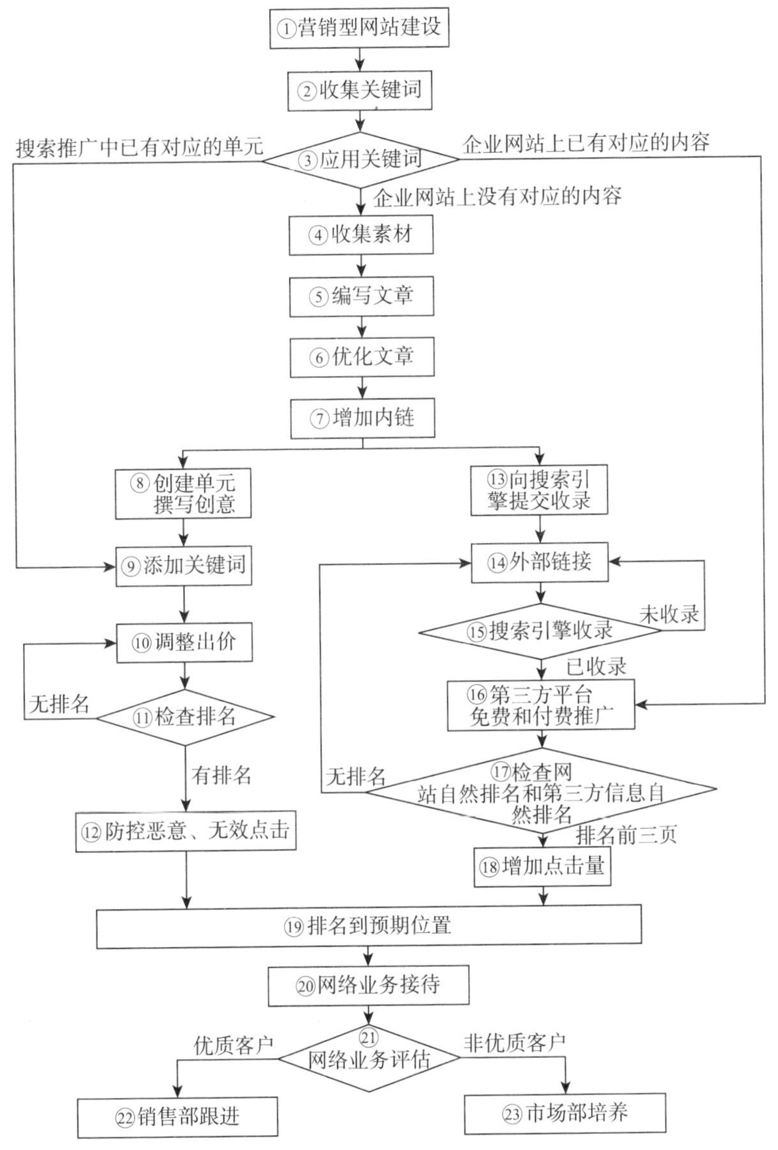

图 6－12　企业整合网络营销流程图

营销型网站建设：由于做 SEM 和 SEO 都需要企业建设网站，而且还要适应这两种手段的推广，所以打算做网络营销的企业第一步就是建设 PC＋移动的营销型网站，要有强大的 CMS 管理系统、丰富的网站内容和不断更新的能力。（对应第二章内容）

收集关键词：所有广义搜索引擎营销都离不开关键词，收集关键词也成为重要的准备工作，并在今后的营销过程中不断地添加。（对应本章第二节）

应用关键词：对于刚开始做网络营销的企业，整理好关键词后，就要为关键词安排对应的文章；对于已经做过一段时间 SEM 的公司，如果新增加的关键词有对应的广告和着陆页面，只需要将新关键词增加到对应的单元里；同样对已经在第三方平台开店铺的企业，需要将新增加的关键词放在企业网站上对应的页面，然后将新的关键词应用到新的信息发布中，或者是在老的没有排名的信息里增加新的关键词。（对应本章第二节）

收集素材：为新的关键词增加文章，需要在网上先收集行业和同行的相关内容，包括图片。（对应第四章第四节）

编写文章：结合收集到的素材，编写对应关键词的文章，记住我们写每一篇文章都是有目的的，都是为了某类关键词。如果我们写好的文章没有重要的关键词，那是浪费。（对应第四章第四节）

优化文章：对写好的文章进行头部优化、正文优化和图片优化。（对应第四章第三节）

增加内链：在新的文章里不但要对于网站中重要的页面做链接，还要在已收录的、有排名的文章里对新文章做链接。内链资源是最容易获取的，所以不能浪费。（对应第四章第五节）

创建单元，撰写创意：如果新的文章比较适合一类关键词作为着陆页面，就需要新建单元，撰写新的创意。（对应第三章第五节）

添加关键词：为刚建的单元添加对应的关键词，除了收集到的外，还应再选择一些百度推荐的关键词。（对应第三章第六节）

调整出价：一个新单元审核上线后，根据百度的提示，设定一个初步的出价。（对应第三章第七节）

检查排名：着重对新的单元关键词，采用【推广实况】工具检查其在各地的广告排名情况，无排名则需要回到第 10 步重新调整出价，有排名继续保持。（对应第三章第七节）

防控恶意、无效点击：采用百度分析工具发现无效的、恶意的点击，并用否定词和防恶意点击工具屏蔽恶意访客，暂时关闭大量恶意点击的关键词。（对应第三章第九节）

向搜索引擎提交收录：在做第 8 项工作的同时，把新优化好的文章网址提交

给各大搜索引擎，以求尽早被收录。（对应第四章第四节）

外部链接：利用第三方平台的友情链接资源为新文章增加单链，一方面加快搜索引擎收录速度，另一方面也提高该文章的权重。（对应第四章第五节）

搜索引擎收录：定期检查新文章是否被各搜索引擎收录。如果未收录，继续为该文章增加链接；如果已经收录，才能进入下一步。（对应第四章第四节）

第三方平台推广（免费或付费）：对于已经收录的文章，就可以放在第三方平台上使用，包括免费的灌水和付费的会员网站。（对应第五章）

检查网站自然排名和第三方信息自然排名：定期检查已收录的新文章在搜索引擎上的排名，同时也检查以该文章在第三方平台发布免费信息的排名。如果长时间没有排名，可重新调整文章的关键词，回到第 14 步，同步修改外部链接的关键词；如果检查后发现有排名，而且排名在前三页，就可以进入下一步。（对应第四章第一节）

增加点击量：对于已经排名到搜索引擎前三页的关键词，增加该词的自然搜索点击。（对应第四章第六节）

排名到预期位置：经过上述大量工作，最终实现目标，收集到的主要关键词如果在百度上被访客搜索，总有企业的相关信息排名在百度首页，甚至是多条信息排到首页。（对应第六章第三节）

网络业务接待：在达到预期排名目标后，企业会收到大量咨询，其中一部分是来自于网络上的 QQ、其他在线聊天工具、微信、邮箱，需要网络营销人员继续努力跟进，收集到更多客户的基本信息和需求信息。（对应第六章第一节）

网络业务评估：根据客户的咨询内容及在网络上搜索到的客户资料，对于客户的质量度进行评估，根据评估结果将客户信息发给不同部门。

销售部跟进：优质客户要在第一时间送达销售部门，对于销售部未谈成的客户可转给市场部继续关注和培养。

市场部培养：非优质客户交给市场部继续培养，市场部可通过一系列线上和线下活动，让这些潜在的客户参与。其中重要的手段就是黏性营销，从中二次挖掘出优质客户，再转给销售部。（对应第六章第五节）

第五节 黏性营销来助攻：微信+QQ+……

对于个人消费品或服务，如手机、手游，每一个用计算机和手机上网的个人都有可能是潜在的客户，所以不管是线上营销还是线下营销，都可以采取广而告之的营销策略。所采用的手段如电视广告、电梯广告、网络视频、微信插播广告等。但对于B2B和大宗B2C业务，向陌生的个人群发广告，收获不大，如果能向已知的潜在客户群推送广告与活动，效果还是不错的。这正是市场部培养客户的重要手段：黏性营销。拿什么来黏？QQ、微信、邮件，甚至还有过时的短信。

我们把网络营销比喻成军事行动，黏性营销的特点也很像一个兵种：导弹部队。陆军作战，可以在一个未知地带搜索目标作战，但导弹部队不行，必须先锁定目标，然后精确打击。所以对于未知市场的未知客户，黏性营销派不上用场，这几年不少企业都在这方面做了尝试，结果无功而返，但对于已知的潜在客户，甚至是老客户，我们明确知道对方的QQ、微信等线上沟通方式，采用黏性营销效果最好。

哪些工具可用于黏性营销？广义上讲，只要是个人沟通工具都可用于黏性营销。笔者20年前第一次创业时，没有业务时就会给那些曾经认识的、可能有业务的领导打电话问候，偶尔也会有业务在这种电话问候中碰巧开始合作了，那时的黏性营销也只能用上门拜访、邮件、电话、传真。今天，首选的黏性营销工具就是微信和QQ，与之相似的还有旺旺、YY、SKYPER甚至短信，以及其他我们没有使用过的在线聊天工具。

黏性营销的客户来源：一是线下接触到的客户；二是线上营销到的客户；三是通过其他渠道得到的客户清单。

客户由谁来负责黏？优质客户，自然是由熟练的业务员服务，越是金额大的项目，业务员黏得越牢，但他们没有网络营销人员熟悉这些黏性工具的使用，需要对业务员进行一定的黏性营销技能培训，提高他们的黏合度。小微客户，虽然也由业务员提供服务，但有可能业务员精力有限，有时会怠慢这些小客户，就需要其他部门（市场部或者售后部）利用微信或 QQ 助攻，协助业务员做好小微客户的服务。潜在客户，该类客户目前没有订单，但以后可能会有，由市场部利用各种网络工具保持一定的联系，遇到线上或者线下举办活动，也邀请他们参与，精心培养。这部分人今后有的会成为忠实的客户，有的会将其他客户引荐过来，因为经过长时间培养，他们已经非常了解我们的产品。

如何做黏性营销？我们最讨厌的是那种一拿到你的微信，就恨不得天天发广告给你的业务员，他们的结局就是很快被删除。会做黏性营销的业务员总是替客户着想，不急于发广告，只是在微信名上注明自己是干什么的就行，发的都是客户关心的事或者善意的提醒，比如“今天有台风，记得关门窗；注意明天交警开始大检查运动，千万不要违章；最近石油要涨价了，会导致塑料原料上涨，建议在未涨之前多备些料……”看到这些温馨的提醒，对方明明知道你想做他的生意，尽管他目前没有生意让你做，但对于你的善意不会拒绝，也绝不会把你拉进黑名单。

我在 2017 年 7 月利用公司微信公众号发布的一条微信可供大家参考。我的两家上海客户网站遭到了违反广告法的举报，更过分的是其中一个客户所在的园区里多家企业网站都遭到举报，当我意识到近期有职业的举报人在大量举报企业网站，就写了一篇微信文章《警报！！！当心你的网站用词不当被罚 20 万》发到朋友圈，也一一发给老客户和潜在客户。这篇微信的阅读量比平时的微信高出一倍，那几天平时不太打交道的企业老板纷纷打电话咨询，其中就有打算跟我们合作的客户。

采用微信群和 QQ 群进行营销是比较有争议的策略，大家最担心的是在群里交流，万一有人说你的坏话，如何处置？万一混进来一个同行把老客户拉走了怎么办？正因为考虑到这点，很少有企业把客户组织在一个群里。把正在合作的客户和老客户组织在一起，确实有许多弊端，但将潜在的客户、还未合作的客户放在一起进行交流，利大于弊。有关群营销的探索，我在第八章第十一节做了详尽的描述。

对于正在合作的老客户，比较适合业务员使用个人的微信和 QQ 展开营销工作。相比电话和短信，微信和 QQ 交流的信息更广，更不容易打扰客户，是黏性营销的利器。

作为一名工业品营销研究院的网络营销讲师，在和其他老师一起上公开课时，我也能听听其他老师的营销观点，特别是做大客户营销的某些老师认为，“总在客户面前晃动”“总能让客户在第一时间想到你”是一名合格营销人员的基本素质，这些黏性营销工具（微信 + QQ + ……）正是营销人员的武器标配。

本章小结：

网站统计工具是网络营销重要的数据分析工具。

关键词的应用贯穿于整个网络营销全过程。

B2B 和大宗 B2C 企业的网络营销套路是 SEM + SEO + 灌水 + 付费平台。

网络营销的组合拳也有其出拳招式，用流程图可以清晰地看到全部路数。

黏性营销在培养已知潜在客户上，功不可没。

第七章
企业网络营销经验谈

第一节　小微企业可以利用的百度大数据

在大数据时代，网络营销的任何决策，如关键词的选取、广告费用的分配、重点时间段的判断、网站内容的编写、发布什么样的灌水信息……都不是个人拍脑袋决定的，哪怕这个人是公司老板或者是网络营销的专家，而是由数据决定的。所以，这个圈内有句俗语：**用数据去说话**。我们用到最多的大数据工具就是百度指数。

百度官方这样定义百度指数：是以百度海量网民行为数据为基础的数据分享平台。在这里，你可以研究关键词搜索趋势、洞察网民兴趣和需求、监测舆情动向、定位受众特征。建议读者边读边在计算机上探究自己行业的指数。

我们仍然以ERP行业为研究对象，看看百度指数是如何使用的。之所以选择这个行业，是因为一方面管理软件与每个企业都相关，另一方面我手头有大量的ERP行业客户（SAP公司的代理商们）可以佐证数据的真实有效性。

从浏览器进入百度指数，可以看到四个模块：趋势研究、需求图谱、舆情洞察、人群画像，如图7－1所示。

图 7－1　【百度指数】的主要模块

【趋势研究】：该工具可以查看某个关键词几年内的百度搜索量，还可以同时将几个关键词的搜索量做对比。如图 7－2 所示，是 ERP 和 SAP 两个词近几年的搜索量整体趋势图，有些像股票的 K 线图。

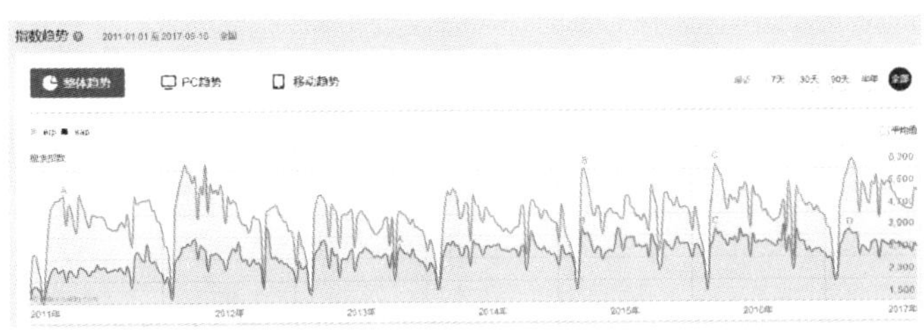

图 7－2　用【百度指数】查看 ERP、SAP 近年来的搜索量整体趋势

从图 7－2 中能读到很多信息：

①SAP 毕竟是 ERP 行业的一家公司，尽管是行业最大的公司，但一个品牌词的搜索量肯定不如一个行业词的搜索量，所以 SAP 日均搜索量约为 ERP 的 3/5。

②ERP 与 SAP 的搜索量有着相同的淡旺季，一般春节前和春节期间达到全年最低点，春节过后一个月都是全年的最高峰。

③2011—2017 年里，2013 年搜索量最少，随后逐年上升。

我们再来对比一下 PC 端趋势和移动端趋势，如图 7－3 所示。

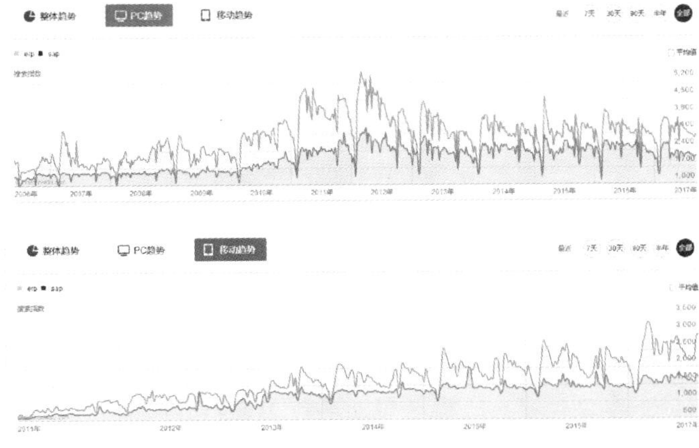

图 7－3　【百度指数】PC 端趋势和移动端趋势对比

我们会发现，2006—2012 年 PC 端搜索量逐年上升，到 2013 年后保持稳定；而移动端从 2011 年起逐年上升。据此，我们在实际工作中制定了以下应对之策：

①针对 ERP 行业相关的关键词与 SAP 品牌相关的关键词，广告预算的比例也应控制在 5∶3。

②每年春节前降低广告预算，留足广告预算在春节后使用。

③每年逐步加大在移动端的推广力度，但仍然以 PC 端推广为主。

【需求图谱】：该功能只能查看一个词的数据，我们就看一下 ERP 的需求图谱，如图 7－4 所示。

圆心就是 ERP，每个与 ERP 相关的词都有一个圆，圆的大小代表着该词搜索量的大小，离圆心越近意味着与 ERP 相关度越高，越远相关度越低。图 7－4 最下方的时间调节器可用来查看一段时间的图谱，默认是一周的图谱。该图谱对于关键词在各平台上的推广都有一定的参考价值。

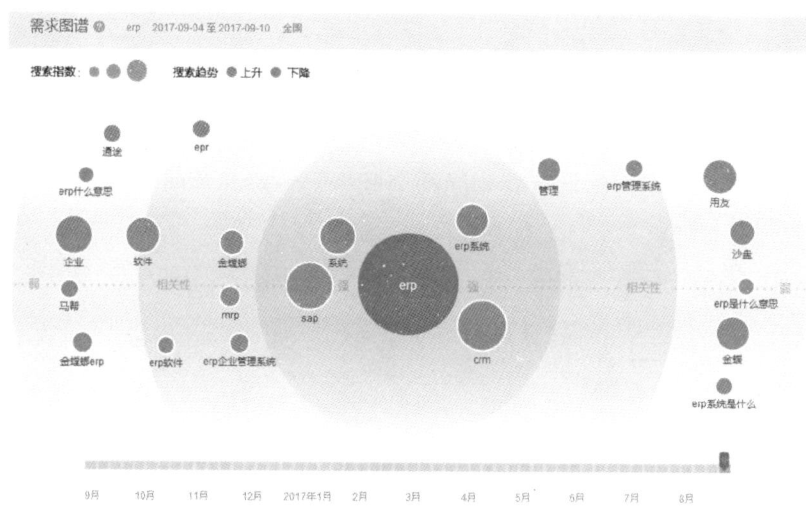

图 7－4 ERP 一词的【需求图谱】

【舆情洞察】：该模块又称新闻监测，或者舆情监测，以前叫媒体指数，是以各大互联网媒体报道的新闻中与关键词相关的，被百度新闻频道收录的文章数量组成的趋势图，采用新闻标题包含关键词的统计标准，数据来源、计算方法与搜索指数无直接关系。图 7－5 是 2011—2017 年的 ERP 与 SAP 两个关键词的媒体指数。

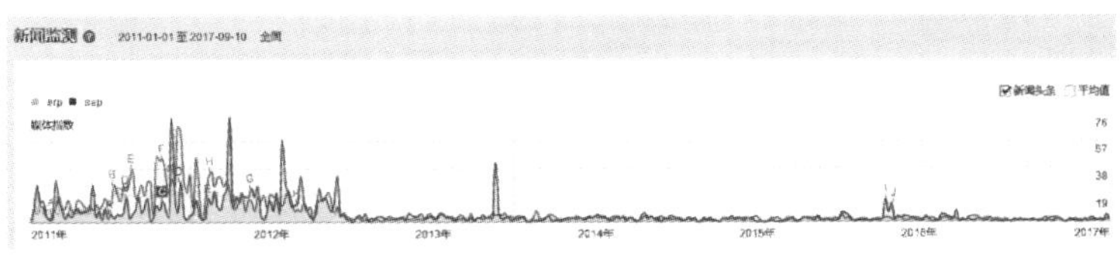

图7-5 ERP与SAP的媒体指数

该指数上标有英文字母序号，每个序号代表当时重要的新闻，在指数图下方有这些新闻的列表。如图7-6所示，与SAP相关的重要新闻事件。

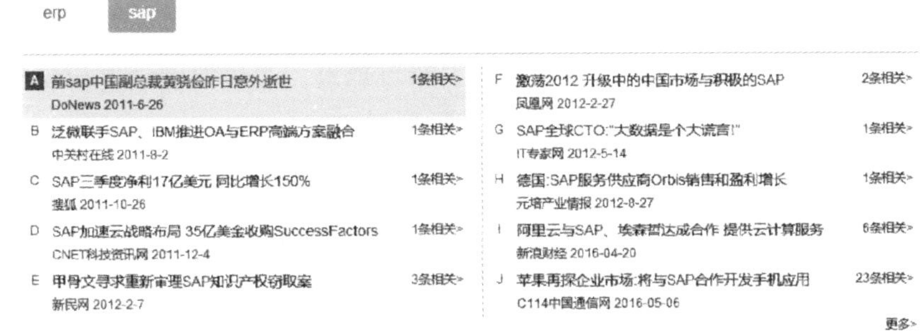

图7-6 媒体指数中的热点新闻

通过这些当时的热点新闻也能看出ERP行业哪些新闻媒体更重要，同样你也可以找到自己行业的重要新闻媒体。大家会注意到，自2013年起，ERP行业的媒体指数一直很低迷，除了2013年SAP同略会前后有一个新闻热点，再就是2016年I点和J点新闻引起的小热点，其他时间点很少引起新闻媒体关注。一方面，说明SAP公司在新闻宣传方面的投入减少；另一方面，说明ERP行业日渐成熟，发生事件很少引起媒体热炒。

如果要想知道这些媒体指数与搜索量的关系，还是要回到刚才的【趋势研究】来研究。我们试着研究一下最后几期SAP中国商业同略会对ERP和SAP搜索量的影响，该会是ERP行业每年最大的盛会，从2014年起停办。这三期会议时间是2013 SAP中国商业同略会11月20日-21日，2012 SAP中国商业同略会7月26日-27日，2011 SAP中国商业同略会11月15日-17日，图7-7标出这三个会议期间的SAP新闻指数和ERP、SAP两个词的搜索指数。

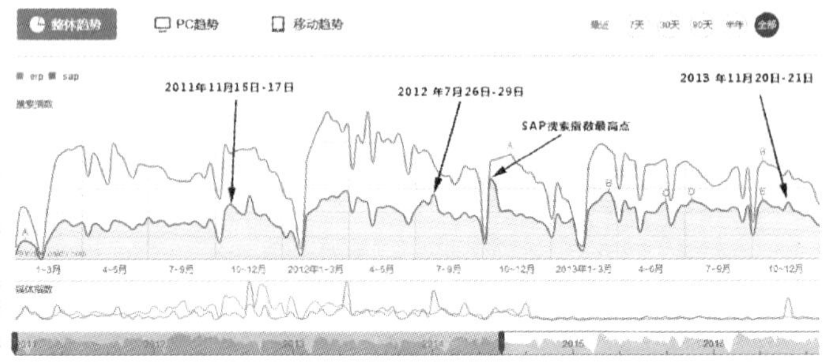

图7－7　媒体指数与整体趋势对照图

由图7－7看出这三场会议前后，媒体指数虽然升高，但对于搜索指数的影响很小，这或许是SAP在2013年后再没有举办盛会，也没有大量进行媒体宣传的原因。大家注意，SAP搜索指数在2012年十一长假过后有一个最高点，它可不是由SAP公司营销来的，而是几家代理商所为，详见第八章第一节。

早在2013年，我就注意到百度指数的搜索指数与媒体指数可能会和股票指数存在某种联系。当时你可以在百度指数里将股票名称或者股票代码当成关键词，查看趋势，从而分析出与股票走势图存在的关系，估计还会有某些庄家人为诱导股民操作股票买卖来干扰这些指数。正是看到利用百度大数据操纵股票的风险，所以现在的百度指数里是查不到任何上市公司的股票名称或者股票代码的，但大数据肯定是存在的。

【人群画像】：该模块关注搜索者来自哪些地域，目前只能对人群所在地、年龄和性别画像。如图7－8所示，可以按省份、区域和城市为人群画像。

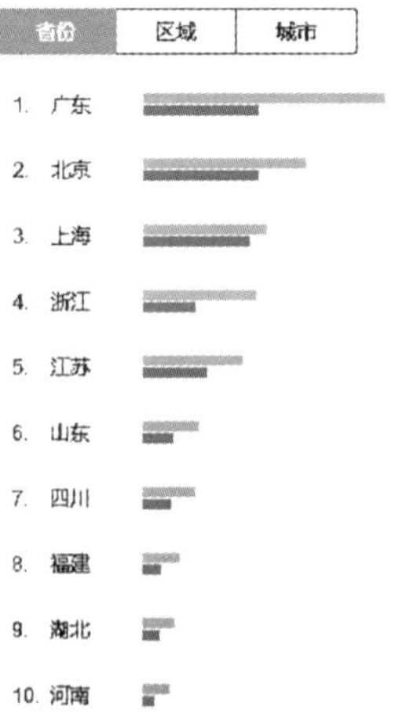

图7－8　按省一级行政区域的搜索量排序

按省份画像，ERP 一词广东省的关注度最高，其次是北京和上海两个直辖市，也体现出经济发达地区，ERP 的需求也越多，如图 7 - 9 所示。

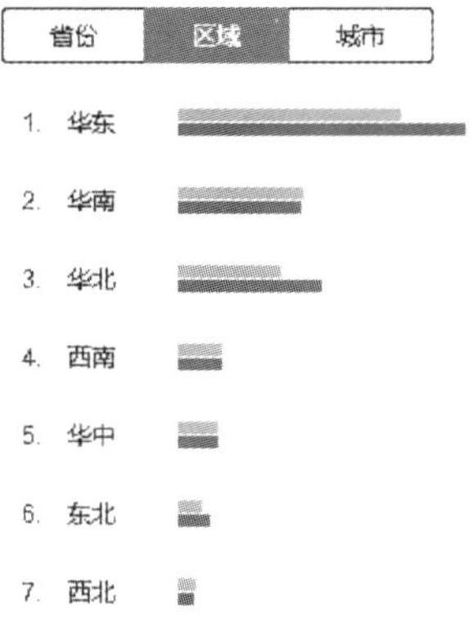

图 7 - 9　按行政大区的搜索量排序

图 7 - 9 与图 7 - 8 明显的区别在于，按大区统计时，华东地区比华南地区用户数高出一倍，而且华东和华北地区的 SAP 关注度高于 ERP。在做广告预算时，需要加大这两个大区的投入，特别是与 SAP 相关词的投入。

图 7 - 10 的城市排名也体现了城市的经济水平，前四位正好是一线城市：北上广深。如果我是一家刚开始做网络营销的企业，完全可以按这个排名表给不同城市设置不同的广告预算。

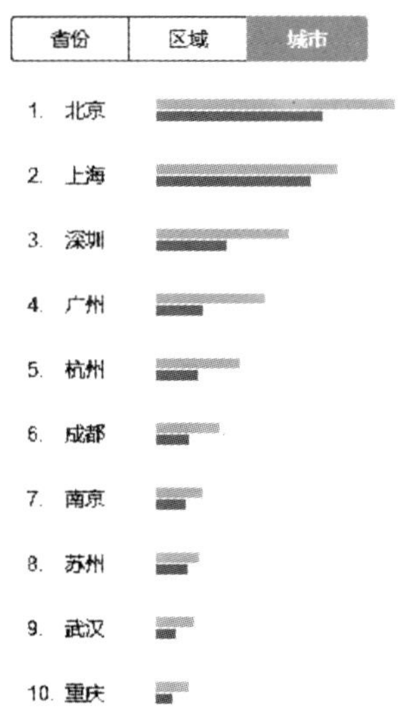

图 7 - 10　按城市的搜索量排序

对于年龄和性别的画像比较粗放，可作为某些精准营销的参考。如图 7 - 11 所示，ERP 行业关注度最高的是 30 ~ 39 岁的人，其次是 20 ~ 29 岁的人和 40 ~ 49 岁的人，关注该行业的男女比例是 73:27。

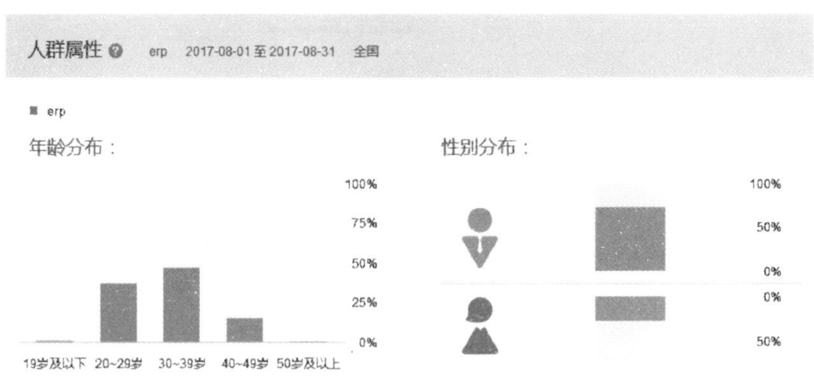

图 7 - 11　按年龄和性别统计的数据

需要指明的是，有时百度指数受到恶意点击、抹黑点击和自然排名点击的干扰，数据有可能在某一时间段不准。如图 7 - 12 所示，“液压机”一词在 2017 年 6 月 22 日—8 月 24 日异常偏高。

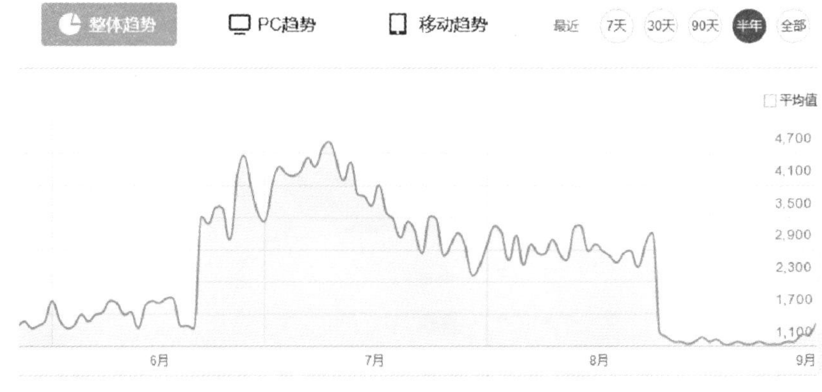

图 7 - 12　“液压机”一词搜索量整体趋势

我对比了一下 6 月 20 日以来的【需求图谱】，也有异常。这一期间，与液压机相关度比较高的竟然是百度的 site 命令及两家网站相关的搜索词，这完全有可能是两家企业自己狂点而干扰了数据，如图 7 - 13 所示。

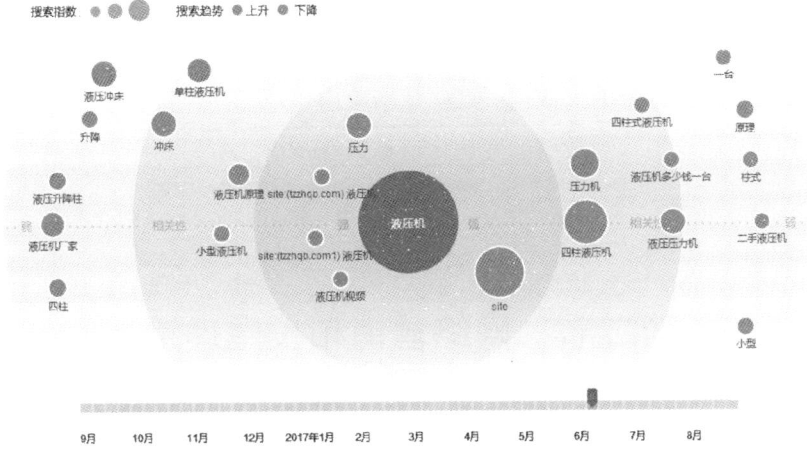

图 7 – 13　“液压机”的需求图谱

我们再对比一下【人群画像】数据，发现枣庄市也有异常大量的关注度，查看图 7 – 13 里的网址，发现这家企业就是枣庄地区的，看来是有个别企业用点击干扰了百度的大数据，如图 7 – 14 所示。

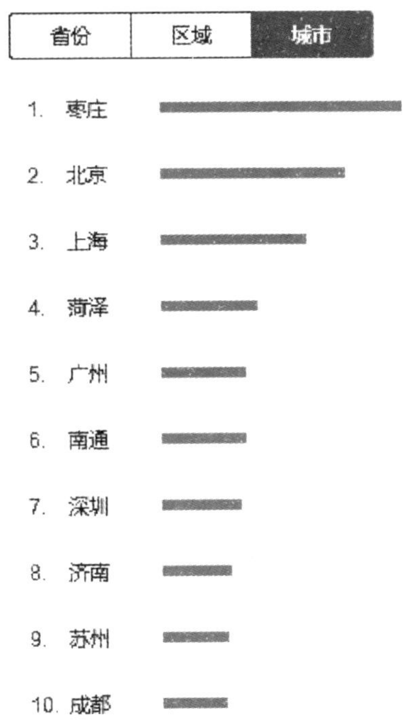

图 7 – 14　“液压机”的城市搜索量排序

最后阐明一点，不要认为大数据只有这些大型的网络企业才有，其实小微企业也有自己的大数据。只要注重收集挖掘内部的各种数据，能够为企业经营提供帮助，企业长年积累的数据，如财务、采购、营销、关键词、搜索词、客户等数据都能成为小企业自身的大数据。这些数据应用得好，甚至比百度大数据的价值还大。关于企业应用营销数据的案例，请见第八章第二节。

第二节 网络营销和长尾理论

长尾理论（The Long Tail）是由美国人克里斯·安德森提出的一种新经济理论。传统的二八理论相信许多人都了解：80% 的利润是由 20% 的产品或服务产生的，80% 的销售额是由 20% 的骨干业务员完成的……但随着网络技术的不断发展，越来越多的人发现，二八原则不灵了，以网上有偿音乐下载服务为例，2% 的热门音乐产生 33% 的利润，8% 的非热门音乐产生 33% 的利润，而海量的 90% 冷门音乐也能产生 33% 的利润。海量的冷门音乐反映在利润图表上就像是拖了一条长长的尾巴，如图 7－15 所示。于是，新的经济学理论产生了长尾理论（也有叫长尾效应）。

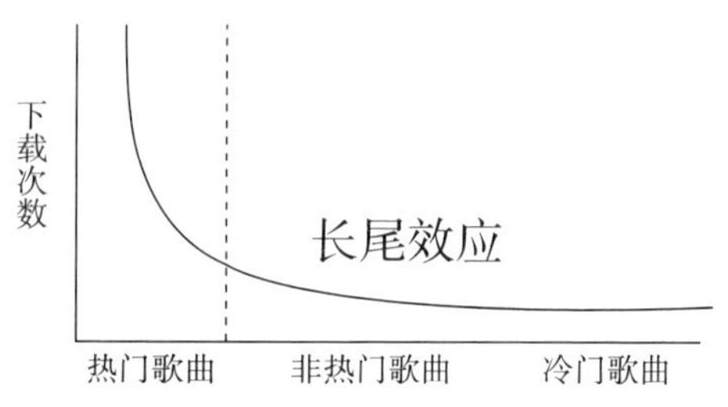

图 7－15　下载歌曲的长尾效应

近年来，长尾效应大多出现在高速增长的电子商务企业，如百度的搜索引擎竞价广告有 90% 的广告利润来自小微企业而不是大中型企业；大多数企业的网站推广所带来的销售额有 80% 来自于长尾关键词的推广而不是核心关键词的推广；一家品种繁多的玩具店有 70% 的利润来自于长尾产品而不是核心产品……

似乎长尾效应主要影响着企业的销售部门，还没有看到对其他部门的影响。其实，从我这几年管理企业的经验来看，长尾效应正在悄悄地改变着我们企业经营的方方面面。

先说说采购环节，既然销售环节出现了众多的长尾效应，那么作为销售对象的采购环节自然也会受到长尾影响。以我曾经任职的一家塑料制品厂为例，2007年我刚到这个工厂时只有三个供应商：原料供应商、模具加工商、包材供应商。我们不管进什么原料都从一家供应商进货，尽管我们知道主流产品是他们自己生产的，非主流原料他们也要从其他厂家拿货。模具加工商也同样如此，他们只是加工铝模，而刀模、石膏模，他们也需要外包加工。我们向包材供应商采购的物品就更杂了，包材本身的订单量就少，为了维护合作关系，也会让他们帮我们采购小物品，如办公文具、机器零部件等。

我接手管理工厂时，老板要求降低采购成本。从我对市场的调查结果来看，成本高主要是由于这些供应商提供的非主营产品价格过高（情理之中，他们也要赚取利润），只有直接从主营供应商那里采购，才能降低成本。好在网络非常发达，用百度搜索、打电话联系、寄样品、小批量进货……经过半年的努力，又发展出十几个小供应商，他们都为我们提供自己的主营产品和服务，我们之间主要通过 QQ 和快递交流、传递物品，节省了双方的沟通成本。而对于更小的采购订单（机器的零部件、办公用品、检验仪器），我们直接在百度或者淘宝上搜索专业的网店或是直接的厂家采购。三年下来，和我们做生意的淘宝店也有几百家，这些店家在我们的采购费用图表里形成了长长的尾巴，如图 7－16 所示。值得一提的是，在淘宝网店采购，可以比较快速地找到低价产品，也很容易退换货，更重要的是采购记录会长期公开保存，方便企业内部监督。对于做电子商务的企业来说，从网店采购是首选，长尾效果会更明显。这种效应也影响了有同样采购和维修需求的办公行政部门：公司的投影遥控器坏了，直接在淘宝上搜索同一型号的产品，虽然是山寨版的产品，但很好用；公司的数码相机坏了，也在淘宝上找维修网店，把相机快递过去，第二天相机就能修好再寄回来，只需要 100 元的维修费。

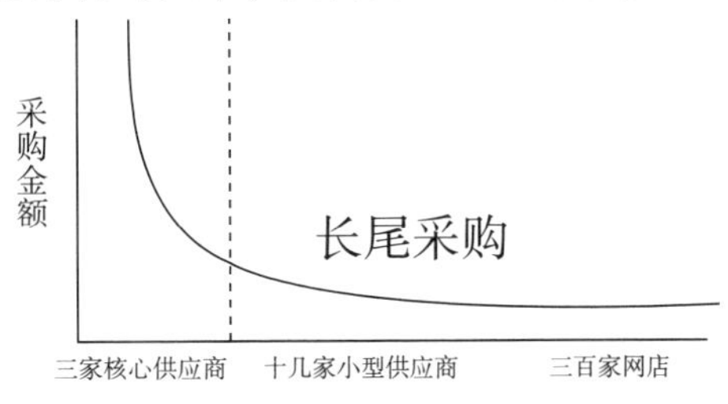

图 7－16 采购领域的长尾效应

接着我们来说说市场销售环节。之前大家都有一个共识，80%的客户都是由20%的骨干业务员开发出来的。但在当今网络营销介入的年代，这种格局早已被打破，正如我的《传统行业如何用网络拿订单》一书讲的一个案例，一家装修公司的实习设计师（只能算是公司的技术员）在网上与网友互动，为公司带来的业务比大业务员开发得还要多。

对于已经开展网络营销的公司，业务会来自不同的网络渠道：百度搜索、淘宝、QQ群、微信、微博、博客、论坛、知识问答网站……这些渠道如果都交给市场部门或者是电子商务部门去开发和维护，部门会变得庞大，还不一定专业、有效。比如对于一家企业管理软件公司，如果有客户在网络上问到软件在使用过程中的某一具体问题，市场部、销售部都没有能力回答，最有能力回答的是售后客服和项目实施人员。在此，有个新名词比较适合这些非市场销售部的人员：长尾业务员。他们在各自领域利用擅长的专业知识解决潜在客户的不同问题，最终也有机会为企业带来业务。有一家卖设备的企业，刚招了一名文员，没有多少事可做，老板就把以前咨询过业务但被业务部判定为非购买客户的信息交给她，让她通过短信、邮件、QQ聊天方式与他们保持联系。没过多久，真有客户被她找回来了。有的人确实没有购买需求，但通过聊天成了朋友，介绍其他企业购买。她后来被当成典型在全公司宣传，一个什么都不懂的女孩就可以为企业开发客户，其他有一技之长的人更应当发挥长尾业务员的作用。

长尾业务员不单单存在于企业内部，只要奖励机制比较完善，相关企业和个人也会成为你的长尾业务员。一家卖设备的厂家对于凡是买过他们设备的老板或者经理都关照过：只要替我介绍客户，就给佣金。而且他们是认真兑现的。三年下来，他们发现，80%的业务都是靠朋友介绍来的。这种长尾业务员还体现在房屋中介与装修公司之间的合作上，如图7－17所示。

图7－17 长尾业务员

既然长尾效应影响到企业的采购和销售，生产环节也必定受其影响。以前不管是大企业还是小企业，都希望生产长线产品，最好是把模具调试到位后，机器就 24 小时转不停。但随着商品被细分化、长尾化，小批量订单越来越多，就是世界 500 强的企业所下的订单也是如此。以前，小订单的增多会提高生产到物流各个方面的成本。而现在网络沟通、物流提速、生产设备细化和数字化（如 3D 打印机的出现），让小订单的生产和物流成本大大降低。上海有一家生产塑料制品的厂家，他们特别擅长接小订单，流程是：客户通过网络找到这家企业，通过电话、邮件、QQ 沟通，达成初步意向；客户快递发样品，用微信付打样费；厂家把样品发给模具厂家开样品模具，厂家收到模具后打小样发快递给客户，客户认可后下订单，付 30% 货款；厂家生产该订单，检验后拍成品照片发给客户；客户付余款后，厂家安排物流发货。整个过程客户与厂家都不见面，即使相隔千里也是如此操作。现在这类外地的小订单已经占到他们厂销售额的 50%。由于这种方式客户付款及时，资金回笼快，他们反而乐意接外地订单。

相信大家在企业经营的其他方面也能看到长尾的影子，由于篇幅所限，这里就不一一细述了。需要指出的是，长尾效应再怎么突出也是建立在主营业务基础上的。如果一个企业没有大客户支撑，很难靠大量的长尾订单生存；如果一家网店没有爆款产品，长尾产品也很难销售。所以，多采用网络新技术、多适应细化的市场需求、多调动全员甚至外部人员的积极性、多改进小订单的生产能力，才能让长尾效应在企业经营中发挥更大的作用。

随着一些新技术的兴起，3D 打印机、大数据应用、物联网等深入应用，会让长尾效应在原本必须大宗采购的领域发挥作用。比如我之前所在的那家塑料制品厂，其主要客户是宝洁公司，在 2010 年前，宝洁的订单特点是品种少、单品数量大。但之后几年，宝洁一方面为了适应快速变化的市场，另一方面在网上寻找小订单生产的供应商变得越来越容易，其订单特点变为品种多、单品数量少，也具有一定的长尾效应。而这种现象不是个例，在许多 500 强企业的采购中都悄然发生，如可口可乐这几年的饮料包装就变得非常丰富，让原本几种巨量的包材变成了几百个小批量的包材。想从事网络营销的老板必须看到这些变化，也必须意识到，想从网上拿到大订单的概率很低，就是偶尔碰到大客户，他们可能给你的也是长尾订单（品种多、数量少）。不少老板做网络营销不久就败下阵来，就是因为自己的观念还没有转变，自己的生产模式也没有转变，无法应对来自网络的长尾订单。

最后，长尾理论是由美国人克里斯·安德森提出的，他原本是美国《连线》杂志（Wired）的总编，出版了《长尾理论》一书后，他身体力行地从事到 3D 打印机行业，真正实现了生产制造的长尾效率。

第三节　百度也有算不清的时候

在百度搜索引擎里，搜索量和展现量指的是同一个概念，就是搜索者在输入搜索词后，点击【搜索】，搜索结果的首页所有信息都被曝光一次。如果你的广告信息也在其中，那么你的网站搜索量或称展现量就增加一次，不管这个搜索者有没有真正看到你的信息。如果他还看了第二页，那么第二页的所有信息也被曝光一次。如果他还点击了你的信息，那么就算是一次点击量，点击量和展现量的比例就是点击率。这些都能在【百度统计】和百度搜索推广的数据报告里看到。

如图 7－18 所示，这是一家 solidworks 软件和 3D 打印设备代理商的 30 天数据截图，这里只列出了三个比较典型的搜索词。

时间	关键词/URL	搜索词	展现	点击	点击率
2017-08-01至2017-08-30	solidworks2017 [已删除]	solidworks2017	1941	115	5.92%
2017-08-01至2017-08-30	3d打印设备价格 [已删除]	3d打印设备价格	212	42	19.81%
2017-08-01至2017-08-30	solidworks 2017	solidworks 2017	637	31	4.87%

图 7－18　一家企业的三个搜索词 30 天的搜索词报告

第一个搜索词“solidworks2017”是这 30 天点击量最高的词，而“3d 打印设备价格”是点击率最高的词，第三个词“solidworks 2017”与第一个词很相近，只是中间多了一个空格。我们注意到第一个词的展现量有 1941 次，平均每天

64.7 次，按理说这么高的展现量一定会被百度的【关键词规划师】列出并推荐成账户的关键词，而我们在该客户的【关键词规划师】里搜索核心词“solidworks”能看到图 7－19 的结果（注：由于篇幅所限，删除了不相关数据）。

关键词规划师

整体日均搜索量

最近30天内网民的日均搜索次数。日均搜索量大小仅与关键词本身、推广地域有关系，一般来说，推广地域越多，同一个关键词的日均搜索量越大。

添加

	关键词	整体日均搜索量	移动日均搜索量
	solidworks	4300	1400
	solidworks 2017	50	<5
	solidworks 2016	30	<5
	solidworks 2014	20	<5
	solidworks 2012	20	<5
	solidworks 2015	10	<5
	solidworks 2010	10	<5
	solidworks 2013	<5	<5

图 7－19　【关键词规划师】里与 solidworks 相关的词

图 7－19 中对整体日均搜索量有了详细的解释，我们可以看到 solidworks 这款软件各年版本关键词的日均搜索量，却找不到日均搜索量达到 65 次的“solidworks2017”。百度为什么在这个数字上算不清呢？

道理很简单，因为在【搜索词报告】里的展现量含有来自网盟的数据，我们早在前面防恶意点击全攻略中就提到，网盟广告是主要的恶意点击源；而【关键词规划师】里的搜索量并没有包括网盟的数据，是真实的来自搜索引擎的平均搜索量。在【关键词规划师】中，当日均搜索量小于 5 时，不再有具体的数字，都以“<5”表示，由于“solidworks2017”没有列入其中，其真实的日均搜索量肯定小于 5。就算它每天有 5 次的搜索量，与【搜索词报告】的 65 次日均展现相比，只有百分之几。也就是说，“solidworks2017”这个词一个月里有 90% 以上的搜索量来自网盟广告。这个数字还是蛮恐怖的，这意味着该词有 90% 的点击都是恶意的。

但“solidworks 2017”一词（中间有空格）在这些数字上就显得比较合理，在【搜索词报告】中的展现量是 637 次，日均 21.3 次，要小于在【关键词规划师】中的日均搜索量的 50 次。这是因为【搜索词报告】只是一个企业搜索推广账户的数据，而【关键词规划师】是整个百度的数据，肯定要大。

在【搜索词报告】中的“3d 打印设备价格”，有着极高的点击率，达到 19.81%。一般情况下，高的点击率也意味着高的关键词质量度，也就意味着你能以较低的价格排较高的名次。但十几年的经验告诉我，点击量比较多的词通常点击率不太高，平均值通常都在 2% 以内，而这个词达到了 10 倍。我们检查了其他近期点击量高而又没有咨询的搜索词，发现点击率也都很高，而且都不超过 20%。为什么 20% 是天花板呢?

我们如果站在恶意点击者的角度，就很容易明白这个数字。假设我现在是一名被人雇佣的恶意点击者，接到一个任务，先点开一家小网站，再点击网站上的一个广告，进入百度搜索界面后，点击任意一条广告，完成任务，赚几毛钱。这中间可能会按小网站站长的要求截图来证明自己确实做了这些事。也就是说，网盟的恶意点击与真实搜索的最大区别是，恶意点击不会空手而来，做一次任务就必须点一个广告，而真实的搜索不一定点击广告，甚至不点任何信息就走了，所以才有较低的点击率。由于百度的广告位每页只有 5 条，恶意点击不可能走流程而不点广告（那样会浪费时间），也不可能点击自然排名网站（那样赚不到钱），必须点击其中一个广告，那么五个广告被恶意点击的概率就是 1/5，刚好是 20%。由于某种原因恶意点击者做任务期间被中断了，或者确实有搜索的数据，都会拉低点击率。所以我认为越接近 20%，被恶意点击的可能性也就越大。

为了更能准确地判断恶意点击，我们还会查看被怀疑是恶意点击的搜索词是否也具有较高的跳出率和较短的访问时长。跳出率越高，访问时长越短，被恶意点击的可能性就越大。下面被怀疑有恶意点击的两个搜索词也确实有较高的跳出率和较短的时长，如图 7 - 20 所示。

搜索词		网站基础指标			流量质量指标	
		浏览量(PV)	访问次数	访客数(UV) ↓	跳出率	平均访问时长
2	solidworks2017	215	141	141	85.82%	00:01:40
9	3d打印设备价格	65	46	46	89.13%	00:01:49
11	solidworks 2017	61	36	36	75%	00:02:17

图 7 - 20 用【百度统计】里【搜索词】查看这三个词的结果

我们只是借助了几个简单的百度工具和图表，就能算出哪些词遭到了来自网盟的恶意点击。有兴趣的人还可以根据上面的数据，算出有多少点击是来自实际搜索，有多少点击是来自网盟。百度公司既然能将网盟广告塞入搜索推广结果里，也肯定能准确地知道哪条流量是来自网盟，而且是来自于哪个网站的，按照跳出率、平均访问时长、点击率等指标，很容易算出哪个合作的网站安排了大量的恶意点击，想处罚这些黑心的站长很容易。

但百度算不清的是：慢慢地广告主都会明白恶意点击的主要来源，也都会封杀掉那些正在遭受恶意点击的搜索词，这些词正是每天消费量大的关键词。长此以往，造成的损失与恶意点击带来的收入，孰多孰少？这还不包括那些新做百度推广的人，一上来就被恶意点击花光广告费，于是再不相信百度的作用了，转而到百度的竞争对手那里投放广告。这些损失有多大，如何计算呢？

我们讲过百度搜索推广关键词的各种匹配模式，为了更精确地对应客户的搜索需求，广告主一般使用精确或者精确短语匹配来投放广告。但一年多来，我们总是看到百度匹配不准，将更多不相关的搜索词也匹配出来，如图 7 – 21 所示。

+ 85　2017/09/02 09:48:20　哈…　搜索推广(sh上海利久)　"[啤酒冰桶]"　蓝马冰啤

图 7 – 21　关键词“啤酒冰桶”使用的是精确短语匹配，却匹配出“蓝马冰啤”

这是一家厚板吸塑厂的百度统计结果，最后两列分别为关键词和搜索词，为了方便大家理解，我将原关键词替换成了加匹配标识的，按理“［啤酒冰桶］”采用的是精确短语匹配，匹配出的搜索词只能在这四个字的前面和后面加文字，如“啤酒冰桶厂家”或“上海啤酒冰桶”等，不可能匹配出“蓝马冰啤”这样的搜索词。类似这样错误的匹配，如图 7 – 22 所示。

+ 113　2017/08/31 14:03:32　上海　搜索推广(sh上海利久)　"[abs吸塑]"　abs原料价格

图 7 – 22　关键词“abs 吸塑”使用的是精确短语匹配，却匹配出“abs 原料价格”

有的更过分，匹配出来的搜索词跟关键词没有关系，如图 7 – 23 所示。

搜索推广(关键词:汽车塑料外壳 搜索词:男孩撞破玻璃门)
搜索推广(关键词:汽车塑料外壳 搜索词:浙江省新闻采编从业资格证)
搜索推广(关键词:新风 搜索词:遵义水厂)

图 7 – 23　几个匹配完全不对的搜索词

图 7－23 中，前两条是一家厚片吸塑厂在 2017 年 8 月 21 日的数据，后一条是一家新风设备厂商在 2017 年 9 月 5 日的数据。这些关键词我们一般会设置成精确短语或者同义包含匹配，不可能匹配出完全不同的搜索词，它们是怎么来的？我们也清楚如果搜索推广账户设置【目标客户追投】后，有可能会匹配出更广泛的搜索词，但是，第一，我们清楚这个功能，没有开通；第二，就算是开通，这些词变成了广泛匹配，也不可能匹配出来这些词。

这种情况以前很少发生，但自魏则西事件后（百度搜索结果首页由原来的最多 18 个广告位降到现在的 5 个广告位），明显感觉到各级匹配模式带出来的搜索词更加宽泛，无效关键词增多，有的甚至完全没有任何关联。以前我们还经常把关键词设置成更宽泛的匹配模式（核心短语匹配和同义包含匹配），以期获得更多的长尾搜索词，而现在就是设置成精确短语匹配，还是能带出无效的关键词。这样下去，不得不让人把许多关键词设置成精确匹配。不知道百度能否算清楚，这样放宽匹配范围带来的收益与用户因收窄匹配模式让百度减少的收益，哪个多哪个少？这还不包括大家为了避免无效搜索词增加了更多的否定词，也会让百度的收益减少。

就这个问题，我的客服反馈给百度的客服，由于管理这种小账户（月消费广告费在几千元）的百度客服解答不了问题（他们管理的客户太多，只能处理比较简单的问题），说向上级反映，但过了半个月没有回音，再问此事时，客服已经换人（小账户客服每天管理几百家客户，不断地处理抱怨、不能解决的问题，所以这样的岗位留不住人，我很少见到工作几年、经验丰富的老客服）。好在我们管理的账户多，找大客户客服有经验，他让我们再去看那条 8 月 21 日的数据，由于时间已经很久，看不到实时访客数据，只能看搜索报告里的数据，确实看不到“男孩撞破玻璃门”和“浙江省新闻采编从业资格证”这两个搜索词。看来百度系统对这两个词做了修正。我们检查引出这两个搜索词的关键词，结果如图 7－24 所示。

时间	关键词/URL	搜索词	当前单元添加状态	展现	点击	点击率	消费	平均点击价格
2017-08-21	汽车塑料外壳	汽车尾部塑料外壳撞破	未添加	15	3	20.00%	0.90	0.30

图 7－24　搜索词报表里的数据

这里面的数字很耐人寻味，点击率 20%，正好是前面所说的恶意点击规律。0.3 元的平均点击价格，凭我的经验，不太可能有这么低的价格，这大概是 10 年前的点击价格。也许百度也知道这是恶意点击，所以给了极低的价格。

上面那个 9 月 5 日的数据距离我们反映问题没有几天，所以在百度统计里的【实时访客】中还能看到，如图 7－25 所示。

图 7－25　一家企业网站的【实时访客】数据

但是在 9 月 5 日的【搜索词报告】里却看不到搜索词“遵义水厂”，比对当天关键词“新风”数据后发现，这个搜索词也被修正为“浙江市场新风”，如图 7－26 所示。

时间	推广计划	推广单元	关键词/URL	搜索词
2017-09-05	日常计划	新风系统	新风	习语新风
2017-09-05	日常计划	新风系统	新风	浙江市场新风
2017-09-05	日常计划	新风系统	新风	台州 新风 oem

图 7－26　2017 年 9 月 5 日的搜索词报告

我再去百度统计里的【搜索词】查看 9 月 5 日的数据，既看不到最初的“遵义水厂”，也看不到修正后的“浙江市场新风”，不知道哪位高人能告诉我怎么会这样？

不要以为我说了百度这么多问题就是想说百度不好，其他搜索引擎好一些。其实恰恰相反，我甚至认为百度在给用户提供各种功能和数据报告上比 google 做得还要好。比如 google 就没有类似百度的【实时访客】工具，让很多问题得以掩盖。国内的其他两个重要搜索引擎 360 和搜狗，所能提供的服务更少，问题比百度还要多。比如我们经常能在网站统计里看到 360 的搜索结果扎堆出现，即在很短时间里（大概半小时）出现不少搜索结果，然后很长时间（大概一小时）后再出现一组，再停好长时间……这种规律有两种可能：一种可能就是有规律的恶意点击；另一种可能是因为搜索引擎技术不过关，无法为用户持续地提供广告服务。至少百度提供的功能足够丰富和强大，我们才能得以发现问题并找到应对之策；而其他搜索引擎，我们就是发现了恶意点击的规律也因可使用的工具太少而无法应对，所以在我的客户中使用百度以外的搜索引擎的相对较少。

也就是说，这些问题可能是搜索引擎的通病，都是生意人的利益驱动所致。不过这些生意人是否应该算算这笔账，因为无效点击和恶意点击，许多企业选择了不做广告或者是利用搜索引擎提供的各种屏蔽功能，降低广告投入带来的损失，与增加无效点击和恶意点击带来的收入，孰多孰少？

在百度搜索推广里，否定词算不清也是我们常碰到而无法解决的问题。比如我们不做建筑方面的 3D 打印机，于是否定与 3D 打印房屋相关的各种词：房、屋、建筑、水泥等，但总会时不时地出现与这些词相关的搜索词。好在每天偶尔冒出几个，不至于向百度投诉要回这些冤枉钱。但有这样的现象发生就会让我们设置更多的否定词，虽然我们并不明白百度在网民搜索的一瞬间是如何将几家广告推荐上去的，但我们有理由相信，设置的否定词越多，特别是单个字的否定词越多，就越不容易让广告展现。这样的结果是广告主和百度都不愿意看到的。如果百度的算法能严格执行否定词的原则，相信各企业搜索推广里的否定词也会大大减少，广告展现机会也会增加，百度收入也会增加。

百度算不清的地方还体现在流量资源向谁倾斜这种战略大事上。我们在前面多次提到，2016 年的魏则西事件对百度的影响很大，不但让其广告位减少，还让其把自然排名资源尽可能倾斜给大型正规的网站。这本来是没有错的，但是以前百度给任何一个网站的自然排名，每个搜索结果页面上只有一条。换句话说，就是不允许一个网站（不管是门户网站还是企业网站）的多个网页同时排名在首页。现在却允许有多条，失去了公平原则，让财大气粗的电商财阀垄断了某类词的排名，比如阿里巴巴在工业品行业的长尾词垄断（如搜索“PVC 吸塑泡壳”这个长尾词，百度搜索结果首页除了第一条是百度图片栏目外，其余 9 条全部是阿里巴巴信息）；58 同城和赶集网瓜分了“二手家具”的全部排名。

这似乎没有问题，又不影响百度的竞价广告，自然排名反正也是白送给各网站的，给谁不一样？就是现在（本节内容创作的时点，2017 年 9 月 20 日 9 点 57 分），一家做金属板材加工设备的厂家终于决定不做百度竞价广告了，因为他们在阿里巴巴上投入同样的广告费，咨询量却好很多。所以再过几分钟，我们双方要开一个视频会议，看下一步公司的对接客服如何将之前的外包服务重心由百度转到阿里巴巴上来。百度允许阿里巴巴有多条信息出现在搜索结果首页上这个游戏规则对这个事件功不可没。反过来，如果百度像从前一样，把流量资源分散到不同的平台和企业网站上，这家企业不一定会停止百度广告，全力做阿里巴巴广告了。

百度允许同一家公司网站的多个页面出现在同一搜索结果页面里，对于企业网站也是一种机遇，如果 SEO 做得好，也能做到企业网站的多个页面同时排进百度首页。

第四节　如何提防来自网络的骗子

在我的第一本书《传统行业如何用网络拿订单》中，专门用一节谈及网络骗子，所涉及的案例主要还是骗吃骗喝、骗送礼。在网络上做生意，被骗的还有很多。

2015 年 4 月的一天，我的客户赵老板突然给我打电话：“张老师，我半个月前想订一款薄膜用于生产，在网上找到了一家企业，我要订 100 公斤，对方说量太少，至少订 200 公斤才能生产。谈好价格后，我就按对方要求付了 1200 元订金。对方前天告诉我，实际生产了 400 多公斤，需要再打 1200 元才能发货，我又转了 1200 元。今天对方说货已经到了上海的金山了，需要我转全款才能把货发过来。我感觉有些不对，你帮我在网上看看这家公司怎么回事?”

我打开这家公司网站，乍一看这就是一个标准的企业网站，如图 7 - 27

所示。

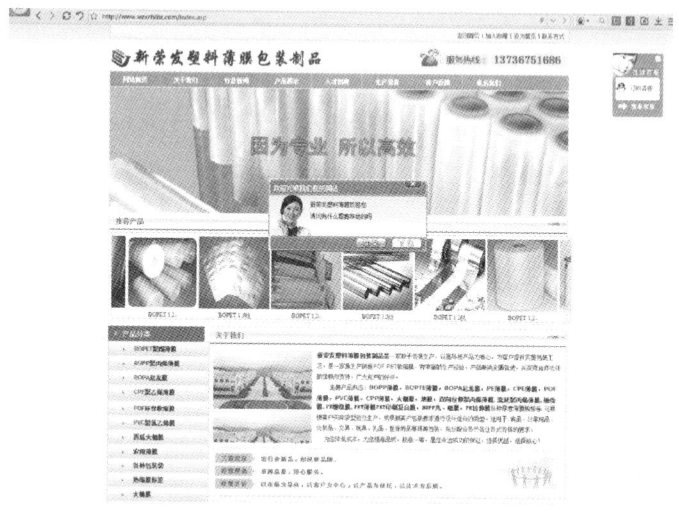

图 7－27 一家看似很常规的生产型企业网站

但使用站长工具检查，发现确实有些不对，如图 7－28 所示。

图 7－28 使用站长工具检查的结果

由图 7－28 看到，这个网站的域名刚注册，才一个多月，而且服务器放在美国，也就意味着网站是不用备案的，这样的网站可信度很低。通过网上的公司名称来查，竟然查到对方是四川的公司，却从浙江发货，这事就更蹊跷了。

鉴于此，我出主意给赵老板，反正已经给对方打了一半的钱了，让对方先发 100 公斤薄膜过来。结果对方说把货拉回去，就消失了，于是赵老板报了案。

之前只听说过用钓鱼网站窃取个人的银行卡信息的，这是第一次见到用企业网站钓鱼骗预付款的。这些年，赵老板也是因为自己公司做网络营销接了不少单子，小订单有时也会让对方预付一部分钱到自己个人账户里，所以他大意了。

其实这种诈骗防范起来并不难，如果有多个供应商可供选择，最好找那种网站备案过、有百度V认证的企业，这些企业至少都被第三方认证过，相对安全一些。如果网上只有一家供应商，没有选择，打款前签合同，付款要付到公司账户上，绝对不付到个人账户上，风险就小很多。

做网络营销的企业一般都有企业网站，网站的域名每年都要续费，大多数企业的网站都是这样的：www. ××××. com，www. ××××. cn，www. ××××. net 等，一年的域名费用也就 100 元左右。但经常有企业在临近域名到期时，收到这样的邮件：

域名续费通知函

收件人：×先生（收）	联系人：××
单位名称：北京××技术有限公司	国际互联网络信息中心注册机构：××北京分部
电话号码：××－××－××	咨询电话：010－×××××× ××××××
邮箱：××. ××@××. ××	传真：010－×××××

中文域名是符合国际标准的一种域名体系。它同企业标识一样具有唯一性。

根据《中文域名注册办法》及《中文域名争议解决办法》的优先申请、优先注册、优先拥有原则，我公司建议您：及时保护注册与贵单位的名称、产品名称、注册商标相关或类同的中文网址，保护互联网中文网络标识，拓展网络商机。知识产权是企事业单位的无形资产，发挥知识产权的品牌价值和经济价值有利于企事业单位品牌的传播和实力的提升。

中文域名到期后 DNS 解析将失效。失效后，百度、360、搜狗等国内知名搜索引擎门户网站为贵单位基于中文域名所做的收录将同时失效。中文域名，因其以中文形式表现，通俗易记，且全球唯一性注册，又由国家监管，因而又被称之为“网络品牌”。中文域名是企业网络知识产权的重要构成部分，作为企业品牌在网络上的延伸，是企业名称、产品名称、商标等在互联网上最重要的品牌价值体现。

网站中文域名到期名称：

域名名称	绑定网站	年限	域名费用
达策信息技术 . com/. cn. /. net	www. tech - sonic. cn	10	10800 元

中文域名的价值：

（1）域名及地址栏资源的唯一性，保护企业品牌、企业商标、企业资源在互联网上的延伸。

（2）全球通用的互联网中文门牌号码，与自己企业相关的中文域名，使用方便，便于记忆。

（3）国家域名注册管理机构提供支持，显著的标识作用，体现自身的价值和定位。

（4）全中文服务，保障用户知情权，适用中国法律，全面保障用户利益。

（5）注册："简体中文域名"即送"繁体中文域名"。

（6）新浪/搜狐/网易/百度/TOM/中华网/中国搜索联盟及 2000 家行业门户和地方信息港都支持。

中文域名缴费回执表：

单位名称			联　系人	
法人代表			联系电话	
单位地址			联系传真	
办理年限	□ 10 年 10800 元，优惠价格 9720 元	□其他	手机	

中文域名同企业标识一样具有唯一性，即任何名称只能被一家单位注册一次，域名到期后，域名持有者拥有对该域名的绝对优先注册权。如注册者自动放弃，那么其他单位即可申请注册，并在完成全部注册过程后拥有该域名的使用权！

我感叹这家中文域名公司的文案写得真好，分不清中文域名和自己公司域名关系的企业老板，有时真的会脑袋一热就买了所谓的中文域名。在 2005 年前后，国家确实想推广使用中文域名和通用网址，我当时也注册了一年的通用网址："吸塑包装"，在浏览器的地址栏只要输入"吸塑包装"这几个字，确实能直达我公司网站，也确实接到过订单。当时有不少网络公司专门做通用网址和中文域名注册的生意，但网络技术变化太快，浏览器由 IE 一家独大很快变成了百家争鸣，谁都不愿意拿地址栏的资源给中文域名。也就是说，你现在到各浏览器的地址栏输入"吸塑包装"，不可能直达某企业网站，只能到达该浏览器默认的搜索引擎里，由此中文域名就失去了其存在的意义。网民必须输入类似的域名，才能进入企业网站：www. 中文域名 . cn，这种中英文混合的域名，还真的不如纯英文域名输入起来方便。但那批做通用网址和中文域名的公司并没有放弃，仍然向不明真相的企业推销中文域名。在百度上搜索一下向你推销中文域名的公司名，就能看到不少受骗企业的吐槽。

使用个人聊天工具骗钱也是网络营销人常遇到的事，尽管我们早有防备，也难免中招。记得 2014 年的一天，我的一位多年未见的好友突然加我 QQ，一上来就说视频一下，视频一接上，确实是那张熟悉的脸，他边视频边打字聊天，没说几句就说遇到事，一个朋友住院急等用钱，要借 5 万元。我说手头最多有 1 万元，对方就给了我一个卡号，却不是他本人的，我才开始怀疑。我仔细看视频上的老友，发现与打字的表情和动作不符，就说要打电话给他，他说电话进水了，坏了，就彻底露馅了。事后，我心有余悸，弄不清骗子是如何用好友的视频与我聊天的，但可以肯定的是某天好友一定是和网上哪位陌生人在视频聊天，然后 QQ 就被盗了，再然后骗子就用盗来的 QQ 和视频再骗 QQ 好友。

当下，大家用微信更多一些，很少有人能记住亲朋好友的微信号，只记得微信头像和名字，骗子就使用同样的头像和名字来骗取好友的钱，什么手机充值、借钱等。只要跟钱相关，大家还是要打电话核实。

除了骗钱，骗通讯录也是常见的。冒充老板的邮件、QQ 或者微信，要求把公司的通讯录发过来。被工作忙晕头的新手，不留神就真的当成老板指令把公司大量的通讯名单发到骗子手上，骗子再拿去卖钱。

骗情感：这类骗子一般锁定 40 ~ 60 岁人群，以非常靓丽的头像加 QQ 或者微信好友。如果你真的动了情，愿意掏心窝地交流情感，他们会适时地说自己做投资理财很不错，或者是玩某款游戏很赚钱，希望你也参与。这种被骗的报道经常在网络上见到，由于做网络营销的企业为了网络营销效果的最大化，一般都会将各种网络联系方式（主要是 QQ 和微信）留在网络上，所以我们遇到的这种骗子最多。我的忠告是把生活的 QQ 或微信和工作的 QQ 或微信分开，这样工作中碰到有人加好友，如果不是谈工作还是拉黑吧，天上不会掉馅饼。

作为网络营销人，识别骗子的利器就是网站统计工具，只要诱使对方访问你的网站，就能拿到对方的部分信息。比如对方说自己在浙江，但从【实时访客】数据看到对方来自福建，就证明对方在说谎；还可以进一步用在线视频聊天、微信视频聊天和电话沟通进一步甄别。再就是有一个好的心态，如果你坚信没有一夜暴富的神话，什么骗术对你都不灵，这些骗术包括传销、赌博、赚钱游戏和各种名堂的投资理财。

第五节　防不胜防的网络黑手

一、DDOS 攻击

2017 年 9 月 22 日，正是一年大闸蟹上市的时节，我的一家同行主要做 B2C 领域的网络营销服务，其中一个项目就是卖大闸蟹。到了九月份就开始在网络上做广告，为配合销售，他们每年到这个时候都要花 20 万元左右买网站的数据流量。不是因为访客爆棚，而是因为竞争对手在搞他们，使用 DDOS 技术攻击他们的网站。

一般情况下，企业网站所使用的服务器空间都有一定的流量限制，比如你花几百元买的网站空间，大概限制在 5 ~ 10G 流量。对于一家 B2B 或者大宗 B2C 企业，做了网络营销的每天访客数大概是在 100 左右，如果一个访客平均访问 5 个页面，大概消耗 1M 流量，那么一个月所消耗的流量就是 3G。网站上有视频教程，一个视频就有 10M，如果每个访客都要看视频，那么流量肯定不够用，网站会因为超支流量而暂停，你就需要再花钱买流量，单价为 2 ~ 4 元/G。

所谓 DDOS 攻击，有复杂的计算机术语解释，我们可以简单理解为攻击者驱动大量的计算机和服务器不断地访问你的网站，造成访问入口被堵，让正常的访问也无法进入。表现就是打开网站时出现白屏，或者是显示网站暂时无法访问。这种恶意的访问有多大量呢？如图 7－29 所示。

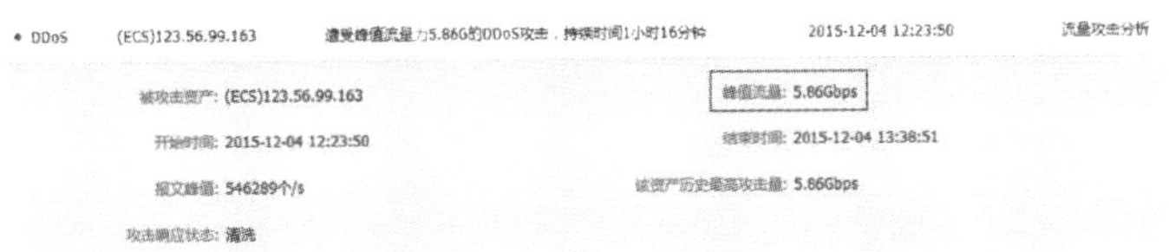

图 7－29　DDOS 攻击数据

注意图 7－29 被框起来的数据：5.86Gbps，意思是最大流量是每秒 5.86G，被攻击了 1 小时 16 分钟，就算平均每秒流量有 4G，这一次攻击就要 18240G。如果真的按 2～4 元/G 的单价，一次就要被点掉几万元，哪个企业也承受不了。现在就明白了，为什么卖大闸蟹的企业每年都要花几十万来抵御 DDOS 攻击了吧？攻击者也应当是卖大闸蟹的，大家都需要在这极短暂的旺季把囤积的货物出手，把竞争对手的网站弄得打不开，卖不出去货，自然会让一些销量转到自己的网站上。

应对措施：第一，这种 DDOS 是违法的，如果企业碰到这样的事，攻击量巨大，第一时间可以报案，由网警破案；但攻击量不大，造成损失小，无法立案，这招就不管用了。第二，使用较正规的服务器服务商，这些服务商本身具有较强的防止 DDOS 攻击措施，可以大大降低攻击风险。第三，必要时安装第三方的防火墙，也能有效防止攻击，但成本比较高，阿里云具有该功能的防火墙，一年的服务费 18 万元。

二、网站被黑

网站被放置的地方无非就几个：一是自己公司的网络服务器上；二是第三方的服务器上；三是第三方的服务器某空间里。要想进入这些服务器和空间，可以使用预先设置的用户名和密码，也可以被黑客利用服务器的漏洞进入。

黑客可以利用被攻陷的网站做以下几件事：

①盗取网站数据库中有价值的数据，如客户留言、联系方式。

②向网站里安装病毒，当访客浏览网页时，这些病毒进入访客的计算机，播放广告或者获取有价值信息。如图 7－30 所示，一家有名的家用净水器公司官网

遭到黑客攻击，被安装了病毒后，在百度搜索该网站时会出现以下风险提醒，就没有人敢点击网站了。

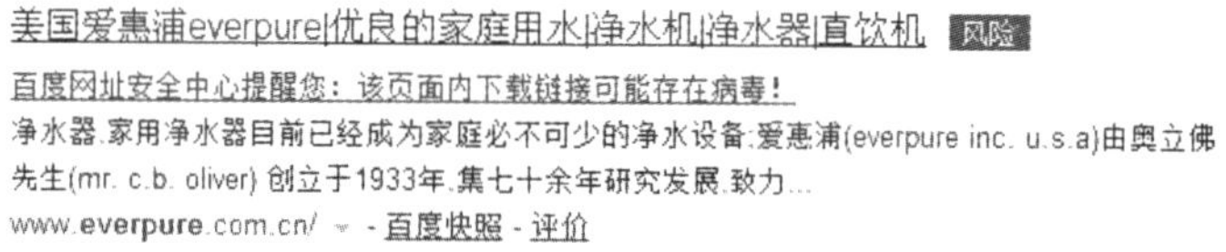

美国爱惠浦everpure|优良的家庭用水|净水机|净水器|直饮机 风险
百度网址安全中心提醒您：该页面内下载链接可能存在病毒！
净水器.家用净水器目前已经成为家庭必不可少的净水设备:爱惠浦(everpure inc. u.s.a)由奥立佛先生(mr. c.b. oliver) 创立于1933年.集七十余年研究发展.致力...
www.everpure.com.cn/ - 百度快照 - 评价

图 7－30　一家企业网站被安装了病毒

③向网站安装非法广告，如赌博、黄色信息，利用该网站已有的推广渠道向外传播。如图 7－31 所示，一家做了好几年网络营销推广的软件公司在 2017 年 8 月 26 日被黑客篡改了网站内容，在替非法网站宣传。

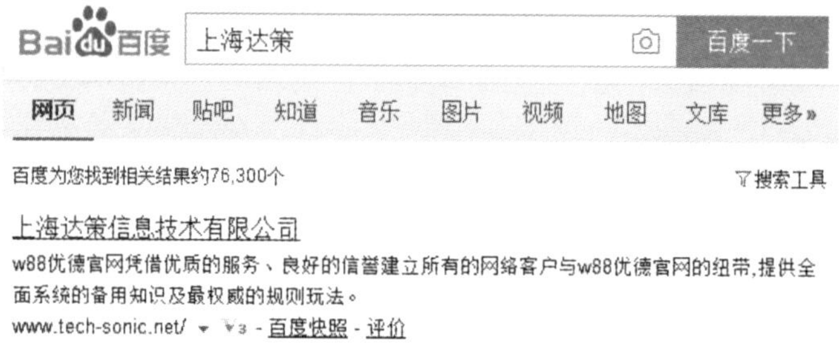

Baidu百度 上海达策 百度一下
网页 新闻 贴吧 知道 音乐 图片 视频 地图 文库 更多»
百度为您找到相关结果约76,300个 搜索工具
上海达策信息技术有限公司
w88优德官网凭借优质的服务、良好的信誉建立所有的网络客户与w88优德官网的纽带,提供全面系统的备用知识及最权威的规则玩法。
www.tech-sonic.net/ V3 - 百度快照 - 评价

图 7－31　一家企业网站被非法信息霸占

上海达策原本的内容如图 7－32 所示，好在发现得早（9 月 5 日左右发现）才没有引起网站自然排名下降，不然辛苦几年的 SEO 工作就白做了。

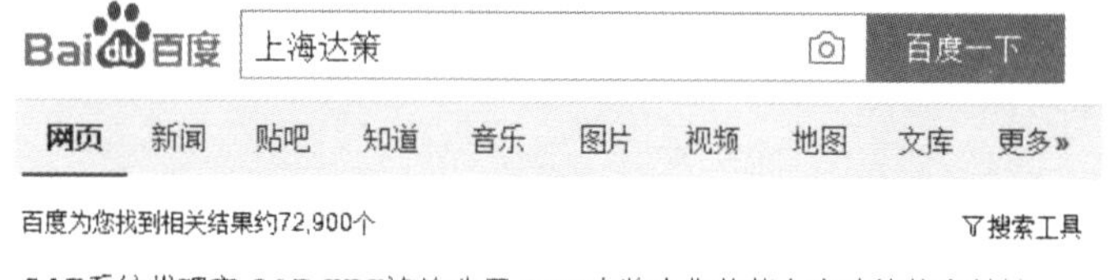

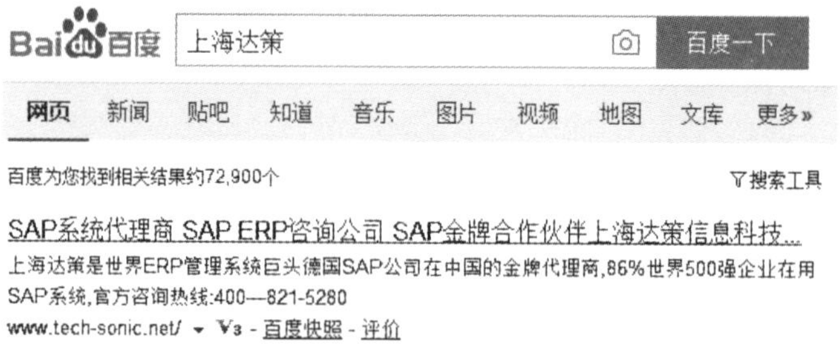

图 7－32　原本正常的搜索结果

④增加黑链，用来提高某些网站（大部分也是非法网站）的权重值，黑客靠卖黑链赚钱。

⑤直接破坏网站。这种情况比较少见，因为前几种都是为了“利”字而来，很少见哪个黑客花了九牛二虎之力进入你的网站，只是为了破坏网站，而

不获取什么。除非是竞争对手，目的很明确，就是想让你的网站在一段时间内打不开。

应对措施：如果你的网站使用自己的服务器，那就请网管提高防护能力；如果是使用第三方服务器，那就选择正规的服务商；要使用复杂的用户名和密码，让黑客很难破解；要定期检查网站的目录、文件和修改时间，发现非管理员修改及时修复，并第一时间把密码换掉；要定期做好网站的备份，一旦有黑客攻击，毁坏网站，能在第一时间用最后一次备份恢复，将损失控制在最低值。如果被黑的网站已经被百度快照收录，最好在删除非法内容后到百度相应的意见反馈平台提交，以便百度尽早更新快照内容。如图 7－33 所示，向百度提交更新内容的界面。

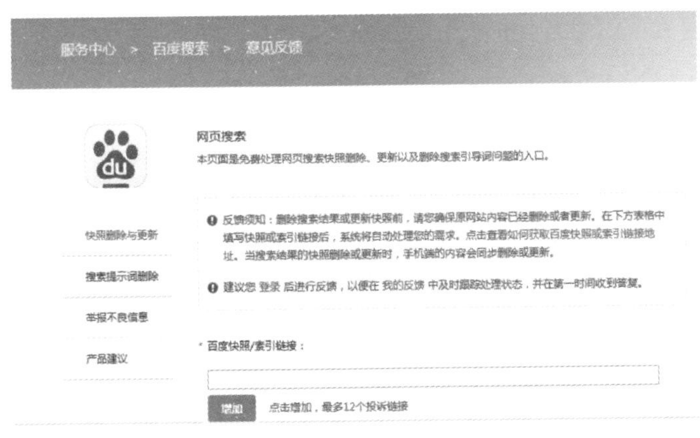

图 7－33　向百度申诉窗口

三、霸屏软件

霸屏软件说白了就是一款流氓软件，它是这样运作的：首先，要在自己的网站上安装一段代码。其次，你的网站正在做某个搜索引擎广告，当有潜在客户通过搜索某个词来点击你的广告并进入你的网站后，这段代码就悄然地修改该访客的浏览器和搜索界面，把刚才客户搜索的结果页面全部换成了你的信息，并在下方显示一个独立的广告图。原本该客户还有可能看到其他供应商的信息，但在这个软件的运作下，客户只能选择你，甚至客户不搜索关键词，搜索别的关键词，你的广告图仍然在，这就是霸屏。

我们来看看一个实际的案例，这是我在 2015 年 11 月为一家变速箱维修公司做网络营销市场调研时看到的情况，如图 7－34 所示，我在百度上搜索“自动变速箱维修”，看到的正常搜索结果。

图 7－34　在百度上搜索“自动变速箱维修”看到的正常搜索结果

但当我点击其中一个广告并进入一家企业网站后，再回到搜索结果页面已经变了。首先，我之前的搜索词被换成了：推荐口碑最好自动变速箱维修站。其次，无论是广告位还是右侧的相关内容，以及网站自然排名区域，全部被换掉，只有一家企业的信息，这家企业正是我刚访问的网站，而且地址栏的网址看似是百度网站，实际是假冒的，如图 7－35 所示。

图 7－35　被霸屏软件篡改的浏览器和搜索结果

霸屏软件既然是一款流氓软件，那么其运作方式就是非法的，它直接截取了搜索引擎的广告资源，本来百度在一个搜索词上还能赚几家广告主的钱，结果只能收到一家广告主的钱。所以，百度但凡发现一个就打击一个。一方面，会停止装有霸屏软件企业的广告；另一方面，将该网站标注为有风险的网站。做网络营销的企业不要去装这种软件，一旦发现你的竞争对手安装此软件，投诉给百度即可。

四、抹黑

我们提到靠一定的点击策略可以左右搜索引擎搜索框提示词和搜索结果底部的相关搜索，如图 7－36 所示，2015 年 11 月，我搜索“××智能”时，一家好端端的行业龙头企业就被这样抹黑了。

图 7－36　2015 年 11 月，在百度搜索框里输入“××智能”提示出的关键词

在底部的相关搜索结果也有类似的情况，如图 7－37 所示。

图 7－37　2015 年 11 月，在百度搜索框里输入“××智能”底部的相关搜索结果

“××智能”的竞争对手正是靠着大量的搜索词点击，左右了这两个位置的结果。这样的结果对于企业的品牌形象影响很坏。

应对措施：第一，百度提供了相应的服务，专门处理这种抹黑问题，只要你提交的证据没有问题，那些抹黑信息很容易就被删除。第二，点击是把双刃剑，既可以抹黑，也可以用来提高品牌形象，比如一搜索“××智能”就联想出“××智能，品牌的选择”等有利于企业的广告语。

图 7－38 是百度专门用来处理网络不良信息的平台，除了我们刚说的搜索框提示词和相关搜索，还能处理搜索结果右侧的推荐内容。比如搜索你的企业名时，总有竞争对手名称出现在右侧，这也有可能是对方利用点击干扰了推荐内容，你也可以通过此平台进行投诉，没准也能消除对方的影响。

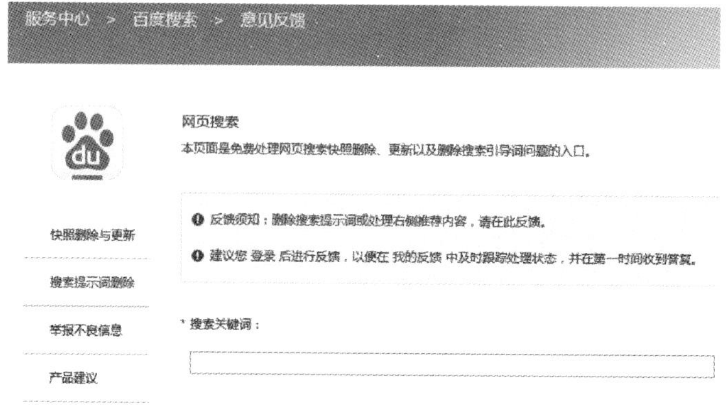

图 7－38　在百度的【意见反馈】里，可以提交证据要求百度删除恶意抹黑信息

五、负面信息

负面信息主要有三个来源：

一是应聘者或者是老员工，不满公司就在第三方平台上发帖泄愤。如图 7－39 所示，一个应聘者在天涯论坛上将自己的不满贴出来。

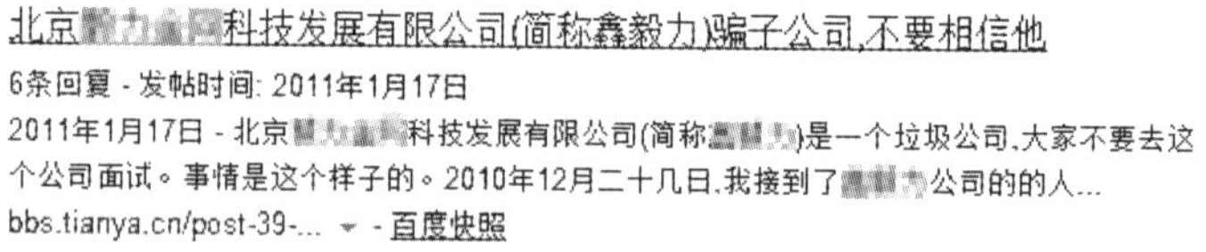

北京科技发展有限公司(简称鑫毅力)骗子公司,不要相信他
6条回复 - 发帖时间: 2011年1月17日
2011年1月17日 - 北京科技发展有限公司(简称)是一个垃圾公司,大家不要去这个公司面试。事情是这个样子的。2010年12月二十几日,我接到了公司的的人...
bbs.tianya.cn/post-39-... - 百度快照

图 7－39　一个应聘者在天涯论坛上发泄

二是竞争对手为了诋毁同行来增加自己的胜算。如图 7－40 所示，上海 × × 的竞争对手在大众点评网上恶心对手。

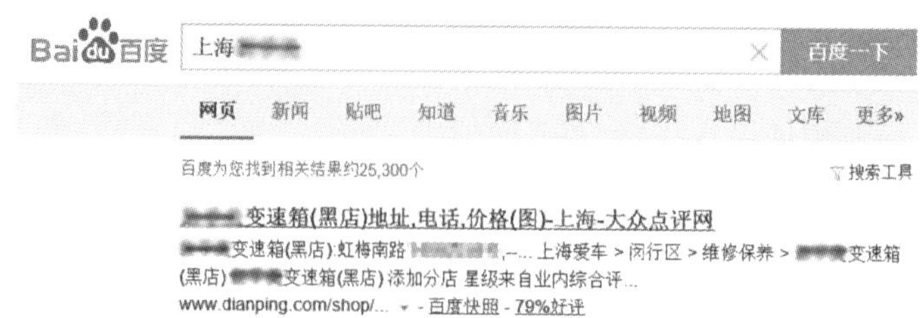

图 7－40　搜索“上海 × ×”在首页上能见到对手在大众点评网上的抹黑

三是职业负面信息写手靠此敲诈企业来生活。一旦某企业被国家职能部门查处，一些小网站里就立刻转发，由于这些人也深懂 SEO 技术，所以很容易做到。当有人搜索该企业名时，这些负面信息就排在最前面，让企业不得不花钱去消除这些负面信息。我在第一本书里专门讲到了这一点，大家有兴趣可以看一下。

应对措施：这些负面信息都是在第三方平台发布的，虽然是在搜索公司名时出现，但各搜索引擎都无权处理这些信息，所以最后的办法是和第三方平台商量，删除那些抹黑、诋毁的信息。如果这些信息是事实，就需要靠正能量的信息将这些负面信息压制到找不到的位置，这也是灌水的重要作用。网络营销做得比较好的企业，这类负面信息根本起不了作用；从来不做灌水的企业碰到这样的事只能“挨枪子”，需要很长时间的大量灌水才有可能将负面信息挤到后面去。

六、网络敲诈

网络敲诈不一定要靠发表负面新闻才能做，2017 年国家加大了对于线上违反广告法行为的处罚力度，有人就打起了举报企业违反广告法行为的主意。

最近不断听到有企业遭到举报，说是违反广告法，企业官网上使用了违禁词，等待工商部门的进一步处理，有可能被罚款 20 万 ~100 万元。

其实早在 2015 年，新的广告法出台后，网络上已经开始整顿广告语中的违禁词，基本上都是在各大网络平台上，如百度、淘宝、京东等。

之后，网友们帮商家想出了各种各样哭笑不得的广告语，如“美妆种类多到违反广告法”“价格低到违反广告法”“功能好用到打死不让说”“性价比优惠到不让说”“是第二名四倍以上”等。对上述网友脑洞大开的创意，有些地方工商局表示，“好到违反广告法”这种说法作为广告发布也涉嫌违法。

但 2017 年有所不同，一方面，政府高调加大对网络平台执法的力度；另一方面，把执法大棍砸向了企业网站。特别是 2017 年 8 月份，我听说上海某片园区里的很多医疗设备贸易商同时遭到举报，同时收到市场监督管理所的约谈。

之所以有这么大量的举报，是因为广告法对于举报人有奖励机制。现在专门有人以此为生，靠举报企业网站违反广告法获利。

广告法中涉及的违禁词如下：

与“最”有关：最、最佳、最具、最爱、最赚、最优、最优秀、最好、最大、最高、最高级等。

与“一”有关：第一、中国第一、全网第一、销量第一、排名第一、唯一、第一品牌、NO. 1、TOP. 1 等。

与“级/极”有关：国家级（相关单位颁发的除外）、国家级产品、全球级、宇宙级、世界级、顶级（顶尖/尖端）、顶级工艺、顶级享受、极品、极佳（绝佳/绝对）、终极、极致。

与“首/家/国”有关：首个、首选、独家、独家配方、全国首发、首款、全国销量冠军、国家级产品、国家（国家免检）、国家领导人、填补国内空白。

与品牌有关：王牌、领袖品牌、世界领先、领导者、缔造者、创领品牌、领先上市、至尊、巅峰、领袖、之王、王者、冠军。

与虚假有关：史无前例、前无古人、永久、万能、祖传、特效、无敌、纯天然、100%。

与欺诈有关，涉嫌欺诈消费者：点击领奖、恭喜获奖、全民免单、点击有惊喜、点击获取、点击转身、点击试穿、点击翻转、领取奖品。

涉嫌诱导消费者：秒杀、抢爆、再不抢就没了、不会更便宜了、错过就没机会了、万人疯抢、全民疯抢/抢购、卖/抢疯了。

与时间有关：限时必须具体时间（今日、今天）、几天几夜、倒计时、趁现在、就、仅限、周末、周年庆、特惠趴、购物大趴、闪购、品牌团、精品团、单品团（必须有活动日期），严禁使用随时结束、随时涨价、马上降价。

处罚措施：

新法第五十七条规定，若发布有新法第九条规定的禁止情形的广告的，由工商行政管理部门责令停止发布广告，**对广告主处二十万元以上一百万元以下的罚款，**情节严重的，并可以吊销营业执照，由广告审查机关撤销广告审查批准文件、一年内不受理其广告审查申请；对广告经营者、**广告发布者，由工商行政管理部门没收广告费用，处二十万元以上一百万元以下的罚款，**情节严重的，并可以吊销营业执照、吊销广告发布登记证件。

哪家企业如果有一天真的碰到这样的事，要积极配合调查，并积极主动联系举报人撤消举报，大事化小。毕竟 20 万元对任何一家小微企业来说都不是一个小数字。

七、恶意点击

我们在防恶意点击全攻略里对这个话题讲得很详尽，这里就不再重复。唯独要指出一点，对于那些希望通过恶意点击赚钱的，我们除了严密监控外，剩下来的就是指望百度等大的网络巨头担起维护网络正常秩序的责任，算清眼前利益和长远利益这笔账，只要他们能有效地屏蔽掉来自联盟网站的恶意点击，恶意点击就会少很多。

对于企业自身的问题，如何解决来自员工和竞争对手的恶意点击？这与企业文化、人生观和信仰有关。生意场上大多数老板讲究的是和气生财，但也需要把这种观念变成企业文化，让所有的员工做到这一点。特别是网络营销工作人员，他们是企业的网络窗口，代表着企业形象，如果带着不耐烦、恶作剧，甚至仇恨的心理待人处事，那么被人恶意点击就再所难免。

网络营销人员最常遇到的就是骚扰电话，我向来指导学员以最高效的方式对待这些骚扰，接到后就回答两个字：不做。不用说更多，也不会影响你的心情；如果网络营销人员还有心，可以反推销，在听完对方介绍后告诉对方：你的业务提成太少了，还是帮我们公司跑业务吧，提成会更高，兼职也可以的。

我见过有的企业网络营销人员在判断电话是推销内容后，也不挂，就放在桌上让对方白费口舌，有人真的杠上了，明知找你无果却要多打几次电话骚扰你，或者干脆多点几次企业的广告。最恶劣的情况就是网络营销人员自己不开心，刚好拿打骚扰电话者撒气，臭骂对方，恶意点击成了必然。

第六节　如何考核网络营销团队

有不少企业老板虽然认为网络营销工作很重要，但是因为不知道如何管理网络营销团队、如何选择外包服务商而无法开展工作。特别是小微企业，只需要一名网络营销人员就够了或者只想花几千元将此工作外包给第三方，老板们迫切想知道如何用很小的代价来做这件事。

考核网络营销工作的第一指标就是获得有效客户的数量，而不是来自网络的订单销售额。因为后者也与销售人员的业务水平有关。这个指标既适合用于管理内部人员，也适合评估外包公司的工作成绩。那么获得多少有效客户数合适呢？这个不太容易评估，如果你之前已经做过网络营销，现在有人帮你做网络营销，就可以纵向对比。比如以前你每月投入广告费 1 万元，得到 5 个有效客户，现在你雇了一名全职的网络营销人员，人员成本每月 1 万元，能得到 10 个有效客户，那就要给此人施加压力了。因为如果直接投入 2 万元广告费，也可能取得同样的效果。如果用此人，每个月能得到 20 个有效客户，那就证明他做出了成绩，还要给予一定的奖励来激励他创造更高的纪录。

如果一家企业从来没有做过网络营销，老板对网络营销产生多少有效客户没有概念，这时就需要横向对比，对比传统线下营销与线上营销的投入产出比。比如办一次展会花 5 万元，能收获 10 个有效客户，而做了三个月的网络营销，已经投入 6 万元，得到 20 个客户。得出的结论就是，网络营销比线下展会更有效。除了和线下市场活动对比，还可以和会议营销团队、电话销售团队的投入产出做对比。对于达不到线下营销效果的，督促网络营销人员拿出整改方案和实现目标，直到实现目标，反之需要换人。

在此有一个前提。对于大多数 B2B 和大宗 B2C 企业，网络营销的投入产出比要远远高于线下市场营销工作，所以这些年我见过不少企业裁撤了市场部和销售部人员，减少了展会和会议营销等活动，原因就在于与网络营销相比，不值。

考核网络营销工作的第二指标就是检查工作成果，即各个网络营销渠道的排名，包括：

①搜索引擎广告上的排名位置。

②企业网站主要关键词的自然排名。

③灌水信息的自然排名。

④付费平台在外部搜索引擎上的自然排名及在平台内部搜索引擎的排名。

正是因为有了上述排名，而且广告语用得恰到好处，客户才能找到我们，添力战法的口诀就是：有排名，没毛病。

如果把考核网络营销工作比喻成工厂里的产品质量检验，那么考核有效客户数指标和排名指标相当于成品检验，还缺少过程检验（考核网络营销的日常工作是否保质保量完成）和原材料检验（选择合适的网络营销人员或者外包公司担当此任）。当然，如果老板只抓成品检验，管理网络营销团队的工作量大概是每个月 2 小时。我认为作为企业一个重要的部门或者外包合作者，每个月花 2 小时管理是必须的。

考核网络营销的日常工作质量和数量（过程检验）在我们公司成了客服主管的必修课，因为我们的核心业务就是每个客服负责几个客户的日常工作，只有他们按规定完成这些工作，才能实现较高的投入产出比。我们公司在长期的工作经验中制定了一套有效的周报表工作管理方法，通过客服填写周报表，就能了解他们是否保质保量地完成预定的网络营销工作，这个周报表也同样适合于企业管理自己的网络营销团队。认真检查一家企业的网络营销周报表大概要花 2 小时，对于一个网络营销主管，每周花 2 小时来检查网络营销团队的工作完成情况也是必须的。我们在本章第九节会详细讲解我们公司周报表的使用和检查方法。

最后，我们来谈谈原材料检验，即选择合适的网络营销人员或者外包服务机构。我认为，选择的第一个条件是品德，而不是技术。一个人或者一个外包服务机构的品德不好，掌握的技术越多，对企业的风险也就越大。我们当然希望对方有高尚的信仰，有着较高的道德底线，不管遇到什么事情，都不会用强大的网络营销技术进行报复。当然这种人是可遇不可求的，我们可以通过一些问题来测试他的处事哲学。比如问他们之前碰到恶意点击如何处理；知道哪家同行恶意攻击我们怎么办；如何看待霸屏软件、买数据和截流广告等非法或者称为灰色地带的网络营销手段。如果有外包服务公司一来就声称有项新技术，能让你快速获取大量的客户，或者是某个求职者说自己对各种网络营销手段都很熟悉，那你就要当心了。前者有可能在使用非法的手段，他也同样可以用非法手段来对付你；而后者多为只知皮毛的初学者，分不清主次，也不知道哪个手段更有效。以我为例，从事网络营销工作十几年，也只是擅长于搜索引擎营销，而不擅长电商平台和第三方付费平台的营销，更不熟悉微营销的套路。

如果真的在选择人和外包机构方面出了问题，钱花出去了没有效果，怎么办？肯定是换人或者换机构，这时就要注意下一节谈论的话题。

第七节 注意网络营销的交接工作

我们公司经常会接手别人没有做好的网络营销工作，不管是从企业的内部人员还是第三方外包公司接手，最怕的是企业方没有把之前的关系处理好，而影响到我们今后的工作。比如一个老板拍着桌子对已经工作了两年的网络营销人员说："你做的什么，来了两年，就开发出这点儿业务，还不够养你的费用，我要换人。"或者对合作了半年的外包公司说："光见钱花了，不见业务进来，我要换一家肯定比你们强。"这样做会害了企业和接任者。

我总结了这么多年来碰到的交接工作中的问题：

①数据交接：一名老练的网络营销从业者接手一家企业工作的第一件事，就是读历史数据，分析到底哪些环节出了问题，对症下药。但前任如果有意识地删除了这些数据，那么后任者需要让有问题的网络营销系统再运行一段时间，才能做出正确的判断。这些数据包括网站统计数据、广告统计数据和客户咨询数据。

②网站交接：每一个网站都有其不同于其他网站的后台和设置，有时甚至前任是一个网站建设高手，只是网络营销知识不足而已，网站的部分功能和缺陷可能只有前任清楚，而后任者只擅长网络营销技术而不擅长编程，结果就是前任的不配合，让后者无法修改某个缺陷。我们接手一家公司网站就遇到这样的问题，网站是用 wordpress 写的，有一段代码调用了 google 的字体，从而导致网站打开速度非常慢。前任是和公司闹僵了才走的，不可能帮我们解决这个问题。网站的命运常常是一朝天子一朝臣，换了服务商，也就意味着网站重新建设，造成浪费。

③SEM 工作交接：搜索推广积累着关键词、否定词、广告语等要素，这些也只有前任最清楚哪些重要、哪些无用。如果为了给后任者制造麻烦，将重要的要素删除，保留不重要的要素，后任者需要花好长时间才能弄清楚。

④SEO 工作交接：SEO 有许多小机关设置，前任如果在这些地方做手脚，每一个都有可能让后任者暂时做不出成绩。这就像地雷，埋起来很容易，成本也很低，但发现并排除的工作量大、成本高，最终可能导致已经有好的排名的网站被

弃之不用。

⑤灌水工作交接：假如前任技术不行，但很勤奋，已经发布了大量的免费信息，里面都是前任的联系方式，那么后任者想要修改回来也需要花同样的代价。如果联系手机和邮箱还是个人的，有可能修改不了，而成为永远的伤痛。如果前任技术还不错，已经让许多灌水信息有排名，但也可能为了给后任者制造麻烦，而修改标题和关键词让这些排名消失。

⑥广告语陷阱：前面我们也讲了，2015 年新的广告法对于违法企业最低处罚是 20 万元，但许多企业对此没有概念，在广告上、网站上仍然大量使用“最大”“第一”等词。泄愤的员工或者外包公司在离任前，悄然加上这些违禁词，然后再到工商局举报，一旦立案，企业至少损失 20 万元，对小微企业的网络营销就等于判了死刑。

⑦非法证据：如果企业伙同招来的人或者是外包服务公司采用了非法手段做网络营销（如买数据、在网站上装恶意插件等），在不欢而散时，有可能遭到前任举报而受到司法部门的调查，因为他们手头有确凿的证据，尽管他们也曾参与甚至是主谋。

鉴于这些可能性，企业老板在换人或者服务商时要放低姿态。尽管对于前任工作不满，也要好聚好散，甚至在和新人合作后也要给前任部分费用，或者让其兼职一段时间，这样前者就能积极配合好后者的工作。另外，在合作之初就签订好劳动合同或合作协议，里面特别注明有关违法、泄露数据、损害网络营销事务的处理条款。在合作期间，坚持让网络营销人员或者第三方服务公司提供周报表或者月报表，报表中详细记录所做的工作，也可以有效防止歹人做破坏。最后，在交接中讲求策略，企业不但要找水平更高的网络营销从业者，还要在前任不知道的情况下悄然接手，把大量的数据备份好再采取中止行动。

业内流传一个故事：一家企业老板觉得第一个网络营销外包公司没有成绩，请来了第二家外包公司，这回不是老板高调，而是第二家外包公司高调。在交接会上，第二家外包公司毫不留情地指出第一家公司的种种问题，说得对方一无是处，结果惹火了对方。两家外包公司全面开战，导致这家企业的网站打不开（DDOS 攻击），广告费被大量恶意点击……结果害得他们不得不和第二家公司解除了合同，网络营销工作有一年多都处于停滞状态。

第八节　分享：网络营销外包服务合同

以下是我公司经常使用的网络营销外包服务合同范本，供读者、企业和同行参考。

××××有限公司网络营销合同

××××有限公司（以下简称甲方）为加强网络市场渠道，推广××产品和服务，特邀上海添力网络科技有限公司（以下简称乙方）提供网络营销外包服务，经上海添力公司的初步调研，制定以下网络营销协议：

一、网络营销外包服务内容：

1. 全面负责甲方网站的自然排名和推广（利用乙方资源提高甲方网站排名）。

2. 全面负责甲方竞价广告的管理和运营（屏蔽恶意点击、过滤无效点击、优化账户）。

3. 全面负责注册免费信息平台，并大量发布免费信息（每周不低于20条）。

4. 乙方负责甲方网络营销工作的专职客服每天花在甲方业务打理的工作时间不低于2小时。其中，1小时收集、编写和发布免费信息，半小时管理百度竞价，半小时做网站的SEO优化。

5. 每周制作工作报表供甲方人员检查工作完成情况。

6. 双方共同建立QQ工作群，用于交流网络营销相关事宜。

二、网络营销外包服务考核方法：

1. 考核指标为甲方实际得到的有效咨询量。

2. 每季度末甲方市场部根据获得的网络咨询量进行一次评估，若咨询数量达到甲方的预期量或者是ROI高于其他市场活动，可继续合作。

3. 甲方有权在本季度未取得好效果的前提下，中止下一个季度的合作。

三、合作期间甲方配合工作：

1. 保障广告费和服务费的按时支出。

2. 监督甲方工作人员的网络营销工作完成情况。

3. 及时接待网络上的咨询（电话、在线聊天、QQ、微信等）。

4. 详细记录网络来源的销售线索，并与乙方分享部分客户信息（时间、地点和咨询业务）。

5. 及时将网络销售线索提供给销售部，并跟踪销售部谈客户结果。

6. 与乙方专家定期共同分析数据，制定下一步工作内容。

7. 为甲方网络营销工作提供必要的文字和图片素材。

四、网络营销外包服务费用和付款方式：

1. 服务费用：每月××元。

2. 付款方式：按月支付。

五、网络营销外包服务实现的目标：

1. 当网民搜索公司名或者是产品名时，百度首页应当是甲方的广告、网站信息和掌握在自己手里的免费信息。

2. 当潜在客户搜索行业关键词时，甲方的广告、网站信息和免费信息，充斥在搜索引擎前三页。

3. 当网络上有不利于公司的负面信息出现时，会有大量的正面信息将负面信息挤到靠后的页面里，从而无法让人找到。

4. 获取令甲方满意的有效业务咨询量。

六、甲方在签订合同之前已就本合同的条款向乙方做出说明，乙方完全同意合同内全部内容，双方自愿签订本合同。本合同签约的地方为甲方____。

七、本合同未尽事宜，由双方协商解决。

八、对于本合同，或牵连到本合同的任何异议，由管辖甲方所在地的法院裁决。总之，除上述条款之外，甲方有权将其争执呈交给乙方所在地的有权审理的机构。

九、本合同从20____年____月____日开始生效，于20____年____月____日截止。本合同截止日期前一个月，由双方协商是否将其延长。如果双方无法就合同延期达成一致，本合同将于截止日期终止其有效力。由于终止合同所产生的损失，任何一方不得向另一方索取任何赔偿。

十、保密协定：因乙方在提供网络营销服务时会接触到甲方的营销数据，任何情况下，乙方不得将甲方的信息透露给其他人。若有违反，乙方按照当月服务费用的双倍进行赔偿，若该赔偿不足以弥补泄密造成的损失，乙方应按照实际损失进行赔偿。

十一、本合同壹式两份，甲方持一份，乙方持一份，以及盖章后的扫描件具有同等法律效力。

十二、付款账号及开票信息：

甲方开票信息：

抬头：××××有限公司

开票内容：网络营销服务费

开票时间：每月

甲方：××××有限公司

（公章）

签约代表：

地址：××××

电话：020—××××

签订日期：20××年×月×日

乙方银行账户信息：

账户名：上海添力网络科技有限公司

账号：××××

开户银行：上海××××支行

乙方：上海添力网络科技有限公司

（公章）

签约代表：

地址：上海浦东××××

电话：021—××××

签订日期：20××年×月×日

备注：这是最常用的合同内容，有些企业需要把网站维护也外包，或者是增加微信公众号的维护管理，甚至还将接业务电话的任务也交给外包公司，可以在这个基础上进行调整。

第九节　分享：网络营销的周工作报表

我之所以不用在大办公室里盯着客服工作，而是在自己的小办公室里写书，甚至我的员工可以在家里办公，就是依仗这份网络营销周报表。它能准确地反映一个合格的网络营销人员一周的工作情况，并表现出他们的工作成绩。相信许多第一次见过这份报表的人都会感叹：此表复杂而详细，要知道我的客服星期五不做别的工作，就是专心做报表。该表也非常适合企业老板或者市场部总监管理自己的网络营销人员或者第三方服务机构，所以我拿出来分享。

一、关键词累积表

表 7－1　关键词累积表

访问时间	地域	来源	关键词	搜索词	入口页面
2017/07/10 09:28:42	呼和浩	搜索推广(sh达策)	上海sap	sap bone上海咨询...	/news/73464968921481216/145.html
2017/07/10 17:22:55	上海	搜索推广(sh达策)	生产管理软件	松尾钢构 生产管理软件	/solution/sap-72345666084405248.html
2017/07/10 15:05:03	上海	搜索推广(sh达策)	上海 erp	sap属于erp吗	/news/73464968921481216/137.html
2017/08/10 13:55:31	深圳	百度自然搜索	--	sap 金牌供应商	/news/Default.html
2017/08/15 09:23:58	温州	百度自然搜索	--	阀门企业ERP	/news/dace/197.html
2017/08/15 09:21:22	济南	搜索推广(sh达策)	sap云	sap 云采购	/news/dace/193.html
2017/08/14 16:08:42	天津	搜索推广(sh达策)	生产厂管理软件	BOM管理系统	/solution/sap-72345666084405248.html
2017/08/14 15:19:21	上海	搜索推广(sh达策)	sap制造	中小制造企业 mes sap	/solution/sap-72354462177427456.html
2017/08/17 10:21:08	上海	搜索推广(sh达策)	上海sap	SAP租借	/news/73464968921481216/145.html
2017/08/17 08:56:31	上海	搜索推广(sh达策)	企业erp	LED行业ERP	/news/73464968921481216/145.html
2017/09/01 09:16:38	苏州	搜索推广(sh达策)	商贸软件	BI软件商	/solution/sap-72351163642544128.html
2017/09/11 15:43:57	上海	搜索推广(sh达策)	制造型企业erp	阀门生产企业专用ERP	/solution/sap-72354462177427456.html
2017/09/11 16:06:02	金华	搜索推广(sh达策)	erp供应商有哪些	ERP供应商有几家	/news/73464968921481216/137.html
2017/09/11 16:24:20	苏州	搜索推广(sh达策)	企业erp	erp企业管理软件排名	/news/73464968921481216/137.html

注解：这张表格是要求客服在检查【实时访客】时，发现之前从未累积过的搜索词，就记录在表里。表中的搜索词可能有价值，也可能无效需要否定，但都必须如实记录，为了提高工作效率，只需要从【实时访客】某条数据复制过来即可。通过这张表能够检查的工作点很多：广告投放时间和地区是否正确，关键词匹配模式是否正确，着陆页面是否正确。设计这张表的本意是为了收集更多的关键词和否定词。

二、关键词逻辑表

表 7－2　关键词逻辑表

序列	地区	品牌	修饰词	大行业	细分行业	功能	产品	服务	后缀
1	上海	大众	国内	食品	辅料	批发	ERP	方案	价格
2	东莞	sap	智能	物流	配件	管理	sap b1	实施	公司
3	北京	用友	大公司	药品	电缆	盘点	水晶报表	软件	代理商
4	深圳	金蝴蝶	大型	服装	追溯	试穿	SAP Business One	系统	代理
5	南京	恒大	著名	外贸	财务	跟单	客户管理	版本	多少钱
6	珠海	CRM	大型	汽车	家具	登记	CRM		销售商
7	广州	众杰	快速	零售	订单	团购	Business One		服务商
8	昆明	江淮	最大	发地产	分销	售后	Business One hana		厂商
9	浦东	蒙牛	精确	银行	发货	维修	bi 商业智能		厂家
10	福州	卓越	一般	快消品	网店	宿舍	sap b one		供应商
11	郑州	敏捷	网络版	仓库	办公	出租	SBO CRM		服务公司
12	泉州	亿星	专用	机械	4s	功能	SAP ERP B1		合作伙伴
13	江浙沪	天子星	小型	医疗	箱包	销售	追溯系统		生产商
14	厦门	用友	在线	工厂	金属	租赁	数据库		哪几个版本
15	森众	百胜	浅谈	化妆品	用品	进销存	云crm		分公司

注解：这张表的素材来源主要是第一张表的累积关键词，要求每个新加的搜索词都能在逻辑表里找到对应的排列组合，否则就要增加到逻辑表里。逻辑表的具体操作方法已经在本书第六章第二节详细阐述，这里不再重复。

三、否定词表

表 7－3 否定词表

江浙沪计划											
生产企业ERP		制造erp		零售erp		电子ERP		外贸ERP		食品ERP	
短语	精确	短语	精确	短语	精确	短语	精确	短语	精确	短语	精确
新页	企业	鼎捷	电商erp	酒店	新零售平台	沙盘模拟	电子版e	恩特	国际贸易		食品厂
试用	中国企业	锁机	公司管理体系	百胜	零售业平台	档案		单机	软件商		
制度	全国企业信用信息	下载	精益制造	dell	销售软件	文档		友强锦	商客软件		
范本	企业信息网			客临门	零售系统			建站	商之友软件		
富润达	看板系统			叫号	销售管理系统			羽水	乐商软件		
表	生产车间管理制度			网店	电话销售管理系统			邮件	商快软件		
超易	生产工厂			收银				试用	商务发布软件		
	生产计划管理							设计	讯商软件		
	中国软件网							奥派电	店面管理软件		
	库存管理软件							信息发布	自我管理软件		
								图像	服装品牌		

注解：每否定一个词，就需要在该表中找到对应的计划和单元加上去。当然也可以每周或者每月把搜索推广账户里的所有否定词分门别类地填写好。否定词的作用不亚于关键词，日积月累的否定词也是企业网络营销的竞争力，新入门的竞争对手最缺的不是关键词，而是否定词。

四、有效访问记录表

表 7－4 有效访问记录表

访问时间	地区	来源	关键词	搜索词	访问次数	
2017/09/11 13:42:42	常州	搜索推广(nb-优德普)	sap b1	sap b1	1	咨询
2017/09/11 19:17:59	厦门	百度自然搜索	--	条码系统	1	咨询
2017/09/11 19:17:59	厦门	百度自然搜索	--	条码系统	1	咨询
2017/09/12 09:51:16	杭州	搜索推广(nb-优德普)	宁波sap	宁波sap hana	2	咨询
2017/09/12 13:52:54	天津	搜索推广(nb-优德普)	汽配条码	--	2	咨询
2017/09/12 14:13:51	苏州	搜索推广(nb-优德普)	制造业erp系统	软件公司	1	咨询
2017/09/12 15:02:12	盐城	百度自然搜索	--	sap b1 代理	1	咨询
2017/09/12 21:04:46	淮安	百度自然搜索	--	条码管理系统	1	咨询
2017/09/13 09:54:38	苏州	搜索推广(nb-优德普)	苏州sap咨询	苏州SAP咨询	2	咨询
2017/09/13 11:49:51	苏州	搜索推广(nb-优德普)	sap外贸	SAP外贸软件	1	咨询
2017/09/15 10:50:20	上海	360搜索	--	ERP管理系统厂家	1	咨询
2017/09/15 13:25:59	苏州	搜索推广(nb-优德普)	零售 erp	服装零售ERP	1	咨询
2017/09/15 14:24:49	宁波	搜索推广(nb-优德普)	宁波sap	宁波sap	2	

注解：凡是有咨询的，或者是看了很长时间，或者是看了很多页面的访问，都称为有效访问。有效访问记录比关键词累计表记录的内容更详细，是周报表中最有价值的报表，因为它能让我们准确知道客户是搜索什么词进来的，这也算是企业做网络营销的商业机密。日后，在某个时期网络营销效果不好时，也可以把此表调出来，用之前的搜索词来检查现在的关键词排名情况。在前面我们也提到，利用此表结合其他工具，还可以有效地甄别出恶意点击。另外，对此表的分析和整理，可以及时发现网络市场的需求，为企业的市场决策提供帮助。

五、百度竞价表

表 7－5　百度竞价表

日期	消费	展现量	点击量	访问次数	页面转化	跳出率	平均访问时长	点击率	平均点击价格
2016/4/11	896.66	20974	122	76	3	61.84%	0:02:05	0.58%	7.35
2016/4/12	902.9	21428	121	81	3	66.67%	0:02:39	0.56%	7.46
2016/4/13	902.19	18353	115	71	3	60.56%	0:02:52	0.63%	7.85
2016/4/14	916.31	14258	104	79	5	56.96%	0:03:18	0.73%	8.81
2017/4/10	1,595.95	9,294	124	130	4	70.77%	0:02:01	1.33%	12.87
2017/4/11	1,272.78	8,416	100	107	6	72.90%	0:01:57	1.19%	12.73
2017/4/12	1,045.56	7,315	82	86	1	77.91%	0:02:01	1.12%	12.75
2017/4/13	1,432.20	7,563	118	130	3	70.77%	0:02:50	1.56%	12.14

注解：该表需要每天把百度搜索推广中的数据报表信息复制、粘贴到此处，看似无用，但可以提醒网络营销人员关注这些数字的变化，这些数据的日积月累就成了企业网络营销的大数据，对比每行数据就能发现问题。我正是查阅了大量客户的竞价统计表，才发现在魏则西事件后，搜索推广的跳出率提高、平均访问时长减少，预示着恶意点击比以前多了，而点击率提高了一倍，平均点击价格提高了50%，所以每天消费也提高了50%。表7－5是2016年4月中4天的数据与2017年同期数据对比。正是带着对点击率的疑问，我做了深入研究，才发现恶意点击主要来自网盟广告，它也是点击率普遍提高的真正原因。

六、网站 SEO 指数表

表 7－6　网站 SEO 指数表

统计日期	PR 值（越大越好）	百度权重	百度收录	百度反向链接	反链数	出站链接	站内链接
2017/8/11	4	2	453	92	56	26	64

续表

统计日期	PR 值（越大越好）	百度权重	百度收录	百度反向链接	反链数	出站链接	站内链接
2017/8/18	4	2	460	79	57	29	64
2017/8/25	4	2	491	79	58	29	64
2017/9/1	4	2	467	79	59	29	64
2017/9/8	4	2	360	95	60	28	64
2017/9/15	4	2	464	54	58	28	25

注解：本表一周统计一次，选择一个站长测试工具进行统计记录，其中 PR 值（0～10）、百度权重（0～10）、百度收录、反向链接、反链数、站内链接都是数字越大越好，出站链接不能多于反链数，最好控制在 30 以内。这些数字的异常变化，可能是网站的哪个功能出了问题。表 7－6 中站内链接突然掉到 25 个，可能是正文的链接功能被关闭了。让这些数字（除“出站链接”外）持续加大，是 SEO 优化的目标。

七、网站关键词自然排名表

表 7－7　网站关键词自然排名表

序列	关键词	2017/8/18	2017/8/25	2017/9/1	2017/9/8	2017/9/15
2	SAP	15	20	11	17	11
3	SAP 系统	5	9	5	5	5
4	SAP 公司	5	6	7	7	6
5	上海 SAP	1	9	7	6	6
6	SAP 合作伙伴	1	1	9	14	4
7	SAP 实施商	2	2	3	21	2
8	SAP 金牌合作伙伴	3	4	2	8	4
9	SAP 金牌代理商	1	1	1	1	1
10	SAP 咨询公司	1	1	1	1	1
11	ERP 公司	1	1	1	1	1
12	SAP 代理商	1	1	1	1	9
13	sap　erp	3	4	4	4	4

注解：该表每周统计一次，用于检查优化中的关键词排名，对于优化工作具有指导作用。

八、重要灌水平台表

表 7－8　重要灌水平台发布的信息

序号	网站名	网址	前台网址	8.21-8.25	8.28-9.1	9.4-9.8	9.11-9.15	备注
2	中国供应商	http://cn.china.cn/	http://techsonic	399	401	403	405	
3	马可波罗	http://china.makepolo.com	http://sapdace.c	443	445	447	449	
4	中国网库	http://www.99114.com	http://shop.991	265	267	269	271	添加友情链接
5	中国行业信息网	http://www.cnlinfo.net	http://www.cnlir	357	359	361	363	
6	中科商贸网	http://www.zk71.com	http://www.zk71	436	438	440	442	
7	志趣网	http://www.bestb2b.com/	http://www.best	177	179	181	183	添加友情链接
8	环球厨卫网	http://china.coovee.net/	http://dace1234	369	369	371	373	
9	钱眼网	http://www.qianyan.biz/	http://www.qian	348	350	352	354	
10	黄页88	http://www.huangye88.com/	http://dace1234	286	288	290	292	添加友情链接
12	中国五金机械网	http://www.wujinjixie.net/	http://www.wuji	306	308	310	312	
13	企业谷	http://www.qiyegu.com/	http://dace1234	219	219	221	223	

此表每周统计一次，以累计数字的方式记录我们在重要灌水平台上的灌水总量。如果该灌水平台还能做友情链接需要在备注里说明，这个表格还记录着重要的用户名和密码，在此做了隐藏。注意，表格中的“网址”指的是这个平台首页，“前台网址”一般是我们开设的店铺网址，不需要用户名和密码就能看到的，方便领导检查灌水工作。

九、灌水内容汇总表

表 7－9　灌水内容汇总表

日期	标题	内容	网址
2017/8/29	ERP软件有哪些 ERP实施商如何选择 上海达策	ERP软件有哪些 ERP实施商如何选择 上海达策 免费咨询热线：400 - 8215 - 280 对于ERP软件绝大多数人士陌生的，因为生活	http://www.tech-sonic.net/news/73464968921481216/xuanze
2017/8/30	SAP咨询公司排名 SAP代理商排名 上海达策	SAP咨询公司排名 SAP代理商排名 上海达策 免费咨询热线：400 - 8215 - 280 现在国内有很多SAP咨询公司，他们各自有各	http://www.tech-sonic.net/news/73464968921481216/220.htm
2017/9/6	化工行业SAP管理系统ERP-上海达策	SAP是全球领先的化工行业ERP管理系统解决 方案开发商和供应商，全球化工行业第三大独 立ERP管理系统服务商，化工行业SAP系统解	http://www.tech-sonic.net/solution/sap-72343467061
2017/9/7	SAP Business One食品行业ERP-上海达策	SAP Business One-基于食品行业的解决方案 品利作为国内最大的食品和品牌销售商之一	http://www.tech-sonic.net/solution/sap-shipinhangye.html
2017/9/13	sap实施厂商 公司排名-上海达策	免费咨询热线：400 - 8215 - 280 上海达策sap公司在亚太区[illegible]大的金牌实施厂	http://www.tech-sonic.net
2017/9/15	山东青岛erp公司 SAP系统代理商-上海达策	免费咨询热线：400 - 8215 - 280 目前，SAP公司作为（最）大全球的ERP厂	http://www.tech-sonic.net

注解：表 7－8 用来检查灌水的量和成功率，这张表用来检查灌水的质和优化情况，详细记录灌水的时间、标题、正文内容和原文出处。

十、新注册灌水平台表

表 7－10　新注册灌水平台表

序列	网站名	网址	有效链接（商铺/信息/链接页面）	备注	注册日期
1189	易发信息网	http://www.18b2b.com/	http://www.18b2b.com/b2b/dace1234/linl	添加友情链接5条	2017/6/27
1190	一线网	http://www.one108.com/	http://dace1234.u.one108.com/		2017/7/3
1191	聚企平台	http://www.taobaogs.com/	http://www.taobaogs.com/com/dace1234/		2017/7/3
1192	95帝商网	http://www.95b2b.com	http://dace1234.95b2b.com/link/	添加友情链接20条	2017/7/3
1193	91商务网	http://www.9135w.com/	审核中		2017/7/3
1194	中国企业网	http://www.inczg.com/	http://www.inczg.com/com/dace1234/contact/		2017/7/4
1195	久久搜信息网	http://www.jiujiusou.com	审核中		2017/7/4
1196	快步网	http://www.kuaibuw.com	审核中		2017/7/4
1197	微创网	http://www.wcwone.com/com/dace1	http://www.wcwone.com/com/dace1234/l	添加友情链接10条	2017/7/4
1198	业务多	http://www.yewuduo.com/	http://www.yewuduo.com/com/dace1234/contact/		2017/7/11
1199	中国产品网	http://www.21-mars.com/	http://dace1234.cn.21-mars.com/contact/	添加友情链接5条	2017/7/11
1200	比比多网	http://www.bibiduo.com/	http://company.bibiduo.com/dace1234/contact/		2017/7/11
1201	万国商务网	http://www.wgb2b.com/	http://dace1234.wgb2b.com/contact/		2017/7/11
1202	百业网	http://sh.baiye5.com/	审核中		2017/7/12
1203	财宝地	http://www.caibaodi.com/	http://www.caibaodi.com/b2b/dace1234/contact/		2017/7/12
1204	发好啦	http://www.fahaola.com/	http://www.fahaola.com/b1759852.html		2017/7/12

注解：新注册灌水平台，一方面，可以为重要灌水平台作后备；另一方面，能够增加网站链接，以及网站子页面的链接。表 7－10 所示的这家企业截至 2017 年 7 月 12 日已经注册了 1200 多个平台。在实际工作中，可根据网络营销人员的工作量，适当布置每天新注册平台的数量。

十一、灌水排名表

表 7－11　灌水信息自然排名表

灌水关键词	2017.8	2017.9	
五轴仿真软件	4.5.6.8.9	5.6.8	
车铣复合加工软件	4.5.10	6	
纵切编程软件	1.5.6.7.9.10	4.5.7.9	
美国进口的CAM软件	2.3.5.7.9	2.3.4.5.6.7.8	
五轴机床编程软件	2.3.4.7.8	2.5.8.10	
奥地利加工软件	1.2.4.5.6.7.8.10	1.2.3.4.5.6.8.10	
斗山机床仿真软件	1.2.3.4.6.7.8.9.10	2.3.4.5.8.9.10	
斗山加工软件	1.2.3.4.5.8.9.10	3.4.5.6.8.10	

注解：由于灌水的长尾词数量大，建议每月统计一次，有多条信息排名时，

用小数点隔开。如表 7－11 所示，第二条数据在 2017 年 8 月的排名：4.5.10，意思是搜索“车铣复合加工软件”时，在百度搜索结果的第 4 名、第 5 名和第 10 名都是这家企业的灌水信息。

十二、新增文章表

表 7－12　新增文章表

日期	文章标题	描述	关键词	发表网址
2017/8/17	MES与ERP的区别与联系	上海达策是世界ERP管理系	MES与ERP,ERP,MES	http://www.tech-sonic.net/news/73464968921481216/239.html
2017/8/28	到底什么样的企业才适合实施SAP系统？	到底什么样的企业才适合实施SAP系统，上海达策详解，咨询热线：400-821-5280	实施SAP系统,SAP实施公司,ERP系统,SAP系统,实施SAP	http://www.tech-sonic.net/news/73464968921481216/242.html
2017/9/15	企业常用ERP系统有哪些品牌	企业常用ERP系统品牌SAP，全球有120多个国家超过350,000家用户正在运行SAP ERP软件，上海达策是SAP金牌代理商，咨询热线：400-821-5280	常用ERP,ERP系统,SAP系统,ERP系统品牌,ERP软件品牌	http://www.tech-sonic.net/news/73464968921481216/243.html

注解：这是网站更新内容的记录，网络营销人员要准确填写更新时间、新文章的标题、关键词和描述，以及发布到网站后的网址，可根据企业自身的能力来规定一个月更新几篇文章，如表 7－12 所示。

十三、友情链接监测表

表 7－13　友情链接监测表

序号	站点/链接地址	PR	百度总收录	百度权重/流量	对方是否有本站的链接！
1	ITEM 精益装配系统	0	0/0	较少	首页链接：SAP 系统
	www. shptfc. cn				外链数：3/7
2	SAP 中文网	0	－/－	≈121	首页链接：SAP 系统
	www. sapzh. com				外链数：3/9
3	SolidWorks 软件	1	0/0	≈32	首页链接：SAP 系统
	www. yidasf. com				外链数：3/18
4	营销咨询公司	3	2，590/1	≈76	首页链接：SAP 系统

续表

序号	站点/链接地址	PR	百度总收录	百度权重/流量	对方是否有本站的链接！
	www. china - imsc. com				外链数：8/13
5	企业招聘	0	-/-	较少	首页无本站链接！
	www. aickpower. com				
6	船用冷水机组	3	-/-	较少	首页链接：SAP 系统公司
	www. josun. cn				外链数：16/21

注解：该表用于检查与企业网站做友情链接的其他网站是否反链到本企业网站上，并且对方的网站是否运行正常，SEO 指标是否正常。该表每周记录一次，对于异常现象（没有反链到本站，网站打不开，SEO 参数突然下降），要及时发现并暂时断开友链。

这是我们日常工作中的常见报表，也可以根据客户的不同需求进行调整，如有的客户需要将大量的文献放在百度文库，或者是增加微信公众平台的工作量和成绩监控。如表 7 - 14 所示，一家销售软件公司增加的微信营销报表。

表 7 - 14 微信营销报表

日期	内容	标题	备注	阅读数
2017/8/22	企业文化	eBest团队始终在明确的使命、愿景及价值观驱使下，竭力帮助客户成功		329
2017/8/26	华为展会	eBest在Salesforce Day与华为就移动销售管理的全球供应进行了合作交流		286
2017/8/31	图像识别	eBestSFA注入AI图像识别，将大大提升拜访效率并解决数据造假困扰		658
2017/9/12	Salesforce新加坡展会	eBest受邀参展Salesforce展会Basecamp，给与会者展示世界级专业SFA系统		241
2017/9/12	张裕推荐eBest软文	张裕推荐必属精品	易企秀制作	136
				4607

本章小结：

之所以说这一章都是实操内容，是因为有些文章是我这些年来的独特观念，如小微企业也有大数据，长尾理论应用到企业的方方面面。有些独家内容揭示了网络营销中的乱象，如恶意点击的真正来源、网络营销的黑手；有些是我们这些年工作经验的分享，如合作协议和周报表。了解和借鉴这些内容，可以为你的网络营销工作保驾护航。

第八章
企业网络营销实战案例

第一节 授人以渔不如授人以“欲”
——某世界 500 强企业的网络营销

一、案例前言

大型企业与代理商之间的矛盾常常是这样的：企业投入了大量资金做市场营销活动，也给了各地区代理商不错的 LEADS（销售线索），就是不见代理商的销售业绩提升；代理商常常抱怨企业的市场营销做得不够，得到的 LEADS 过少而且过时，也常常为 LEADS 分配不公而吵闹。本文提到的一家大型 ERP 软件公司，自 2012 年起，利用网络营销技术，用很小的代价不断培养代理商在网络上自己开发新客户，真正做到了“授人以鱼，不如授之以渔”和“授人以渔，不如授之以欲”，“欲”这里指欲望、动机。

注释：之所以用“某世界 500 强企业”而不是直接引用公司名，是因为我目前仍然与之合作，仍然受到保密协定的约束，考虑到本文如果使用该公司名或品牌，需要向对方的公关部门申请，不但时间漫长而且很有可能被拒。

二、案例背景

SAX 公司有多款产品，R 产品的目标客户群是大型企业，A 产品的目标客户群是中型企业，B 产品的目标客户群是小型企业。其中，B 系列产品的客户群体最大，代理商也最多，全国共有 400 多家大大小小的代理商（SAX 根据每年的业绩把他们分为金牌、银牌、铜牌三个等级）。Mily 就是 SAX 公司 B 系列产品的渠道经理，她一方面要协调 SAX 公司的市场部加强 B 产品的宣传力度，以提高 LEADS 数；另一方面又要向 400 多家代理商分配 LEADS。无奈的是 B 产品代理商太多，常常是僧多肉少，每个代理商都在抱怨给得 LEADS 不够。焦头烂额的她在 2012 年起制定新的渠道政策：采用新技术，帮助合作伙伴快速成长，培养他们的自我营销能力。为此，Mily 在 2012 年上半年一直利用业余时间泡在图书馆，收集各种新型市场营销资料。正逢我写的《传统行业如何用网络拿订单》一书出版发行，并于 6 月上架到各大图书馆，Mily 对比了几本网络营销书后决定找我合作。

三、组织架构

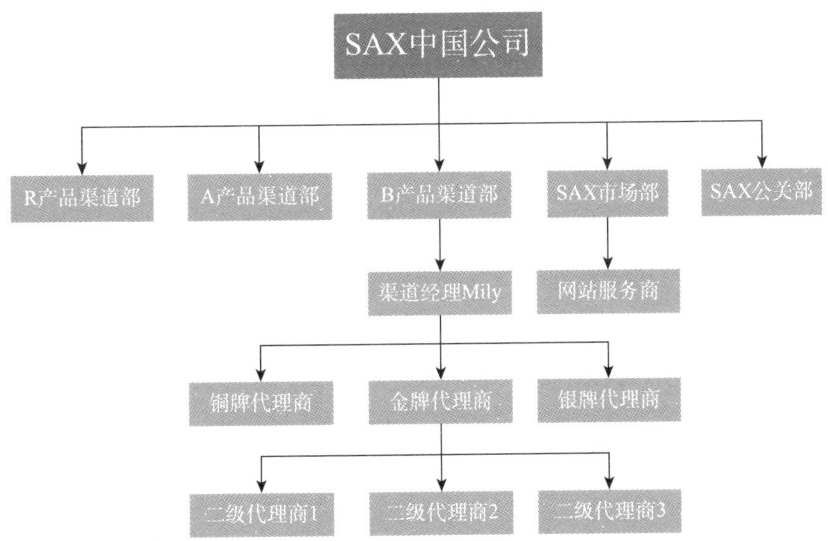

图 8－1　公司组织架构

四、案例描述

1. 方案确立

Mily 是 SAX 公司 B 产品的渠道经理，在与 Mily 接触之初，我原想利用 SAX 这个世界 500 强企业的大平台，做成我公司最大的网络营销项目。至少他们比我之前遇到的客户更有资金和人力做网络营销，可以在 B 产品渠道部成立专门的网络营销团队去运营。但实际调研后，却发现大公司也有大公司的难处，那就是做任何事都要走流程，漫长而复杂。比如我们要想推广 B 产品，却不允许建设独立网站，只能在 SAX 公司官网里运作。我如果在官网上增加一篇文章，先要拿到市场部和公关部审核，再提交到第三方的网站服务商增加内容。加一篇文章就这么费劲，更不用说申请经费和人员了。

但 Mily 有一个很好的资源可以充分利用，就是 B 产品下的全国几百家代理商。平时他们都求着 Mily 多分配一些 LEADS，能多培训一些营销技能。如果给他们传授先进的技能，扶持他们做网络营销工作，就能快速地提高销售业绩。将之前“授人以鱼”转变成“授人以渔”。

2. 方案实施

第一轮扶持计划：如果只是普遍地对这几百家代理商都展开培训和指导，虽然能实现“授人以渔”的效果，但工作量大、成本高。如果上升到更高的境界——“授人以欲”，只针对有实力的代理商展开扶持工作，工作量和成本都会很小，而且容易出成绩，这些成绩足让其他代理商期盼着有同样的机会。本着这一思想，我们先对所有代理商发出了培训邀请函，针对积极回应的几十个代理商又做了一次基本情况问卷调查，从中筛选出七家有一定网络营销基础的代理商，展开正式培训。SAX 公司于 2012 年 9 月举办了为期 4 天的网络营销内训，根据培训期间各代理商掌握技能的能力，再挑选出三家代理商，由我为其提供三个月的网络营销实施指导服务。为鼓励这三家代理商积极投放网络广告，Mily 承诺第一个月 SAX 公司承担部分广告费（代理商投入多少广告费，SAX 就报销总额的 50%）。2012 年 10 月 8 日起，分别来自北京、上海、广州的三家代理商大举在百度上投放广告，效果出人意料地好。

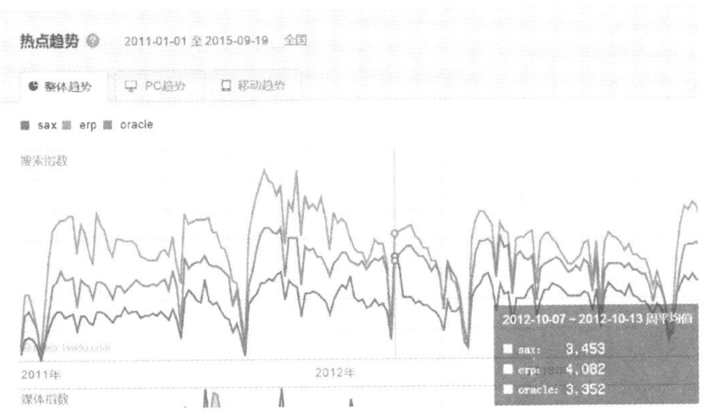

图 8-2　SAX、ERP、ORACAL 三个词的百度指数整体趋势

图 8-2 是，2011—2013 年通过百度搜索 SAX、ERP、ORACAL 三个词的周平均搜索量走势图（类似股票的周线图）。三条曲线由低到高分别是 SAX、ORACAL、ERP。ORACAL 是甲骨文公司的 ORACAL 品牌 ERP 系统和硬件设备。由于 ORACAL 不但做 ERP 系统也做硬件设备，所以一般情况下搜索量比 SAX 多。ORACAL 和 SAX 两家公司每年大的市场营销活动都会影响这三条曲线的波动。在图中标出的圆点显示，正是在 2012 年 10 月 7 日后的一周时间里，SAX 的搜索量首次超过了竞争对手 ORACAL（图的右下角是一周的数据）。这一期间，SAX 公司没有做任何线下市场活动，为了评估效果，他们甚至停掉了所有线上市场活动。唯一引起这一波动的，就是北上广三家代理商做的百度竞价广告。

值得注意的是，从图上看，ERP 在这一期间的搜索量在全年中算是较低的，也就是说，是这三家经销商的搜索引擎广告把有限的 ERP 业务资源转化成对于 SAX 的业务需求。三个月后，SAX 对于其产品知名度做了一个评估，B 产品由之前的名不见经传一跃成为网络上最知名的 SAX 产品。北京代理商在三个月的推广过程中，竟然签下了 400 多万元的订单，其他两个代理商也各有斩获。这一成果震惊了所有 SAX 代理商。

第二轮扶持计划：在这三家代理商骄人业绩的刺激下，其他代理商也纷纷要求培训和指导。于是 SAX 于 2013 年 5 月—7 月，连续在北上广举办了三期网络营销培训，共有 50 多家企业参加。与第一轮培训相比，SAX 减少了扶持力度，不再提供后续的免费指导服务。但由于网络营销已经得到了众多代理商的认同，被认为是成本最低、效率最高的营销手段，于是他们减少了线下的展会、电话营销、会议营销等活动，转而投向网络渠道。

SAX 品牌保护期：2015 年起，SAX 不再向代理商提供新的网络营销扶持计划，到了 2016 年 4 月，更是在百度上进行品牌保护，这就意味着代理商不能在百度上做 SAX 相关的关键词竞价广告了。用两个字来形容 SAX 这样的举措：断奶。但这丝毫没有影响代理商在网络上扩张的步伐，老的代理商在网络营销上所取得的成功激励着一批又一批新的代理商加入，搜索引擎营销仍然被公认为是成本低、见效快的营销渠道。

五、案例分析

看到这里，也许有人会提出疑问：如果 SAX 公司自己去投放百度广告，不是也能得到同样的效果？事实上 SAX 一直在这样做，但搜索引擎广告不同于传统广告。这是因为百度公司为了防止一家独大，垄断所有的百度广告资源，不允许一家公司拥有多个百度广告账户。也就是说，在某一搜索结果中，一个公司的广告只能出现一回，对于一些竞争激烈的搜索词，如 ERP 系统、ERP 公司、外贸软件等，百度搜索结果的首页只会有 5 个广告位，你被客户挑中的概率也只有 1/5。代理商由于公司名都不一样，虽然卖的是同一产品，但是被允许同时做广告。于是，我们就能看到，当有人搜索“外贸软件”时，在百度搜索结果首页会有多条广告都在卖 SAX 产品。

第二个原因是，一家大公司不可能顾及所有的关键词，特别是细分领域和细分地区的关键词。而散布在全国的各级代理商就不同了，他们主要关注的是本地区和自己擅长领域的业务，这些搜索词类似于“上海 ERP 公司”“化工行业 ERP 公司”等。不管是在广告的出价排名上还是在广告创意上，这些代理商的广告都比总公司的显得更专业，客户自然会选择当地的 SAX 代理商来谈业务。这些代理商还会用自己公司的网站和大量的免费信息，做细分地区和细分领域的关键词自然排名。这点的意义在于，到了下班时间，大家都不做广告了，这些代理商的网站仍然排名在前，继续引进新客户。

六、案例延伸

金牌代理商的复制：正如前面提到的，SAX 公司也把代理商分等级，金牌合作伙伴是SAX最高等级的代理商。B产品在全国也有几家金牌代理，他们也分别开发出自己的二级代理商。在吃到甜头后，他们为了创造更高的业绩，也采用最初SAX的扶持政策，培养自己的二级代理商开展网络营销工作。这样，全国就有上百家SAX的各级代理商参与网络推广。只要客户搜索ERP相关的信息，就会有大量的SAX信息充斥在搜索结果中。这些代理商遍布全国各地，在各自擅长的地区和行业领域里开疆拓土。这些代理商的网络信息看似星星点点，但燎原之势已成，每天都在为SAX公司带来新的客户。

直到今天，我仍然是这些代理商的长年网络营销顾问，他们现在已经不再需要SAX总公司的扶持，因为他们已经尝到了甜头，通过搜索引擎营销得到的收益远高于其他市场营销活动。一方面，他们在借助SAX这个全球的品牌做生意；另一方面，他们也在通过自己的宣传提高SAX这个品牌的影响力。

第二节 数据会说话

——一家ERP软件代理商的网络营销

一提到大数据，人们自然就会想到大型机构掌握的海量数据，如百度掌握的大部分网民搜索习惯、淘宝拥有的每个购物者记录、医疗机构记录的病人十几年药方……这些似乎跟一些小企业和个人无关。其实，我们身边任何记录累积到一定的量，都可以分析出有价值的信息，都可以称为大数据，其中就包括网络营销过程中的许多数据。正是有了这些数据，尽管不熟悉每个行业，但我们可以诊断企业网站的优劣，网络营销的好坏。我的一个重要客户——上海达策正是利用企业内部的网络营销大数据让线上订单不断。

上海达策是SAP公司B1产品线的金牌代理商，自2012年9月起，系统地接受了SAP公司组织的网络营销培训后，一直不断地加大网络营销方面的投入，并积极推动其下游分公司和代理商的线上营销工作。由于达策本身也有数据分析软件销售的业务，所以他们在理念上更注重数据的收集、分析和应用。

数据输入（数据的采集）：网络营销工作最重要的数据是客户的需求信息，反映在搜索引擎里就是客户的搜索词数据。达策在2012年刚开始做网络营销之初，也面临其他新手同样的问题，数据量少，无法做相应的分析。为了快速获取网络市场需求和趋势数据，在做搜索推广的头几天里，他们将所有关键词都采用广泛匹配方式，短短几天就花了上万元，但累积到的搜索数据是常用的短语匹配模式的数十倍。也就是说，达策用几天完成的数据积累，其他公司可能需要几十天才能完成。在以后的岁月里，达策每年选一个时间点，做几天的开放式广告投放，这已经不再是为了积累数据，而是用于发现被遗漏的关键词（客户需求）。在日常的网络营销数据收集中，最难收集的是咨询记录（咨询的时间、地区和内容），这些都需要业务接待人员第一时间提供，做网络营销的人员才能对应上后台的访客信息。我的客户中至少有 1/3 的客户因各种原因无法提供此类数据，而达策公司及其下游企业都能认真配合，及时提供咨询数据，反过来他们也能反复得到这些数据的甜头。

数据输出：达策在完成自己的网络营销体系建设后，决定扶持其下的分公司和代理商开展网络营销。不同于上游 SAP 公司的财大气粗，可以分担代理商广告费和培训费用，达策能提供的正是一年来积累的营销数据：哪家想做网站，直接从达策网站上收集部分内容；哪家想做百度广告，分享给有价值的后台数据（层级结构、关键词、广告创意和否定词等）；哪家想做自然排名，提供咨询量最多的关键词供其参考……总之，凡是数据资源都可以分享给下游企业。

数据合并：反过来，这些分公司和代理商一旦做了网络营销也会产生数据，由于这些公司规模小、广告预算低、网站流量少，数据量也相应少很多，单个企业的营销数据分析没有任何意义，但把所有下游企业的数据合并到达策总数据中，意义就大了。不但可以挖掘出平时不太注意但价值高的关键词，还能联手分析出恶意点击并屏蔽掉。

数据决策：营销数据最大的意义就在于指导企业的市场决策。达策首先关注的是线下市场营销与线上市场营销的投入产出比，结果第一年线上营销完胜。自 2014 年以后，除非 SAP 公司资助线下活动，否则达策很少做线下活动，把钱都花在线上市场营销上。在每年的线上广告费分配上，达策也利用了两个数据做决策，一个是百度指数，另一个是咨询量统计数据。根据这两个数据发现，ERP 行业一年中有着明显的淡旺季，春节过后三个月是全年最旺季，广告费需要大幅提高，另一个旺季是 9 月、10 月、11 月，而 6 月、7 月、8 月业务最少，春节前一个月也是淡季，广告费需要降低。图8－3是“ERP”一词的百度指数。

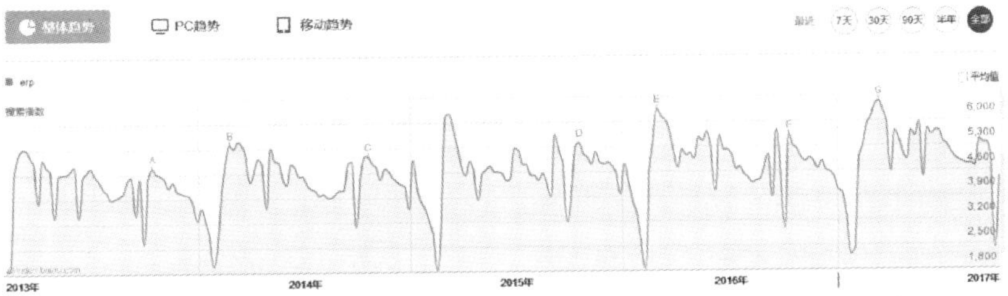

图8－3　在百度指数工具里，“ERP”近几年的整体趋势图

作为达策的长年网络营销顾问，我每年都会参与几次达策的市场决策讨论，比如是否要加大移动端的广告投放力度、是否增加360搜索引擎的广告费用。在达策的会议氛围里，大家不管职务高低、权力大小，谁提出新的营销方案，都需要拿数据来说话。反之亦然，你要反对一种营销方案，也需要拿数据讲道理。对于新鲜事物，比如第一次做移动端广告，没有数据怎么办？没有问题，先尝试着做一两周看看访客数据和咨询量的情况，有不错的访问量和咨询量继续做甚至加大投入。如果没有效果，坚决砍掉；有部分效果，但产出比不如计算机端高，就减少投放费用。在数据面前，很多问题非常容易解决，很少需要大家争得面红耳赤，因为数据会说话。

数据诊断：达策旗下的分公司和代理商有五六家在一起做营销，有时会是这家反馈近一个月咨询量不好，有时会是另一家反馈同样的问题，我都会用一种方法先行诊断：用之前有效咨询的搜索词再去搜索一下（记得一定使用【推广实况】），看看这家公司所处的地区有没有广告展现。如果有广告排名，再看看广告有没有问题。一般都能发现问题，咨询量不好，主要是这些有过咨询的搜索词没有广告展现了。这就是用咨询记录表中的有效搜索词数据来诊断。当然，也可以通过第七章讲的周报表里的各种数据来诊断其他问题。这里给大家分享几个常见的问题：

问题1：最近一段时间，广告费总是花不出去。诊断结果：部分关键词因出价低没有展现。

问题2：某些关键词本月比上一个月的点击率提高了一倍。诊断结果：广告语如果没有变化，当心这些词遭到来自网盟的恶意点击。

问题3：近期访客总是在同一个页面不停留。诊断结果：当心该页面打不开或者有客户厌恶的内容。

问题4：近期某竞争对手的品牌词搜索量提高很快，但没有咨询。诊断结果：当心该词遭到竞争对手的恶意点击，需要否定该品牌词……

数据应用（数据分解）：达策的网络营销只有三招：搜索推广、自然排名和灌水。这三种手段所产生的效果都反映在百度统计里，而百度统计、搜索推广的数据报告及客服做的周报表数据，经过整理、分析后，再次被应用到这几个手段中。

我们通过搜索词数据分析发现，不少人会对比几个 ERP 品牌，于是我们就产生出这样的一个页面——《四大 ERP 系统公司 SAP、ORACLE、用友、金蝶的区别》，但我们不能做含有其他品牌词的关键词广告。一方面，这些品牌都被百度保护了；另一方面，容易遭到这些品牌代理商的恶意点击。所以我们只做这个页面的自然排名，经过几年的不断优化和推广，该页面的自然排名非常厉害，不但有人在对比品牌时能看到此文章，就是单纯搜索别人的品牌也能排名在前。

大数据是一种观念，也是一种工作方法（用数据说话），用数据分析和解决问题，可以避免达策，以及后来的分公司和代理商走弯路。数据这种资源不同于人力、物力和财力资源，越用越少，它正好相反，可以反复使用，数据积累越多、时间越长就越有价值。需要注意的是，要过滤虚假数据，防止使用错误的信息和数据做出错误的判断。

达策及其分公司、代理商，在网络市场上成为一群“战狼”，虽然各自为战，却共享数据资源。数据让每一个“战狼”都变得强大起来，如果你此时用“SAP 代理商”搜索一下，你会发现，全国有几百家 SAP 代理商，而他们目前只有八家公司（包括达策上海总部）在线上推广，却占据了百度首页 10 个自然排名位中的 9 个，而且不断还有新的“战狼”加入，因为他们在全国有 40 多家分公司或代理。

达策的“战狼”团队不但在进攻上有其团队优势，在防守上也体现出团队的优势。在第三章最后一节讲到防恶意点击时，读者会注意到不管是哪种防恶意点击措施（手工、系统和第三方防恶意软件），都需要恶意点击在某广告账户里出现一定的频率，才能被发现并屏蔽。比如一小时同一 IP 的点击超过 3 次，一天中不同 IP 点击某词超过 10 次，一个月中不同 IP 点击某词超过 50 次……由于达策及其下游公司的 10 个广告账户统一由一个专职的客服管理，她能在第一时间看到恶意点击者点击不同账户的广告，从而果断采取措施，而不用等待恶意点击者多次点击同一个账户广告。举例来说，在杭州地区搜索 ERP 相关的关键词，达策团队至少有三家企业的广告占据着百度 5 个广告位中的 3 个以上。如果是来自同一 IP 的恶意点击，只要对方在不同广告点击累积超过 3 次，就会被三个账户的商盾直接屏蔽掉 IP 和计算机编号；如果是来自不同 IP 的恶意点击，也同样在三个账户的实时访客数据里清楚反映出来，可以暂时停止被恶意点击者盯上的关键词广告。这些措施也同样适用在其他还未遭受恶意点击的账户上，所以团队作战，恶意点击代价要小得多。

第三节　行业龙头的绝地反击

—— 一家变速箱维修厂的网络营销

XFM 集团是中国自动变速箱维修行业的龙头企业，主要通过 4S 店与保险公司的长期合作开展业务，线下变速箱维修量持续十年增长。2014 年起，公司安排专人做了一年多的网络营销工作，不但没有达到预期的效果，而且天天受到竞争对手的恶意攻击。公司老总下决心请外援。2015 年 11 月，我受上海 XFM 集团之邀，为该公司做网络营销策划方案。在前期的网络市场调查中，发现他们的竞争对手无所不用。

一、手段 1：用霸屏软件，篡改客户的百度搜索页面

在第七章第五节里，我特意用 XFM 的案例讲解了霸屏软件，这里就不再重复。我为 XFM 做网络市场调研，除了在网络上搜集数据，还需要打电话了解竞争对手的电话服务情况。当我打电话咨询这家使用了霸屏软件的公司时，他们的服务态度总有那种爱做不做的感觉。想明白了就是这个心思：依靠我们的流氓手段，反正你只能找到我们一家的广告，别人家你找不到。

二、手段 2：DDOS 攻击——网站打不开了

XFM 网站遭到的流量攻击（DDOS 攻击），每秒 5G 多，我们的手机一个月的流量才几个 G，而这种对网站的流量攻击每秒就达到了几个 G，这直接导致系

统崩溃，网站打不开。XFM 的网站每天都遭受几次这样的攻击，每次持续 1 个多小时，如图 8－4 所示。

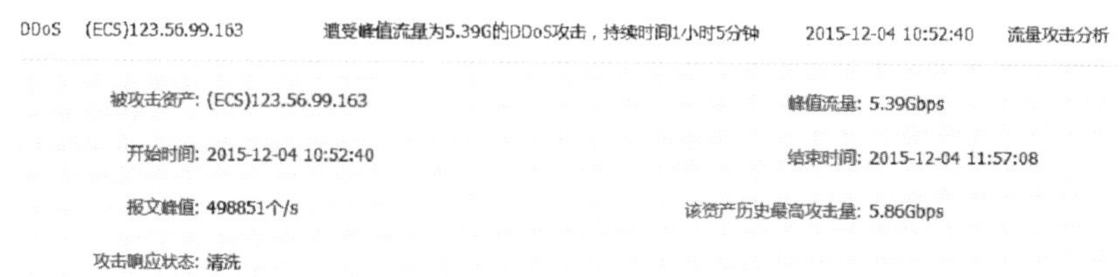

图 8－4 DDOS 攻击数据

三、手段 3：百度搜索抹黑

大家都使用过百度搜索栏里的提示功能，很方便，只要你输入几个字，百度自动联想出你想要的搜索词，不用再敲那么多字了。竞争对手把这个功能也利用起来，通过一段时间刷搜索词，达到这样的效果：当有人搜索“上海 XFM”时，被抹黑的提示词排列其中，如图 8－5 所示。

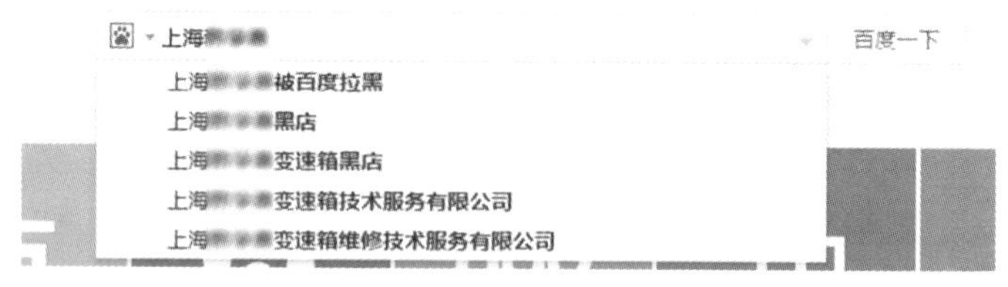

图 8－5 百度搜索框中的提示词

一般在百度搜索结果底部，都会有相关搜索功能，列出相关的搜索词，一旦有人恶意炒作这些词，负面的相关搜索词也会列在其中，如图 8－6 所示。

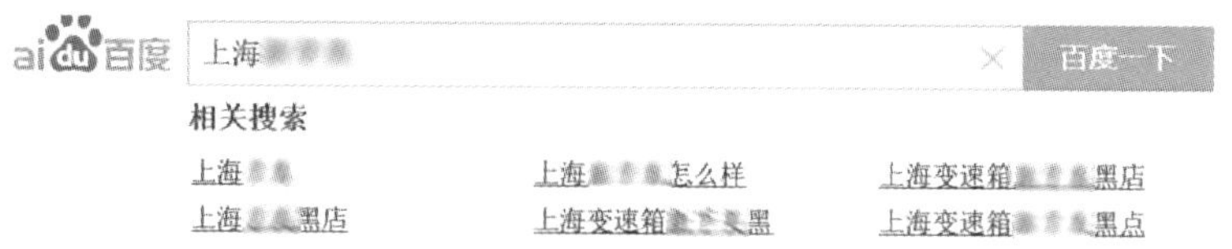

图 8－6 百度搜索结果底部的【相关搜索】

我试着用抹黑的相关搜索词“上海变速箱 XFM 黑店”再次搜索，底部的相关搜索里不但有 XFM，还有其他同行，如山全、滕骅等。看来这个竞争对手不止针对一家恶意攻击，其他同行也遭受到同样的攻击，如图 8－7 所示。

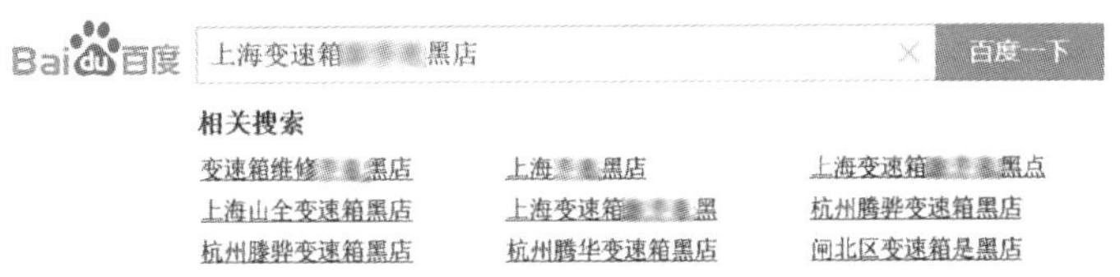

图 8－7　百度搜索结果底部的【相关搜索】

四、手段 4：利用免费平台发布负面信息

当 XFM 的网站被恶意攻击打不开时，在百度搜索“上海 XFM”，第一条就是竞争对手在大众点评网站上发布的一条抹黑信息。感谢竞争对手，他们没有对灌水手段进行深入的研究，所以没能在更多的免费平台上发布负面信息，如图 8－8 所示。

图 8－8　对手利用大众点评网做的抹黑信息

五、手段 5：恶意点击百度竞价广告，消耗广告费

图 8－9 是 XFM 网站的访问数据，可以看出在 3 月 18 号 16 点 11 分左右，一个来自上海的访客在十几秒内连续用一个搜索词“变速箱维修”点击广告 4 次，但并不真正看网站内容，点了就走，是明显的恶意点击，用以消耗 XFM 的广告费。以这个词 20 多元的排名出价计算，十几秒就被点掉 100 元，这样的情况每天都在发生。

图 8－9　XFM 百度访问统计数据

以前我也碰到过企业网站遭到竞争对手攻击的事件，最多是用了上面手段中的一种，没有这次这么专业。毕竟 XFM 是行业的龙头企业，在圈内的人脉关系极广，多方打听，很快就了解到对方的网络营销操盘手之前是一名 × × 技术人员，所以使用手段才这么系统。还打听到，对手每月销售额大约是 150 万元，其中有一半来自网络营销，而 XFM 每月的销售额是 1500 万元左右，难怪在 XFM 开始做网络营销时，对手这么惧怕，用各种手段阻挠。因为他们知道，一旦 XFM 重视网络营销，他们连生存都有问题。

当我把调研报告摆到了 XFM 老总面前时，他也感觉到问题的严重性，再不能靠一名网络营销人员来解决问题，需要公司管理层都意识到网络营销的重要性，并需要组建一个团队去战斗。

从 2015 年 12 月到 2016 年 1 月，XFM 集团抽调精兵强将系统地接受了网络营销培训。在例行的年会上，专门邀请我为全国各大区老总做了一次演讲，一方面让大家清醒地认识到来自网络的威胁，另一方面明确网络营销成为集团今后重要的营销渠道。我在演讲中，把 XFM 比喻成一头大象，但在网络市场上却打不过一只小老鼠，就像儿时的斗兽棋规则——老鼠吃大象。

2016 年 2 月，XFM 再次调整网络营销团队，直接升格为大区一级行政职能，可以充分调用公司的人力和财力。在这之前，我们已经将对手的其他恶意攻击手段一一解决掉了，唯独对手采用点击软件恶意点击广告费的问题无法解决，因为对方每天都在研究我们，总是变换不同的关键词、IP 和计算机编号进行有针对性的点击，无法防范。因为我有一个原则，从来不参与到任何一个企业的恶意攻击对手事件中，所以 XFM 最终采取什么行动来制止恶意点击我不得而知。只过了 10 天，对手就坐不住了，让人到 XFM 公司兴师问罪，XFM 人的回复是：我们也同样遭到恶意攻击。对方拿不出证据，也只好悻悻而归。

后来的事就是听圈内的人有声有色地描述了：原本那个竞争对手老板招了一名网络营销专家，业绩不断地上升，也清楚这名所谓的专家使用了一些不法的手段，但看着钱大把大把地流入，也就默许了这些手段的使用，并兑现当初的承诺，给予这名专家不菲的提成。但现在完全变了，广告费比以前花得多（恶意点击），却没有单子进来；反过来这名专家也很苦恼，工作比以前更努力（一方面恶意攻击别人，另一方面还防着被别人攻击），收入却大幅下滑。于是，矛盾终于在2016年4月爆发，那名专家因收入问题愤然辞职，并用同样的手段攻击之前的东家。这真是恶有恶报！

据说，那个对手再次找到XFM，坐下来认真商量了网络市场瓜分的问题。有了这次谈判，总算彻底解决了恶意攻击问题。

我在XFM的整个网络营销工作中起到的是顾问作用，先是做网络营销咨询策划方案，再是做了一个月的网络营销企业内训，最后花了三个月时间做了指导工作。具体的工作都是由XFM集团的网络营销团队完成的。

XFM有着比竞争对手更大的优势，就是分公司多。按照我的策划方案，每个分公司都有独立的网站和广告账户，要不是顾及竞争对手的恶意攻击，真的能实现竞价广告位的全覆盖，网站自然排名的全覆盖和大量的免费信息海量覆盖。目前，搜索行业的关键词，XFM信息在首页的曝光率可以达到50%左右，不但在百度上如此，在360和搜狗搜索引擎上也是如此。

汽车维修行业的注意事项很多，但XFM长年做的是大客户（4S店和保险公司），早已养成了诚信的理念。与小的变速箱维修公司相比，服务团队齐备、信誉高、价格合理、流程规范，所以在网络营销的广告用语上，XFM充分替客户着想，敢于揭露行业黑幕，将原本对手的客户也抢到了自己手中。看看他们现在的广告，这才是行业龙头企业应当做的事，如图8－10所示。

图8－10　XFM集团的一则百度搜索广告语

到了2017年，XFM的网络营销业务已经占到总业务的10%。由于这块业务是直接面对的直接客户，利润也相对高一些。XFM也由线下的行业巨头再次成为线上的行业巨头。

第四节 老板自己才是营销高手

—— 一家小微企业的网络营销

在《传统行业如何用网络拿订单》一书中，我在序言中就提到，网络营销的高手不是哪个网络营销公司的专家，而是企业内部的行业技术专家。刚刚成立公司才一年的 LEO，又一次诠释了这个观点。

LEO 是个人名，一个跟我长得很像的 ERP 专家。促使我下决心写 LEO 成功故事的动力不是因为他短短一年时间里取得的骄人战绩，而是我无意间从共同的客户那里听到他的趣事：上海达策是德国 SAP 公司（全球最大的 ERP 公司）在中国的重要合作伙伴，因为我是上海达策的长年网络营销顾问，所以也就认识了达策的客户。一家大型工厂的 IT 总监，一次闲聊时告诉我："你知道我为什么最终选择了达策作为公司的 ERP 软件供应商吗？就是因为在 SAP 公司的同略会（ERP 行业的顶级峰会）上，我和达策的 LEO 走在一起时，不断地有人过来向 LEO 打招呼，称他为师傅。而当我和其他公司技术总监在一起时，却很少有这种现象，于是我就认定达策在技术方面更专业一些。"

2014 年年底，LEO 终于决定自己创业了。他的老东家达策公司也很支持，反正 LEO 的新公司也是自己的下级代理商，也采用了 SAP 公司同样的网络营销战略（参见本章第一节和第二节），大力扶持 LEO 开展网络营销工作，于是我也成为 LEO 的网络营销顾问。

2015 年起，LEO 的网站正式推广，此时他面临的问题是与他在网上竞争的有几十家同类企业，差异化小。于是，他根据个人的软件开发技术强项，将业务侧重于"ERP 软件开发""SAP 系统二次开发"，而其他同行多以简单的 SAP 系统咨询和销售为主，包括他的老东家达策也不做"软件开发"业务。

也算是 LEO 时机赶得合适，经过 1～2 月的网络营销的基础工作（学习网络营销基本理念、优化和改进网站）后，正是春节刚过，迎来了 ERP 行业的旺季，他每天都能接到好几条业务咨询，就跟刚开始做网络营销的大多数小微企业主一样，一直处在收获的喜悦和兴奋状态。

我比较佩服 LEO 这一点：凡是来自于网络上的咨询，他都亲自接，不管是几千元的小单还是几万元、几十万元甚至上百万元的大单。这一点就与大多数小微企业不同，许多小老板要么觉得网络营销太深奥，要么不重视，认为这些工作都应当由下面的人做，总之是安排一位在技术和专业上不够资深的人与潜在客户初步沟通，成单转化率自然就有天壤之别。

有时我也会质疑他：“LEO，每个业务电话都是自己接，经常会接到骚扰电话，是不是很烦？另外，大单、小单，甚至不相关的业务你也认真对待，这样值不值？”

他告诉我：“每天接到业务咨询的同时，确实也会接到推销、广告类的骚扰电话。就像你把窗户打开呼吸新鲜空气，也会把苍蝇、蚊子放进来。但与收获相比，这些算不了什么。另外，做 ERP 的同行们大多只做自己擅长的领域，比如有人做食品行业、有人做外贸或者电子行业，遇到不相关的业务，或者是特别小的单子就不重视了。而我则是什么行业的业务都能认真对待。由于业务精通，什么样的咨询都能对答如流，所以业务转化率比较高。其他公司如果能做到 10 个网上咨询能谈成一个客户，我就能做到谈成 2 ~3 个客户。对于我确实不擅长或者是不想做的订单，我也会及时把单子转给别人，这种订单转让产生的收益至少可以弥补自己在网络营销上的开支，这叫以情报养营销。”

好一个“以情报养营销”。别人不清楚，但我是知道他不是在吹牛，由于他从事 ERP 开发工作较早，早年那些同事（业务员、顾问、技术人员）大多成了各地的老板，他很熟悉这些人想要什么样的业务，总能把别人最需要的情报提供给对方。

我在网络营销上有一个观点，就是一家企业在全国各地的分公司、办事处越多，通过网络上谈成业务的可能性就越大。LEO 接受了我的观点，逐一将分布在全国各地的老同事挂在自己公司名下，于是他的公司网站联系方式里就有了十几家分公司。一旦远距离的客户引进来，他也会请这些朋友帮忙去谈业务。这些老同事，有的也是我的客户，于是，我时常能看到这样的现象：本该是这些老同事接到的业务，时常被他先抢到，然后再转让给这些人。

这些老板感叹 LEO 的运气好，早几年出来开公司的做不过新开公司的，LEO 总是调侃自己的人品好。而我最清楚，他已经理解了网络营销的精髓，在网络营销的每一个环节都体现出专业性（广告词→网站→网站结构→网站内容→电话咨询→上门沟通）。

最近，LEO 又打破了一项纪录：从接到咨询电话到谈成订单只用了一天（一般情况下，ERP 行业最快的订单需要三个月，慢的话需要半年甚至两年以上才能谈成）。事情是这样的：LEO 接到一个由手机打来的电话，但还没有来得及沟通，对方就说："这会儿有一个电话进来，稍后联系。"LEO 见到手机号是来自连云港，就习惯性地到百度网站统计后台上对应这个客户的访问信息，如图 8－11 所示。结果发现这个人是通过"玩具 ERP"搜索进来的，明白了对方可能是家玩具厂，另外这个客户只是简单地看了两页就直接到联系方式页面，估计对方看到联系方式页面中有连云港分公司的地址，才吸引他主动打电话咨询。从对方看网站时间短、页面少的特点，LEO 判断出对方是急性子的人，不喜欢看文字，更喜欢语言沟通。但 LEO 没有急于把电话打回去，而是做起了功课，自己的网站上没有玩具行业的资料，但他知道谁那有。他的广东老同事之前做过几单玩具厂的 ERP，在老同事的网站上就能够了解。然后才打电话跟客户咨询，当客户了解到自己在广东的同行的 ERP 系统也是 LEO 公司做的（这可不是骗对方，他们确实都是达策旗下的代理商，只不过广东的订单是由广州达策在做），就欣然同意第二天在连云港面谈。第二天 LEO 安排业务员到对方厂里，就直接谈成了此单。

图 8－11 LEO 的网站统计数据看到的客户信息

LEO 的原同事，也是上海达策的市场部人员，背地里嘀咕 LEO 说："从前让他为公司网站写些技术性的文章总是推三阻四的，现在为自己公司的网站写内容倒是很积极。”换了我也是这样的状态，因为技术人员的软文在网络营销上的价值常常被公司上层忽视，很少能见到哪家公司能够成功地驱使技术人员积极提供网站素材。但缺少原创的内容是大多数企业网站的致命伤，网络营销的效果也会大打折扣。

我经常听到一些小微企业的老板在抱怨自己做了网络营销后根本没有效果，但我要告诉他们，网络营销高手就是你自己，别人无法取代你，因为他们没有你专业，也没有你敬业。只要你对一些基础的网络营销理念和知识稍加了解，你也能像 LEO 一样，做得风生水起。

第五节 如何抓大放小

—— 一家工业 3D 打印机经销商的网络营销

北京 YD 公司是一家 3D 设计软件（solidworks）和工业 3D 打印机的经销商，2013 年我在北京做软件行业的网络营销培训时，YD 公司的老板和市场总监听过我的课。之后他们自己从零起步开始做网络营销，一开始效果比较明显，网络业务不断地增长，但到了 2016 年，遇到了瓶颈，就是加大投入，产出效果也不明显。到了 2017 年，公司处在战略扩张期，需要大量的网络订单来配套现有规模，于是找到了我，希望通过外援来实现业务增长。

在前期的市场调研中，我发现 YD 公司有着完善的市场部团队，这也就意味着网络营销的基础工作都可以由市场部来完成，如网站设计和建设、文案和图片的采编等。这样可以让我的团队集中精力在技术层面上。他们之所以没有做好网络营销，主要是比较封闭，接触网络营销最新理念和技术少，还停留在 2013 年我讲课时的知识，现在很多做法已经不适应现在的网络营销手段了。

YD 公司销售的产品搜索量巨大，以其 3D 设计软件品牌 solidworks 与 ERP 软件品牌 SAP 做对比，前者每天的搜索量比后者平均高出一倍，再加上 3D 打印机的搜索量，导致每天的网站访客数（UV）记录有上千条。如果按以往的方式，这上千条数据每条都必看、必分析、必处理的方法，人工代价大、成本高，客户接受不了，必须采用一种抓大放小的解决方案来控制人工成本，同时还能有效地解决问题。

收集数据的抓大放小：不管是客户的网络营销人员还是我公司的网络营销客服，在以往的网络营销数据收集工作中，都需要仔细阅读和分析实时访客数据，并将收集到的关键词添加到周报表的关键词累积表里。但 YD 公司的数据量太大，我们只能收集有过咨询的关键词，放在有效咨询报表中。对于访客中的无效词，并不需要见一个否定一个，而是在某时间段内达到一定的数量才去否定。比如“人像 3D 打印机”并不是 YD 公司销售的产品，由于我们不用【实时访客】检查，所以当该词在某天出现时并不会被发现，但该词如果一天被点了 5 次，或者是一周内被点了 10 次以上，才会在【搜索词报告】的排序中排名靠前，从而被发现，得到处理（否定“人像”）。

关键词的抓大放小：由于 YD 公司所处的行业网络市场大，而广告预算有限，我们并不需要做所有的关键词，而是做最有价值的关键词，主要是那些与价格、代理商、地区相关的关键词，如 3D 打印机报价、Solidworks 代理商、上海 Solidworks 公司等。对于认知类和学习类的关键词基本不做，如什么是 3D 打印机、Solidworks 培训。在行业淡季，甚至连核心词也不做，因为搜索这些词的访客目标不明确、转化率低，如 solidworks、3D 打印等词。

恶意点击的抓大放小：以往的恶意点击主要是通过检查【实时访客】数据发现并屏蔽，但 YD 公司的数据量大，不能做到每条数据都检查，这就要借助百度的【商盾】工具防控“笨贼”（不会变换 IP 地址和计算机编号的恶意点击者）。对于那些靠恶意点击牟利的人，他们会变换 IP 和计算机来点击，我们则需要通过周【搜索词报告】及时发现点击量大（一周有几十次）的恶意点击，及时屏蔽；对于点击量小（一月有几十次）的恶意点击，则需要用月【搜索词报告】发现。对于一周或者一个月只有几次的恶意点击，一般不做处理，因为每次处理都有可能删除一个关键词再增加一个否定词，而否定词过多使用，不利于广告的展现。

投放地区的抓大放小：YD 公司总部在北京，上海设有分公司，所以在投放广告区域上，我们就以这两个地区为中心向四周辐射，如天津、河北、江苏、浙江等。而对于其他地区，则仅靠网站和灌水的自然排名来获取咨询。

投放时间段的抓大放小：配合关键词的抓大放小，我们一开始对于重点关键词的投放时间设置成全天 24 小时。经过一段时间的运行和统计，把产生咨询的时间点关掉（晚上 11 至早上 7 点），最终设置成 18 小时的重点词推广时间段。对于一般关键词，我们只是让它们出现在工作日上班时间段（9 点至 17 点）。

年预算的抓大放小：以往 YD 公司都是按月做固定预算的，随着我的团队加入，大家达成新的共识，即参考往年的百度指数灵活调整预算。搜索量大的旺季增加预算，搜索量少的淡季减少预算。同时兼顾行业展会、大型活动和 YD 公司的市场活动，活动前后适当增加预算。

自然排名的抓大放小：不管是 YD 公司官网的自然排名还是灌水的自然排名，不再像以往我们为其他公司做排名，只要认为有用都去排。由于 YD 公司的产品多，只能是抓大放小，只做有咨询的关键词排名，当然这些咨询一开始主要来自广告，随着自然排名的提高和增多，后期主要来自自然排名。表 8－1 是 YD 公司一款产品 solidplant 近半年来的咨询统计表，我们是 3 月份接手网站优化工作，所以一开始“solidplant”一词没有自然排名，完全靠搜索推广获取咨询。但到了 4 月中旬，“solidplant”有了自然排名，也就有了非广告的咨询，除了百度甚至还有来自搜狗的咨询。特别值得一提的是第 8 条数据，5 月 2 日有来自于“solidplant 免费下载”一词的咨询。随即我们就加强了该词的优化和灌水，结果到了 5 月 11 日，已经有五条 YD 的网站页面或灌水信息排名在百度首页，排名分别是：1，5，6，9，10。

表 8－1 反映的另一个事实是在推广前期，solidplant 产品主要是由广告引流量，到了推广后期，则主要由自然搜索引流。

表 8－1　关键词“solidplant”近期的排名和咨询情况记录

序号	咨询时间	地区	咨询来源	关键词	搜索词	当时的排名
1	2017/04/01　13：54：48	淄博	搜索推广	solidplant	solidplant	>100
2	2017/04/06　10：54：26	烟台	搜索推广	solidplant	solidplant	>100
3	2017/04/12　12：07：30	赣州	百度自然搜索		solidplant	9
4	2017/04/15　22：09：34	成都	百度自然搜索		solidplant	9
5	2017/04/21　14：43：52	常州	搜索推广	solidplant		7
6	2017/04/24　20：23：29	延安	搜狗		solidplant－2013	1
7	2017/04/27　15：38：55	苏州	百度自然搜索		solidplant	7

续表

序号	咨询时间	地区	咨询来源	关键词	搜索词	当时的排名
8	2017/05/02 21：15：13	石家庄	百度自然搜索		solidplant 免费下载	1
9	2017/05/04 10：57：45	重庆	百度自然搜索		solidplant 中文版	4，10
10	2017/05/05 19：02：08	淄博	搜索推广	solidplant	solidplant	5，7，10
11	2017/05/06 00：12：02	本溪	百度自然搜索		solidplant	5，7，10
12	2017/05/11 13：18：39	廊坊	百度自然搜索		solidplant 免费下载	1，5，6，9，10
13	2017/09/29 10：14：51	深圳	百度自然搜索		solidplant 代理商	2，3，5，6，7，8

用【行业定投】抓大放小：行业定投是百度广告 2016 年年底推出的一个新功能，说白了就是利用其大数据，为每一个访客做标记。如果该访客曾经访问过你的竞争对手的网站，他再次通过关键词搜索时，你的广告优先展现在该访客面前，当然你要有好的出价（你也应当出高价，因为通过这个渠道进来的客户质量度高）。该功能特别适合代理商，能够把所代理的品牌官网设置成行业定投的网址，当然你也可以把竞争对手，如其他代理商的网站设置成行业定投的网址。这样就可以坐等别人开疆拓土，只要你的上游公司或同级代理商开发出来的客户访问过这些企业的网站，百度就会跟踪这些访客，等他们再次上百度搜索时，百度会把你的广告推送到该客户面前。

设计该功能，百度的本意是想把那些从不做百度广告，但又有着不少流量的企业官网的客户拉到搜索推广上。所以，行业定投特别适合用在那些不做广告的上游企业或同行网站上，可以将搜索推广涉及不到的客户挖掘出来。如果你还想做那些和你一起做搜索推广的竞争对手的行业定投，那就要当心了，行业定投可能会让你的恶意点击增加。还记得我们前面提到，恶意点击主要来源是那些网盟广告，当他们点击过竞争对手网站后再次搜索关键词时，就满足了你的行业定投触发条件：第一，访问过竞争对手网站（而且该网站还被你列入到行业定投网址表里）；第二，该访客再次搜索了，结果就是你的广告被点击，而且是以高价点击。所以，行业定投要慎用和会用。

我和北京 YD 公司是 3 月开始合作的，半年下来，他们的咨询量与前一年同期相比增加了三倍，如何用数据体现我们的成绩呢？

我用百度7月－8月30天的数据和前一年同期30天数据做了对比，如图8－12所示。

时间	展现	点击	消费	点击率	平均点击价格	商桥转化
2017-07-20至2017-08-18	264548	5425	18907.68	2.05%	3.49	82
2016-07-20至2016-08-18	57812	1294	9808.17	2.24%	7.58	18
变化量	206736	4131	9099.51	-0.19%	-4.09	64
变化率	↑357.60%	↑319.24%	↑92.77%	↓-8.38%	↓-54.02%	↑355.56%

图8－12　YD公司2016年7月－8月搜索推广数据与2017年同期对比

广告费提高了不到一倍，但所有指标（展现量、点击量、商桥转化量）提高了三倍多，而平均点击价格降低了一半。如果没有我们的参与，即使广告费提高一倍，估计这几项指标连一倍都提高不了，而平均点击价格还会上升。这就是专业人士打理和业余人员打理百度推广账户的不同，正是我们坚持抓大放小的原则，让我们以较小的人工和广告费代价取得较大的业务增长。

第六节　不再被骚扰电话困扰

——一家涂布厂的网络营销全外包模式

吉翔宝（本节用“甲方”代表）是一家生产离型膜和离型纸的工厂，在我的第一本书《传统行业如何用网络拿订单》里就讲过他们的成功故事。2015年前的几年里，我以网络营销顾问的方式与吉翔宝合作，指导其专职的网络营销人员工作。2015年工厂在发展战略上，由之前的离型纸产品为主（主要应用于胶粘行业，利润低），转为以生产离型膜为主（主要应用于移动设备产业，利润高），吉翔宝於老板决定将工厂搬到与上海紧邻的太仓市浏河镇，因为那里属于苏州昆山，是中国的移动设备生产基地。虽然搬过去的好处很多，但有一个最大的弊端就是相对于原先上海的工厂，地方偏远人难招。

2015年，我的公司网络营销外包业务已经很成熟，于是我建议於老板改变合作模式，由之前的顾问指导转为外包服务。按理，我公司做外包服务，也需要甲方有人接业务电话、做必要的记录，但当时吉翔宝刚搬厂，人手实在不够，于是於老板提出一个新的合作模式：由我们完全接管线上业务，甚至包括前期的业务接待工作，我们把它称为网络营销全外包服务。这对我们来说是一次挑战，因为传统的外包服务，甲方考评乙方的指标很多，如甲方接到的咨询量、广告展现量、网站排名、灌水量等。而现在这种全外包服务，甲方只用一个指标——有效的咨询量来考评，如果咨询量达不到预期值，合作就有问题。

另一个问题就是全外包服务的费用没有增加，与普通外包服务费用一样，而实际上全外包服务肯定会增加电话和百度商桥的接待和沟通时间，当然也包括无效的咨询和骚扰电话，还包括客户信息记录和传送回工厂的工作时间。这些增加的工作量必须要求我的客服高效运转，才能既保障每天网络营销工作的顺利完成，又能应对各种电话和商桥接待工作。

当然全外包服务不是没有好处的，最大的好处是自主性高，我们完全可以根据网络营销的需求优化网站内容；第二个好处是客服能在第一时间准确地了解到客户的需求和搜索词，能够将这些需求转化成网站的文章，也能够将有价值的搜索词直接应用到搜索推广和自然排名中，无需等甲方工作人员反馈；第三个好处是客服的专业水平提高快。由于客服直接面对客户，在反复将客户信息传递给甲方过程中得到学习，不像传统的外包服务，客服只能通过甲方的培训来学习；第四个好处是工作时间内的咨询每一个都不放过。添力客服的职责就是守在计算机、电话前，工作时间哪怕是吃饭、上洗手间的时间，也会有其他同事帮着临时接待客户。客服比以往外包服务中甲方业务员接待更认真，因为客服深刻理解线上咨询来之不易，而甲方业务员常常因为手头的杂事而错过了响应时间。

对我们开展网络营销有利的一面还在于吉翔宝自身。以前在上海时，吉翔宝就已经有了两个网站，主要是做离型纸业务。现在公司搬迁，主营业务变了，需要建设一个新的网站，而老网站仍然可以使用，只是需要增加离型膜的内容。用三个网站做推广，胜算更大。吉翔宝将公司总部设在太仓浏河镇，地方大了许多，更重要的是更新了先进设备，并建起了千级无尘车间。浏河镇当地政府对于引进这么大一家企业（年销售额达几亿）也很重视，一直当先进示范企业给予各种荣誉。这些都是我们做网络营销的优势，因为在网络上没有几家同行能做到这样。

为了让吉翔宝感到这种全外包服务物超所值，我们并没有在广告费上做太多的投入。一方面，替甲方省钱；另一方面，我们确实在自然排名方面做得足够好。有兴趣的读者此时可以用离型行业相关的词搜索一下，不管是用核心词还是长尾词，吉翔宝的网站在百度首页排名会有 2～3 条。如图 8－13 所示，在百度上搜索“单塑单硅离型纸”，排名前三的都是吉翔宝的网站信息。

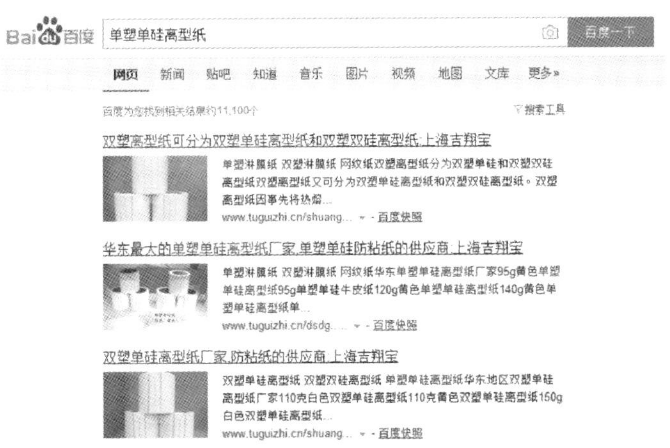

图 8－13　在百度上搜索“单塑单硅离型纸”的结果

到 2017 年 10 月，这种全外包合作已经有两年多了，每月的广告费只有 1000 多元，而每月的有效咨询量保持在 70 条左右。尽管 2016 年下半年起，百度竞价广告位只有 5 个，竞价费用大幅提高，但我们的广告费没有增加。因为我们也顺应百度自然排名规则的调整，及时加强了网站各页面的排名（说句良心话，百度允许一个网站在同一个关键词上有多个页面排名首页，对吉翔宝有利，因为该行业竞争并不激烈，企业有能力做到多个页面排名），仍然获得了满意的咨询量。所谓东方不亮西方亮。

甲方对这种新型的服务方式也很满意，以前聘用一名全职的网络营销人员，再加上网络营销顾问费用，比现在的全外包服务费用高得多，而有效咨询量却没有现在多。更重要的是，业务员不再为骚扰电话所困扰，因为都由我们过滤掉了，到他们手里的只有客户和甲方需要的供应商。

最后要阐明一点，全外包服务虽好，但并不适合大多数企业。全外包服务有几个先决条件：

一是排他性。即一个行业只能有一个甲方，如果你同时做两家以上的企业，谁能保证客服在甲方 A 咨询量多，而甲方 B 咨询量少时，不会把原本甲方的业务挪给乙方。

二是信任度的问题。如果甲方对外包服务公司没有充分的信任，就会担心外包公司有可能把咨询信息卖给同行。

三是外包公司对于甲方专业知识掌握的深度。如果外包公司从来没有从事过甲方的行业，做全外包就困难多了，甚至一和客户接触销售机会就丢掉了，因为客户感觉你不专业。

我们正是将这几点都做到位了，所以才能和吉翔宝长期合作。第一，曾经有吉翔宝的同行找我们提供同样的服务，我们拒绝了，并在第一时间告之甲方；第二，我与甲方合作有 10 年了，与於总的私交良好，双方的信任度足够；第三，我也曾经做过离型材料的生意，所以熟悉业务知识，再加上甲方多年来系统的业务培训，我们团队的业务知识绝对能胜任接待工作。

第七节　你的行业比它还难做吗

——一家注册公司的网络营销

2013 年 7 月的一天，我的中学同学要给我介绍新客户，一家由宋律师创办的上海注册公司。以我当时的观念，我并不看好与之长期合作。上海的注册公司竞争非常激烈，大街小巷都是广告，一些面包车上，甚至公共厕所里都贴有注册公司的广告，想注册新公司的创业者并不一定在网上找代理公司。而且我们公司所提供的网络营销服务，要求客户必须每月投入一定的广告费和服务费，这种投入是否能达到客户的预期值呢？

带着这些疑问，我与宋律师进行了第一次会面。他对于上海注册行业的介绍，更加让我觉得没有把握让对方满意。在上海每天有 400 多家新企业注册，但全上海的注册公司有几万家，新注册的公司大多是小微企业，注册费用也就是几千元，利润也不过每单几百元。在与我联系之前，他也做了一年多的百度竞价广告，要想把注册公司相关的关键词排名在百度首页，他当时所付的广告费是每点击一次 20 多元，这样的广告费价位比许多做 B2B 业务的客户都要贵（如包装材料、设备、装修等）。他每月投入 5000 元的广告费，好的情况下每月能开发出 2～3 个客户，不好的情况下一个订单也没有。

听完他的介绍，我初步判断他做网络营销不成功的原因在于：手段太过单一，只靠百度竞价广告。如果结合我们公司提供的搜索引擎自然排名和灌水（大量发布免费信息）服务，效果要好很多。但效果是否能达到预期，不好说。于是，我们谈好，先合作三个月，如果效果令他满意，就长期合作。

为了能让他的网站有自然排名的效果，第一步，改版宋律师公司的官网，把原先由百度公司提供的、很简单的网站改造成有利于自然排名的样式，每一个页面都进行了优化。第二步，优化百度广告，把广告创意、关键词都进行了调整，避免使用价格贵的核心关键词（如注册公司、上海注册公司），尽量使用价格便宜的长尾词（如浦东注册公司、临港注册公司）。第三步，安排专人大量发布免费信息（如在58同城、赶集网上注册免费会员，每天发布信息）。第四步，通过我们掌握的友情链接资源，提高网站首页和重要页面的自然排名。第五步，根据客户的搜索词，每周定制一篇软文来满足客户的需求（如上海注册公司的流程、上海哪个经济园区注册公司优惠多）。第六步，要求宋律师建立起有效的评估机制，就是由专人接待来自网络的咨询，并登记好，用于评估网络营销的效果。

其中，最难做的就是百度竞价广告，客户每月的广告预算仍然是5000元，除去节假日不做，平均到每天的广告费也就200多元。而在网上搜索注册公司相关的搜索量非常大，即便是我们大量使用长尾词，每天刚上线2小时，钱也就花光了。我们与客户配合做了一些测试，最终把广告时间定在了18：00到21：00，这个时间段许多同行下班，不做广告了，广告费相对较低；更重要的是同行的恶意点击在这个时间段相对较少，再加上我们有一套对付恶意点击的方法，转化成客户的成功率会高一些。

在为宋律师制定网站自然排名策略上，我们没有选择这个行业最值钱的关键词做排名，如“注册公司”“上海注册公司”。这些词自然排名难度大，没有把握能排到首页上。我们选择了宋律师的优势地区来做自然排名，他的公司是浦东工业园区和临港经济园区的招商引资承包商，在这两个地区注册公司，他能给许多优惠。最终，我们把目标定为“浦东注册公司”“临港注册公司”“周浦注册公司”等排名在百度首页。如图8－14所示，“浦东注册公司”在百度排名首页第一位。

图 8－14　在百度上搜索“浦东注册公司”的结果

另外，对于客户常遇到的问题，我们在自己的网站上都做了相应的回答，并对这样的回答页面做了优化和推广。如图 8－15 所示，有人搜索“注册公司优惠政策”，或者如图 8－16 所示，搜索“注册公司退税”，宋律师的网站都排名在百度第一位。

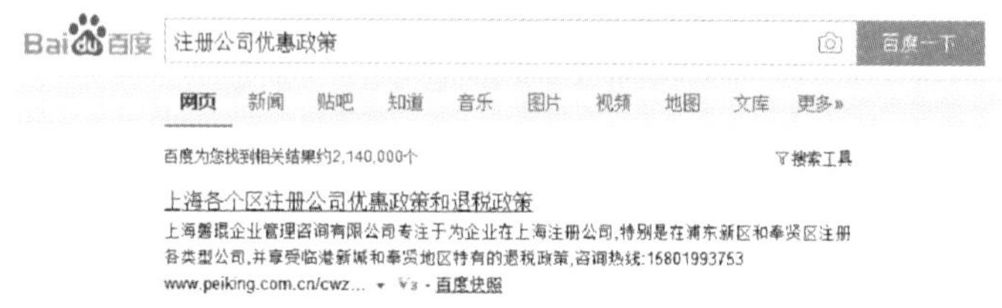

图 8－15　在百度上搜索“注册公司优惠政策”的结果

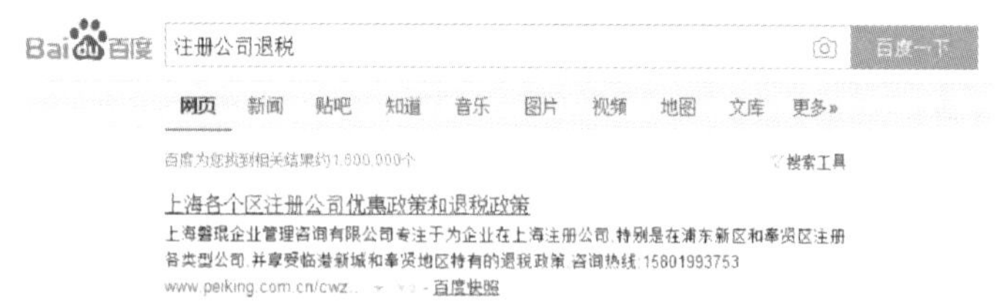

图 8－16　在百度上搜索“注册公司退税”的结果

自然排名最大的好处是，一旦优化和推广成功，不但在百度上会有收获，在其他搜索引擎上也会有收获。如在 360 公司的好搜上，搜索“浦东注册公司”或“注册公司退税”，宋律师的网站同样排名在第一位。

我认为，灌水的作用不亚于百度竞价和自然排名。对于宋律师的网站，我安排专人每天坚持不断地去发布各种免费信息。一些服务类的分类信息平台，如 58 同城和赶集网，就成了信息发布的重点，在发现个别免费平台有明显效果后，我们甚至还在 58 同城上做起了付费的广告。

三个月的合作很快就到期了，我们的工作得到了宋律师的肯定，答复是继续合作一年。合作一年后，我们总结了网络营销成果：平均每个月得到 10 个客户，而每个月的花费是广告费 5000 元、网络营销外包服务费 5000 元，共计 1 万元。这样的投入产出比，在他的预期范围内。我们目前仍在合作，并且扩大到他的律师业务领域。

背景资料：看到这里，也许有的朋友会问："你说的有问题吧？一个单子才赚几百元，广告费支出就要上千元，这不是赔本的买卖吗？"其实是这样的，市面上的注册公司都不是靠帮别人注册新公司赚钱的，而是注册好后靠接下来的代理记账业务细水长流。一般新成立的公司不可能请专门的会计，都会找注册公司接着做代理记账，每月几百元。另外，各级政府的经济园区对于注册公司将企业注册在自己的园区里，还会有一定的奖励。所以，你会看到，有许多注册公司打着 0 元注册的广告。

总结：在与我们合作之前，他们每个月投入 5000 元百度竞价广告费，由于没有人打理，广告创意、关键词都是由百度客服来定的（据说，一个百度客服要管理上百家企业的广告账户，每天平摊到一个客户的时间只有几分钟，做不了有效的优化），加上无效的和恶意的点击比较多，自然效果不好，所以平均到每个月只能获得 2 个客户。同样还是 5000 元的广告投入，由于有专人从百度广告的每个细节优化，自然效果会翻倍，合作以后平均每个月获得 4 个客户。每月平均 10 个客户中，剩下来的 6 个就被自然排名和灌水带来的效果瓜分了。

图 8－17 和图 8－18 是宋律师网站 2013 年 11 月（我们刚开始合作）与 2015 年 7－8 月近 30 天的访问数据对比，能明显看出，经过两年的不懈努力，网站的整体访问量和自然排名访问量都有很大的增长。

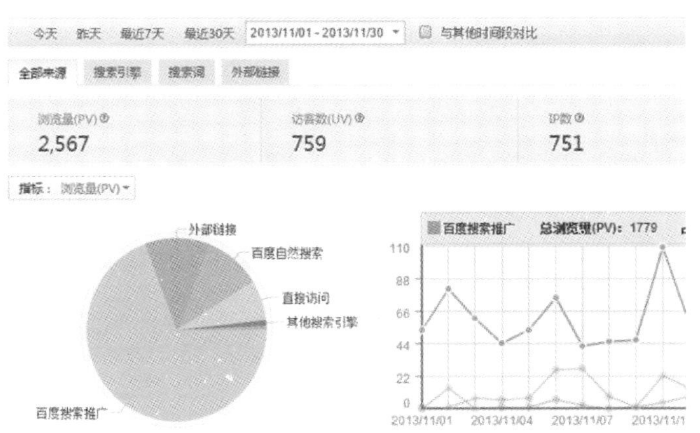

图 8－17　2013 年 11 月网站流量来源组成

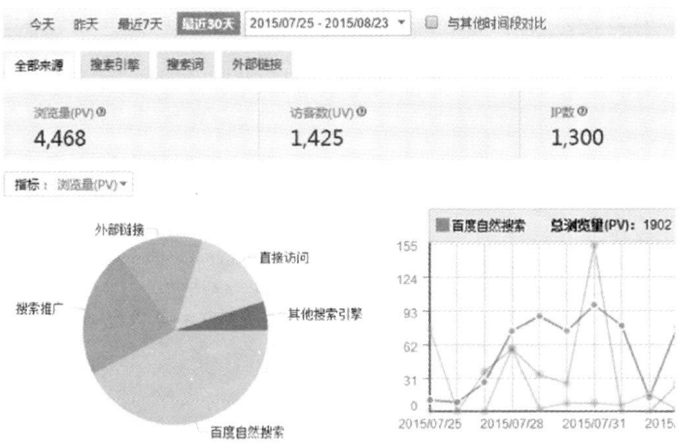

图 8－18　2015 年 7－8 月网站流量来源组成

正如许多人都认为现在的淘宝店不好开了一样，现在的企业网络营销确实不好做了，都需要专业人才精细化运作、维护，别指望只要花钱就能有效果。有了正确的观念和方法，加上专业的网络营销人员，你就敢火中取栗，照样把生意做得风生水起。

第八节　把阿里巴巴用到极致

——工业品付费平台的网络营销成功案例

图 8－19 是营销成功故事主人公赛普公司网站首屏，请记住正上方的标志图案。

图 8－19　赛普公司的官网首页

图8－20是在国内最大的工业品B2B信息平台阿里巴巴上，搜索一款电气产品“接线盒”，在首页第一屏的展现结果。值得注意的是，阿里巴巴按品牌分类时，排在第一的就是这家公司的品牌“saIPwell/赛普”，第二位是中兴，第三位是飞利浦。在搜索到的产品排序上，排在第一位和第二位的产品图仍然是赛普的产品（产品图上有着与公司网站一样的赛普标志）。如果你接着看这一页的第二屏、第三屏……甚至是第二页、第三页……到处是赛普的产品和标志。可以说，在线下，赛普也许名不见经传，但在线上，特别是阿里巴巴平台上，它绝对是第一品牌，名气超过了正泰电气、飞利浦、公牛、中兴等大品牌。

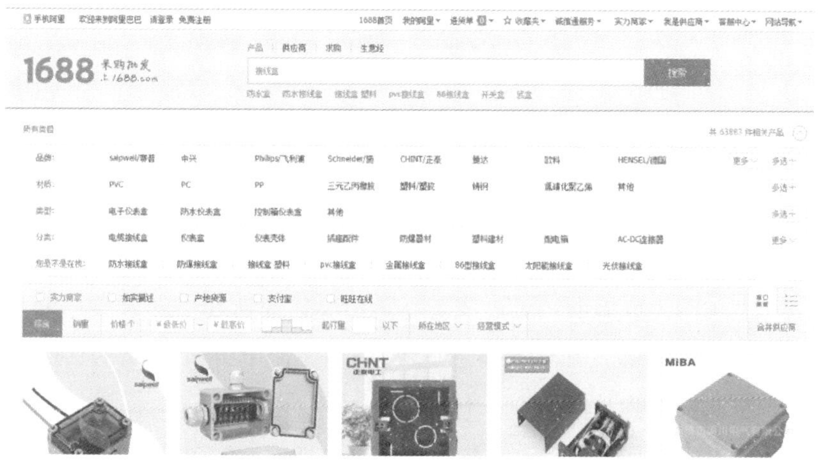

图8－20　在阿里巴巴内部搜索引擎搜索“接线盒”的结果

这些杰作都来自上海斯普威尔电气有限公司，它隶属于赛普电气集团，是一家新型的销售型公司，全公司有100多名销售人员，其中有60多个专门负责线上业务，公司为这些线上业务员每人开通了阿里巴巴诚信通会员（注：不同于百度竞价广告，百度只允许一个公司开一个广告账户，而阿里巴巴却允许一个公司开多个店铺）。经过专业的店铺经营技巧培训后，每个业务员单兵作战，却相互配合，不断地在阿里巴巴平台上开发新客户。

这些还仅仅是国内市场，针对国际市场，赛普公司也同样开通了十几个阿里巴巴海外版店铺，并投入了相应的广告。国内加国外市场，赛普每年要给阿里巴巴公司贡献上百万的服务费和广告费，难怪能成为阿里平台上电气领域的第一品牌。当然，通过阿里巴巴的营销渠道，赛普公司每年也能斩获上亿元的销售额。

看到这里，有些企业老板会说：“是不是说对于工业品企业，在阿里巴巴做营销一定比搜索引擎上好？”这样理解就错了，因为阿里巴巴的许多业务资源也来自百度等搜索引擎，如我在百度上搜索“ABS 防水接线盒”一词，搜索结果首页有 6 条都是阿里巴巴的信息，如图 8－21 所示，第一屏的两条信息。

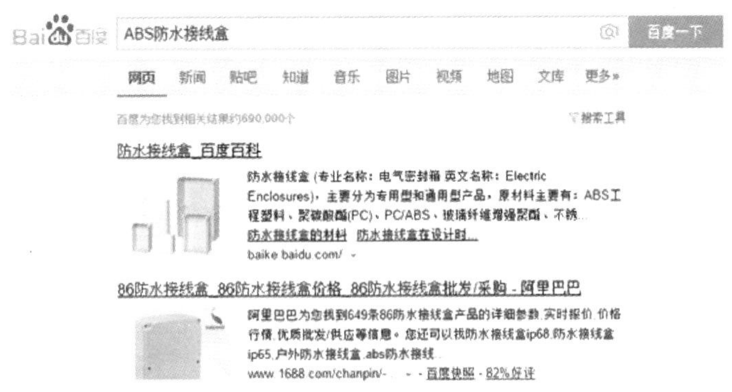

图 8－21 在百度搜索“ABS 防水接线盒”的结果

第二条就是阿里巴巴的信息，注意这条信息仍然使用的是赛普产品和标志。也就是说，作为中国第一大 B2B 信息平台，阿里巴巴能够把大量的百度、360 等搜索引擎的资源吸引到自己的平台上。

既然说条条大路通罗马，开展网络营销可以很容易取得线上业务，那是不是说作为一个传统企业，跟他们一样，复制一个庞大的网络营销团队，复制他们的营销平台，就能取得跟他们一样的骄人战绩？不见得。正如我们经常听说一个大的女装淘宝店一年能达到几千万甚至上亿的销售额，但仍有许多女装店关门，或者经营得半死不活。问题出在你的线下企业还没有适应线上的游戏规则，即所谓的传统企业转型问题没有得到解决。

我曾经问过赛普公司吴老板一个问题：“假如网上来的新客户需要一个接线盒，你们接不接这个订单，如果接，这单能盈利吗？”他告诉我：“我们肯定接单，也肯定盈利。”而同样的问题，我问过许多传统的工业品企业老板，他们的回答是：“我们肯定不接小单子，接了会亏死的。”这就是区别，其他公司没有一个新型的网络销售团队和服务团队，而赛普有。

第九节　网络时代：从零学做外贸生意

—— 一家吸塑设备销售商的成功之路

夏老板原本是一家吸塑设备公司的技术人员，2007 年和夫人一起创办了自己的吸塑设备销售公司。他的第一个外贸单子很传奇，以至于让他今后十年都是以外贸订单为主，以内贸为辅。2007 年，夏老板从原公司出来创业，由于他的老东家网站就是我帮着优化的，所以他成立公司不久就找我帮忙做一个网站并优化好排名。创业之初资金紧张，他只想花几千元做网络营销，没有考虑做搜索引擎广告。2009 年年末，网站有了不错的自然排名，陆续有网上的咨询，一天有人打电话说他是一名翻译，雇他的是一家捷克企业的老板，想在中国订两台吸塑机，说过两天来洽谈。当时夏老板很忙，只是解答了一些技术问题就没再关注了。可能正是夏老板回答问题的专业性让这个翻译在众多供应商中选择了他。过了半个月，那个翻译再次打电话过来，说他和捷克老板已经到了上海，希望能看一下设备，并洽谈业务。

这下夏老板底气不足了，因为他刚创业，连公司都没有注册，是以深圳一家大型吸塑机生产厂家上海分公司的名义开展业务，在上海如果看到他简易的办公室，单子肯定飞了。于是他告诉客户，厂部在深圳，这只是上海办事处，建议客户最好到深圳看设备谈生意。翻译和捷克老板两人随即决定直飞深圳，夏老板也赶紧联系好深圳厂家彭老板，说明情况，希望对方谈个好价钱。这个深圳的生产厂规模在国内也算是数一数二的，彭老板的谈判能力也很强（我之所以这么说，是因为 2004 年我作为一家吸塑包装厂厂长时，也是从彭老板那买的设备），与捷克老板谈判很顺利，最终两台设备以 70 多万元成交。要知道，2004 年卖给我们厂的那台同款设备只有 15 万元，光这一单夏老板就赚了 30 多万元，这是他创业的第一桶金。

这个外贸单有很多运气成分在里面，第一，有了翻译的介入，夏老板用中文的网站接到了国外客户的咨询；第二，也是因为翻译的介入，让语言沟通不成问题，跟做内贸生意没有区别；第三，客户认准了供应商，不轻易更换供应商，不像做内贸，你敢说让我大老远地从欧洲赶到上海，还再要求到深圳，早就换供应商了。

吃到外贸单甜头后，夏老板自然而然地把重心放在海外生意上，但光指望中文网站概率太低了，必须全面进军海外市场。问题来了，夏老板夫妻俩学历并不高，外语水平几乎为零，直接利用网络和外国人做生意，坦白讲心里发怵。所以，最初他们还是利用国内资源做外贸单，除了用中文网站接到外单，夏老板还借助十年来在吸塑上下游产业结识的朋友介绍国外订单。2010 年以后，随着中国劳务成本提高，有些劳动密集型工厂搬到了东南亚，与之配套的吸塑包装在当地发展迅猛，吸塑包装所用的原材料和模具供应商也将工厂搬迁到了这些地区。这其中就有夏老板之前结交的朋友，帮他介绍了不少吸塑设备订单。做过外贸企业的老板都知道，快速获取外贸订单信息的一个重要渠道就是海关数据。通过海关出口信息，就能准确知道国外哪家企业有采购吸塑包装设备的需求。此时他们已经有能力雇佣一名英语本科生，通过邮件向这些海关数据客户推销设备。

为了处理外贸日常事务，夫妻俩做了分工，夏夫人利用业余时间学习英语和外贸知识，夏老板负责谈判和技术环节。仅仅过了一年，夏夫人就能够用英语处理线上的沟通和邮件，也能简单地与外国人交流。

创业初期，夏老板的公司完全是贸易公司，没有工厂，也没有众多的团队。与竞争对手相比，实力差很多，但夫妻二人能吃苦，由于欧美时差的原因，他们经常加班到很晚与外国人交流，正是这股拼劲打动了不少客户。

而另一个外贸单的成功更是让他们看到自己的另一个优势：诚信和善良。2014 年的一天，一名加拿大客户要求到公司面谈，并告诉夏夫人，由于这几天没有人照顾他的儿子，他也会把儿子带在身边，希望她不要介意。夏夫人此时也是边工作边带着自己的女儿，想着正好两个孩子可以在一起玩，也就把自己女儿带到办公室。见到客户的儿子时，她有些诧异，因为那个小孩是中国人面孔，而且还有些痴呆。出于礼貌，夏夫人还是抱起了小孩，逗了一会儿，就让两个小孩在一起玩耍。整个下午，生意谈判很顺利，而两个小孩也玩得很开心。后来他们一直合作到现在，在双方成为朋友后，客户讲起了那个小孩的身世。这个小孩并不是他亲生的，而是领养的。2010 年客户夫妻俩在河南开封旅游，见到有人遗弃了脑袋特别大的婴儿（有严重的脑积水），当时没有人敢收养，夫妻俩毅然收养并为他四处求医，救活了这名婴儿并安排他上了特殊教育学校。别以为这是他们的一时冲动之举，他们平时就教育自己的亲生儿女每周要做义工。客户收养了这名弃婴，别人还是因为小孩的智障表情而时常面露嫌弃之色，但与夏夫人接触时，他看到了真善。夏夫人拥抱孩子，表达善意，她5岁的女儿天真无邪，很喜欢和小弟弟在一起玩，让客户看到了这家人的善良，从而下决心将订单交给当时没有实力的夏老板。这个订单做起来并不顺利，中间遇到了许多问题，甚至第一单做亏了，但也正是为客户的善心所感动，夏老板夫妻俩还是坚持做了下去。在后来原材料涨价时，他们提高了销售价格，客户也对他们充分信任，认可他们的涨价，也不还价，一直到现在还在合作。

在解决了语言和人才问题后，他们开始大力在网络上开展业务，先是在阿里巴巴上花了2.8万元开通海外版会员，接着又做起了google广告。好学是夏夫人的另一个优势，阿里巴巴为每一个海外版会员提供了大量的培训机会，夏夫人正是借助阿里巴巴的培训快速成长，不但能熟练掌握阿里巴巴外贸版和google的推广技巧，还学到了SNS营销（利用社交网络进行推广）。也是靠着勤奋，夏夫人在众多阿里巴巴学员中，率先利用Facebook与Twitter做营销，产生了订单，以至于阿里巴巴的讲师经常请她在讲课过程中分享经验。当Facebook有了商业广告业务，他们就在第一时间开通了自己的广告。目前，夏老板的网络营销战略意图明确，就是占领各种可能的海外网络营销渠道，只要有客户搜索与吸塑相关的产品就能找到他们的信息。现在，他们公司每月接到的海外业务咨询量已经达到300条，需要多名外贸人员打理。

夏老板的公司由最初的纯设备贸易公司已经发展成为涉足吸塑行业多个领域的实体公司，开办了吸塑设备生产厂，并参股了吸塑制品生产厂。同时，也接受了我的网络营销理念——**提供的产品越丰富，网络营销成功率越高**。他们不但敢接各种吸塑制品订单，就是塑料其他制品，如塑料片材、注塑产品，也照样拿下，业务越做越广。

第十节　网络版守株待兔

——“嘀嗒”出来的大客户

林老板是一家吸塑包装厂的厂长，我们为其提供的网络营销外包服务不值得一写，太普通了，但他给我分享的创业故事值得一写。下面我就用第一人称来代表林老板讲述一下他的成功案例：

我很喜欢小时候化学老师讲的一个小故事，说发现元素周期表的俄国科学家门捷列夫，通过间谍跟踪德国人炸药工厂每天进入仓库的不同原料的火车车皮数量，最终推算出机密的炸药配方。

我从事的是食品包装行业，客户群主要是上海及周边的大型食品厂。在其他公司做了十年销售员后，我出来创办了一家食品吸塑包装厂。由于和之前的老东家是亲戚，所以没有将之前的老客户带出来，只能白手起家。

我列出了上海几家最知名的吸塑包装厂，想着从他们那里挖出几个客户就够了。最初，我每天停在这几个厂的附近等他们的运货车出门，等待的时间也不浪费，总是和潜在的客户电话交流。看到有货车从厂里出来，我就开车远远地跟着，看他们去哪家公司。十天下来，我已经列出了 30 家客户名单，筛选出 10 家跟食品相关的客户，根据这些客户的收货量（做食品吸塑包装这么多年，我还是有经验从一车的货物量估算出货值的）和知名度，我锁定了一家适合自己规模的客户（规模太大，肯定瞧不上我们这个小厂，规模太小不值得做。由于这个客户目前还有合作，不好公开，我只能称其为 A 客户）。

通过前几次的跟踪，我已经知道 A 公司的仓库收货人员是哪几位了。他们公司有食堂，但仓库人员也经常到工厂附近的小餐馆吃午餐。我刚成立公司，也没有多少事情，就经常把车停在餐馆旁边，等待机会。凭借多年的经验，我没有贸然找采购部，那样多半会被一口回绝。

终于有一天，看到仓库几个员工一起去小餐馆吃饭，我也进去，坐在他们旁边。他们吃他们的，我吃我的，听他们说公司的事儿。差不多时，我悄悄走到收银台，跟老板娘说："旁边那桌的饭菜我买单了。"交了钱，我什么也没有说就出门了。

我原计划请对方吃两顿饭后再接触，不想，我第二次与他们同坐在一个餐馆里时，有一个员工认出了我，我赶忙过去跟大家打招呼、递烟，又多加了两盘菜。席间，说出了我的心愿：想成为 A 公司的吸塑包装供应商。

正应了那句话，吃别人的嘴短。有了上次的白吃，大家纷纷给我提供线索和主要采购负责人的姓名，只是没有这些人的联络方式。我知道这几个人中的仓库主管 B 先生肯定有采购的联系方式，就要了 B 先生的电话，约定保持联系。

一般销售人员做公关，很少和客户的底层员工打交道，而我不这样想，仓库人员也是重要的公关环节，只需要我方对口人员（司机或者是检验人员）给一些小恩小惠，他们就能很好地配合工作，我只不过是把这项工作前置了。有了上次的谈话，我了解到 B 先生有一个三岁的女儿，刚好我们厂正在为一家玩具厂包装一些产品，就拿了一两款玩具寄给他，他收到后非常高兴。接着约他单独吃饭就很自然了，推杯换盏间，他告诉我两条非常重要的信息：一是负责包材的采购要换；二是有一款吸塑包装品质量不稳定。新采购上任后接触的成功率比较高，如果我们针对那款质量不稳定的产品推出更好的产品，就很容易成为合格的供应商。

这次和 B 先生单独吃饭后，我们加了 QQ，约定好只要新采购上班，他就在第一时间把对方的联系方式给我。

半个月后的一天，B 先生在 QQ 上发给我 C 女士的手机号，C 女士就是新来的采购。我在犹豫，是直接打电话联系业务，还是先摸清情况后再联系。最终我还是选择在 C 女士下班后跟踪一下，了解对方的喜好。于是，我又麻烦 B 先生帮我弄到了 C 女士的车牌号。

不像上次跟踪货车需要早上出门，这次是快到下班时间，我把车开到了 A 公司下班车辆必经路口。等 C 女士的车出现时，我就跟在她的车后面。第一天，只看到她去了一家蛋糕店，买了一些甜点；第二天看到她与老公汇合，去了一家越野车 4S 店的促销现场，她的晚饭就是 4S 店准备的自助餐，她还是比较喜欢吃甜点。第三天、第四天是周末，C 女士不上班，而我这两天都在搜集上海的知名西餐甜点店及越野车的知识（因为我都不擅长）。

第五天是周一，我在下午 4 点左右（我认为这个时间点是采购最不忙的时间），打电话到 C 女士的办公室，突出讲解我们只做食品包装，专门解决包装疑难问题。也许是这两点打动了她，也许她想找自己的供应商，就约我上门来谈。我们的第一次沟通很顺利，她拿出那款质量不稳定的产品，问我们能不能解决。我满口答应，并用比正常打样快得多的时间将样品交给她，让她感到非常惊讶

（其实我早在与仓库主管 B 先生接触时，就已经着手研发这款产品，并解决了质量问题）。

接下来就是安排 C 女士参观我的工厂，我特意租来了她喜欢的那款越野车接她，一路上，我们都在谈车的性能。工厂虽小，由于是新建的，所以内外环境比较好，也通过了 QS 认证，非常符合食品包装的要求，这也令她满意。参观完工厂，晚餐我也特意安排在精心挑选的西餐厅，让她大饱甜食口福。

目前，A 公司仍然与我们公司合作，而且订单量逐步增多。

我现在早已经不冲在销售前线了，每当公司招新的业务员，我都会给他们讲这个创业的故事，他们有时也会模仿。

我的手下小王更是将这种跟踪与时俱进，竟然用“嘀嗒”拼车开发出一个大客户。D 公司也是上海一家大的食品厂，多年来我们一直没有机会接触，我试着把 D 公司的开发交给小王。他平时就喜欢做“嘀嗒”车主，上下班或者跑业务时捎上一个乘客。他有一次到了 D 公司的门口，就查阅“嘀嗒”乘客订单，正巧有人从厂里拼车，此人虽不是厂里员工，但交流中也透露了一些信息。由此，小王经常关注 D 公司的订单，不管是从 D 公司出发的还是要去 D 公司的乘客。终于有一天，他碰到了财务人员 F 小姐拼车（一个拼车迷，已有 100 多次拼车记录），两人聊得很好。拼车后，小王在“嘀嗒”平台上关注对方，只要 F 小姐一拼车下单，“嘀嗒”平台第一时间就会告之小王。由此，小王了解到 D 公司的许多内幕，并在 F 小姐的撮合下，结识了一同拼车的采购助理，最终我们成为 D 公司的供应商。

心得体会：

跟踪是商业情报收集的一个重要手段。在今天的商战中，只有掌握更多的情报，才更容易开发出大客户。

给他人的建议：

跟踪也是有成本的，借助最新的工具，会让你的成本降到最低，比如“嘀嗒”拼车。

跟踪有违法之嫌，掌握好度是关键，不然“偷鸡不成蚀把米”。

跟踪后，创造一个不期而遇的机会，“先做朋友后做生意”是最理想的。

第十一节　分享客户才能得到更多

——我的企业微信群营销

我是在2015年4月的一次作者会上，结识了《工业品市场部实战全指导》的作者杜忠，我们一见如故。虽然我在上海，他在天津，但经常在他创建的“工业品市场部”QQ群里交流。

2015年7月，杜忠来上海出差，我们有机会进行了一次长谈。凭他长期经营QQ群的经验，他当时特别看好微信群营销，认为微信群可以形成一个网络行业社交圈，通过有效的言论和互动，能在短时间内让更多的潜在客户对你产生信任。而在线下，如果让几百人对你产生信任需要花很大的代价。

而我持相反观点，认为微信既然是个人的移动聊天软件，只不过是QQ的一种延伸，微信又被称为是一种自媒体，用在个人消费品上也许是不错的营销渠道（事实上这也不对，到了2015年年底时，媒体普遍认为曾被炒得很火的微店，由于过多地透支了朋友圈的信任，也经营惨淡，遭遇了关门潮，预示着微商在微信营销上走到了死胡同。他们在朋友圈、微信群里肆无忌惮地乱发广告，成了过街老鼠，不是被禁言就是被踢），但对于企业之间的营销活动（B2B营销），可能微信用在老客户的关系维护上是不错的工具，而用在开发新客户上，我认为很难，有那个精力不如在搜索引擎营销上下功夫。

虽然我们谁也没有说服谁，但约定以他的“工业品市场部”QQ群员为基础，建立“创业与市场运营”微信群，共同参与经营此群。他之前的QQ群里少部分是一些工业品市场营销专家（他们算是供应商），大部分都是小微企业老板或者是工业品市场部从业人员（他们算是潜在客户）。不到10天，群员就已经达到了微信群的上限500人。里面有400人左右是潜在客户，有100人左右是供应商（其中有50名出过市场营销方面的专著，专家数量可谓庞大）。

由于有之前QQ群的活跃度，新成立的微信群相对来说还比较活跃，但谈论的主题比较分散。于是群主每天都会提出一个话题引导大家讨论，这还不够，在每天晚上8点，还会组织一场群员自我介绍或者是嘉宾演讲活动。

在群成立之初，我们也遭遇到了一些微商的广告轰炸，但很快这些人被清理出去。剩下的群员，不管是服务商还是客户方，如果谁偶尔想做广告，没有问题，红包发起来。在群开通的三个月里，每到19：00—21：00，伴随着群活动的进行，红包经常是滚滚而来。

为了探索群营销的模式，我在群成立的头三个月里，大多积极参与别人的讨论和活动。除做了一次自我介绍活动外，再就是分享自己原创的文章，从不为自己做广告（其实自我介绍和原创文章，都是隐性的软广告），但红包游戏还是经常参加的。在群里，我成了活跃分子。

在群成立 2 个月后的一个晚上，迎来了一位重量级的嘉宾——工业品营销研究院的丁兴良院长，他做了一期工业品营销托管服务的微信语音分享活动。在这个活动前，群主在群里多次造势，并相约群里的活跃者积极参与。在丁老师演讲的当晚，我积极参与互动，并分享学习心得。

没有想到的是，第二天，丁老师就邀请我作为他们公司的网络营销顾问指导研究院的网络营销团队。我和杜忠早料到群营销的第一单会产生在嘉宾活动上，但没有料到的是服务方和客户方竟然是反的，我这个听众竟然成了受益方。

受到第一单成功的鼓励，我接下来向群里推送原创文章的频率增加了。由于文章多是我这些年来关于网络营销的经验之谈，很受这些群友的喜爱。在文章放到群里共享前，微信阅读量只有几十条，自从在群里分享后，达到了几百条。特别是有一篇文章，竟然又让我获得了一个订单：《网络时代，你会为公司起名字吗》。这篇文章早已写好，但迟迟没有分享到群里，因为我觉得从网络营销角度看专业价值比较低。没有想到的是，一放到群里，点赞量比那些更专业的文章都高。受到鼓舞，我就把这篇文章转发到其他我所在的商业群中，大概有 10 个群。当转到一个“上海新加坡”群时（我曾经应邀为上海新加坡商会做了一次网络营销演讲），过了十几分钟，一位群友加我为好友，约谈他们公司的网络营销事宜。经过两次线下交流，我也成为他们公司的网络营销顾问。

在刻意参与群活动的三个月里，我收到四个有效的咨询，其中有两个成交，占到我 2015 年下半年新增业务的 50%。进入第四季度，由于工作非常繁忙，我不再参与微信群营销的尝试活动。

回过头来，再体会杜忠在创建群时的感想：群可以解决陌生的客户对你产生信任的问题。以前，在线下的市场营销活动中，需要经过多次努力才能完成客户对你的信任，而在网络上，特别是在微信群里，可能是瞬间完成。

本章小结：

本章的成功案例，都是发生在我和我的客户公司身上的网络营销的真实故事，相对于市面上那些大品牌、大公司的营销案例，更鲜活也更具有代表性，供广大的 B2B 和大宗 B2C 企业参考，也希望能听到你们更加生动的故事。

推荐作者得新书!

博瑞森征稿启事

亲爱的读者朋友:

感谢您选择了博瑞森图书!希望您手中的这本书能给您带来实实在在的帮助!

博瑞森一直致力于发掘好作者、好内容,希望能把您最需要的思想、方法,一字一句地交到您手中,成为管理知识与管理实践的桥梁。

但是我们也知道,有很多深入企业一线、经验丰富、乐于分享的优秀专家,或者忙于实战没时间,或者缺少专业的写作指导和便捷的出版途径,只能茫然以待……

还有很多在竞争大潮中坚守的企业,有着异常宝贵的实践经验和独特的洞察,但缺少专业的记录和整理者,无法让企业的经验和故事被更多的人了解、学习……

对读者而言,这些都太遗憾了!

博瑞森非常希望能将这些埋藏的"宝藏"发掘出来,贡献给广大读者,让更多的人从中受益。

所以,我们真心地邀请您,我们的老读者,帮我们搜寻:

推荐作者

可以是您自己或您的朋友,只要对本土管理有实践、有思考;可以是您通过网络、杂志、书籍或其他途径了解的某位专家,不管名气大小,只要他的思想和方法曾让您深受启发。

可以是管理类作品,也可以超出管理,各类优秀的社科作品或学术作品。

推荐企业

可以是您自己所在的企业,或者是您熟悉的某家企业,其创业过程、运营经历、产品研发、机制创新,等等。无论企业大小,只要乐于分享、有值得借鉴书写之处。

总之,好内容就是一切!

博瑞森绝非"自费出书",出版费用完全由我们承担。您推荐的作者或企业案例一经采用,我们会立刻向您赠送书币 1000 元,可直接换取任何博瑞森图书的纸书或电子书。

感谢您对本土管理原创、博瑞森图书的支持!

推荐投稿邮箱:bookgood@126.com　　推荐手机:13611149991

1120 本土管理实践与创新论坛

这是由 100 多位本土管理专家联合创立的企业管理实践学术交流组织，旨在孵化本土管理思想、促进企业管理实践、加强专家间交流与协作。

论坛每年集中力量办好两件大事：第一，"**出一本书**"，汇聚一年的思考和实践，把最原创、最前沿、最实战的内容集结成册，贡献给读者；第二，"**办一次会**"，每年 11 月 20 日本土管理专家们汇聚一堂，碰撞思想、研讨案例、交流切磋、回馈社会。

论坛理事名单（以年龄为序，以示传承之意）

首届常务理事：

彭志雄　曾　伟　施　炜　杨　涛　张学军
郭　晓　程绍珊　胡八一　王祥伍　李志华
陈立云　杨永华

理　　事：

卢根鑫　王铁仁　周荣辉　曾令同　陆和平　宋杼宸　张国祥
刘承元　曹子祥　宋新宇　吴越舟　吴　坚　戴欣明　仲昭川
刘春雄　刘祖轲　段继东　何　慕　秦国伟　贺兵一　张小虎
郭　剑　余晓雷　黄中强　朱玉童　沈　坤　阎立忠　张　进
丁兴良　朱仁健　薛宝峰　史贤龙　卢　强　史幼波　叶敦明
王明胤　陈　明　岑立聪　方　刚　何足奇　周　俊　杨　奕
孙行健　孙嘉晖　张东利　郭富才　叶　宁　何　屹　沈　奎
王　超　马宝琳　谭长春　夏惊鸣　张　博　李洪道　胡浪球
孙　波　唐江华　程　翔　刘红明　杨鸿贵　伯建新　高可为
李　蓓　王春强　孔祥云　贾同领　罗宏文　史立臣　李政权
余　盛　陈小龙　尚　锋　邢　雷　余伟辉　李小勇　全怀周
初勇钢　陈　锐　高继中　聂志新　黄　屹　沈　拓　徐伟泽
谭洪华　崔自三　王玉荣　蒋　军　侯军伟　黄润霖　金国华
吴　之　葛新红　周　剑　崔海鹏　柏　龑　唐道明　朱志明
曲宗恺　杜　忠　远　鸣　范月明　刘文新　赵晓萌　张　伟
韩　旭　韩友诚　熊亚柱　孙彩军　刘　雷　王庆云　李少星
俞士耀　丁　昀　黄　磊　罗晓慧　伏泓霖　梁小平　鄢圣安

企业案例·老板传记

	书名.作者	内容/特色	读者价值
企业案例·老板传记	**你不知道的加多宝:原市场部高管讲述** 曲宗恺　牛玮娜　著	前加多宝高管解读加多宝	全景式解读,原汁原味
	借力咨询:德邦成长背后的秘密 官同良　王祥伍　著	讲述德邦是如何借助咨询公司的力量进行自身与发展的	来自德邦内部的第一线资料,真实、珍贵,令人受益匪浅
	收购后怎样有效整合:一个重工业收购整合实录(待出版) 李少星　著	讲述企业并购后的事	语言轻松活泼,对并购后的企业有借鉴作用
	娃哈哈区域标杆:豫北市场营销实录 罗宏文　赵晓萌　等著	本书从区域的角度来写娃哈哈河南分公司豫北市场是怎么进行区域市场营销,成为娃哈哈全国第一大市场、全国增量第一高市场的一些操作方法	参考性、指导性,一线真实资料
	六个核桃凭什么:从0过100亿 张学军　著	首部全面揭秘养元六个核桃裂变式成长的巨著	学习优秀企业的成长路径,了解其背后的理论体系
	像六个核桃一样:打造畅销品的36个简明法则 王　超　范　萍　著	本书分上下两篇:包括"六个核桃"的营销战略历程和36条畅销法则	知名企业的战略历程极具参考价值,36条法则提供操作方法
	解决方案营销实战案例 刘祖轲　著	用10个真案例讲明白什么是工业品的解决方案式营销,实战、实用	有干货、真正操作过的才能写得出来
	招招见销量的营销常识 刘文新　著	如何让每一个营销动作都直指销量	适合中小企业,看了就能用
	我们的营销真案例 联纵智达研究院　著	五芳斋粽子从区域到全国/诺贝尔瓷砖门店销量提升/利豪家具出口转内销/汤臣倍健的营销模式	选择的案例都很有代表性,实在、实操!
	中国营销战实录:令人拍案叫绝的营销真案例 联纵智达　著	51个案例,42家企业,38万字,18年,累计2000余人次参与……	最真实的营销案例,全是一线记录,开阔眼界
	双剑破局:沈坤营销策划案例集 沈　坤　著	双剑公司多年来的精选案例解析集,阐述了项目策划中每一个营销策略的诞生过程,策划角度和方法	一线真实案例,与众不同的策划角度令人拍案叫绝、受益匪浅
	宗:一位制造业企业家的思考 杨　涛　著	1993年创业,引领企业平稳发展20多年,分享独到的心得体会	难得的一本老板分享经验的书
	简单思考:AMT咨询创始人自述 孔祥云　著	著名咨询公司(AMT)的CEO创业历程中点点滴滴的经验与思考	每一位咨询人,每一位创业者和管理经营者,都值得一读
	边干边学做老板 黄中强　著	创业20多年的老板,有经验、能写、又愿意分享,这样的书很少	处处共鸣,帮助中小企业老板少走弯路
	三四线城市超市如何快速成长:解密甘雨亭 IBMG国际商业管理集团　著	国内外标杆企业的经验+本土实践量化数据+操作步骤、方法	通俗易懂,行业经验丰富,宝贵的行业量化数据,关键思路和步骤
	中国首家未来超市:解密安徽乐城 IBMG国际商业管理集团　著	本书深入挖掘了安徽乐城超市的试验案例,为零售企业未来的发展提供了一条可借鉴之路	通俗易懂,行业经验丰富,宝贵的行业量化数据,关键思路和步骤

续表

互联网 +			
书名．作者		内容/特色	读者价值
互联网+	**企业微信营销全指导** 孙　巍　著	专门给企业看到的微信营销书，手把手教企业从小白到微信营销专家	企业想学微信营销现在还不晚，两眼一抹黑也不怕，有这本书就够
	企业网络营销这样做才对：B2B　大宗 B2C 张　进　著	简单直白拿来就用，各种窍门信手拈来，企业网络营销不麻烦也不用再头疼，一般人不告诉他	B2B、大宗 B2C 企业有福了，看了就能学会网络营销
	互联网时代的银行转型 韩友诚　著	以大量案例形式为读者全面展示和分析了银行的互联网金融转型应对之道	结合本土银行转型发展案例的书籍
	正在发生的转型升级·实践 本土管理实践与创新论坛　著	企业在快速变革期所展现出的管理变革新成果、新方法、新案例	重点突出对于未来企业管理相关领域的趋势研判
	触发需求：互联网新营销样本·水产 何足奇　著	传统产业都在苦闷中挣扎前行，本书通过鲜活的案例告诉你如何以需求链整合供应链，从而把大家熟知的传统行业打碎了重构、重做一遍	全是干货，值得细读学习，并且作者的理论已经经过了他亲自操刀的实践检验，效果惊人，就在书中全景展示
	移动互联新玩法：未来商业的格局和趋势 史贤龙　著	传统商业、电商、移动互联，三个世界并存，这种新格局的玩法一定要懂	看清热点的本质，把握行业先机，一本书搞定移动互联网
	微商生意经：真实再现33个成功案例操作全程 伏泓霖　罗晓慧　著	本书为33个真实案例，分享案例主人公在做微商过程中的经验教训	案例真实，有借鉴意义
	阿里巴巴实战运营——14招玩转诚信通 聂志新　著	本书主要介绍阿里巴巴诚信通的十四个基本推广操作，从而帮助使用诚信通的用户及企业更好地提升业绩	基本操作，很多可以边学边用，简单易学
	今后这样做品牌：移动互联时代的品牌营销策略 蒋　军　著	与移动互联紧密结合，告诉你老方法还能不能用，新方法怎么用	今后这样做品牌就对了
	互联网+"变"与"不变"：本土管理实践与创新论坛集萃·2016 本土管理实践与创新论坛　著	本土管理领域正在产生自己独特的理论和模式，尤其在移动互联时代，有很多新课题需要本土专家们一起研究	帮助读者拓宽眼界、突破思维
	创造增量市场：传统企业互联网转型之道 刘红明　著	传统企业需要用互联网思维去创造增量，而不是用电子商务去转移传统业务的存量	教你怎么在"互联网+"的海洋中创造实实在在的增量
	重生战略：移动互联网和大数据时代的转型法则 沈　拓　著	在移动互联网和大数据时代，传统企业转型如同生命体打算与再造，称之为"重生战略"	帮助企业认清移动互联网环境下的变化和应对之道
	画出公司的互联网进化路线图：用互联网思维重塑产品、客户和价值 李　蓓　著	18个问题帮助企业一步步梳理出互联网转型思路	思路清晰、案例丰富，非常有启发性

续表

互联网+	**7个转变，让公司3年胜出** 李　蓓　著	消费者主权时代，企业该怎么办	这就是互联网思维，老板有能这样想，肯定倒不了
	跳出同质思维，从跟随到领先 郭　剑　著	66个精彩案例剖析，帮助老板突破行业长期思维惯性	做企业竟然有这么多玩法，开眼界
行业类：零售、白酒、食品/快消品、农业、医药、建材家居等			
书名．作者		内容/特色	读者价值
零售·超市·餐饮·服装	**总部有多强大，门店就能走多远** IBMG国际商业管理集团　著	如何把总部做强，成为门店的坚实后盾	了解总部建设的方法与经验
	超市卖场定价策略与品类管理 IBMG国际商业管理集团　著	超市定价策略与品类管理实操案例和方法	拿来就能用的理论和工具
	连锁零售企业招聘与培训破解之道 IBMG国际商业管理集团　著	围绕零售企业组织架构、培训体系建设等内容进行深刻探讨	破解人才发现和培养瓶颈的关键点
	中国首家未来超市：解密安徽乐城 IBMG国际商业管理集团　著	介绍了乐城作为中国首家未来超市从无到有的传奇经历	了解新型零售超市的运作方式及管理特色
	三四线城市超市如何快速成长：解密甘雨亭 IBMG国际商业管理集团　著	揭秘一家三四线连锁超市的经验策略	不但可以欣赏它的优点，而且可以学会它成功的方法
	涨价也能卖到翻 村松达夫　【日】	提升客单价的15种实用、有效的方法	日本企业在这方面非常值得学习和借鉴
	移动互联下的超市升级 联商网专栏频道　著	深度解析超市转型升级重点	帮助零售企业把握全局、看清方向
	手把手教你做专业督导：专卖店、连锁店 熊亚柱　著	从督导的职能、作用，在工作中需要的专业技能、方法，都提供了详细的解读和训练办法，同时附有大量的表单工具	无论是店铺需要统一培训，还是个人想成为优秀的督导，有这一本就够了
	百货零售全渠道营销策略 陈继展　著	没有照本宣科、说教式的絮叨，只有笔者对行业的认知与理解，庖丁解牛式的逐项解析、展开	通俗易懂，花极少的时间快速掌握该领域的知识及趋势
	零售：把客流变成购买力 丁　昀　著	如何通过不断升级产品和体验式服务来经营客流	如何进行体验营销，国外的好经营，这方面有启发
	餐饮企业经营策略第一书 吴　坚　著	分别从产品、顾客、市场、盈利模式等几个方面，对现阶段餐饮企业的发展提出策略和思路	第一本专业的、高端的餐饮企业经营指导书

续表

零售·超市·餐饮·服装	**电影院的下一个黄金十年:开发·差异化·案例** 李保煜　著	对目前电影院市场存大的问题及如何解决进行了探讨与解读	多角度了解电影院运营方式及代表性案例
	赚不赚钱靠店长:从懂管理到会经营 孙彩军　著	通过生动的案例来进行剖析,注重门店管理细节方面的能力提升	帮助终端门店店长在管理门店的过程中实现经营思路的拓展与突破
耐消品	**商业车经销商实战** 深远汽车　著	聚焦于商用车行业的经销商与4S店的运营	对商用车行业及其经销商运营有很大的指导意义
	汽车配件这样卖:汽车后市场销售秘诀100条 俞士耀　著	汽配销售业务员必读,手把手教授最实用的方法,轻松得来好业绩	快速上岗,专业实效,业绩无忧
	跟行业老手学经销商开发与管理:家电、耐消品、建材家居 黄润霖　著	全部来源于经销商管理的一线问题,作者用丰富的经验将每一个问题落实到最便捷快速的操作方法上去	书中每一个问题都是普通营销人亲口提出的,这些问题你也会遇到,作者进行的解答则精彩实用
白酒	**白酒到底如何卖** 赵海永　著	以市场实战为主,多层次、全方位、多角度地阐释了白酒一线市场操作的最新模式和方法,接地气	实操性强,37个方法、6大案例帮你成功卖酒
	变局下的白酒企业重构 杨永华　著	帮助白酒企业从产业视角看清趋势,找准位置,实现弯道超车的书	行业内企业要减少90%,自己在什么位置,怎么做,都清楚了
	1. 白酒营销的第一本书(升级版) **2. 白酒经销商的第一本书** 唐江华　著	华泽集团湖南开口笑公司品牌部长,擅长酒类新品推广、新市场拓展	扎根一线,实战
	区域型白酒企业营销必胜法则 朱志明　著	为区域型白酒企业提供35条必胜法则,在竞争中赢销的葵花宝典	丰富的一线经验和深厚积累,实操实用
	10步成功运作白酒区域市场 朱志明　著	白酒区域操盘者必备,掌握区域市场运作的战略、战术、兵法	在区域市场的攻伐防守中运筹帷幄,立于不败之地
	酒业转型大时代:微酒精选2014－2015 微酒　主编	本书分为五个部分:当年大事件、那些酒业营销工具、微酒独立策划、业内大调查和十大经典案例	了解行业新动态、新观点,学习营销方法
快消品·食品	**5小时读懂快消品营销:中国快消品案例观察** 陈海超　著	多年营销经验的一线老手把案例掰开了、揉碎了,从中得出的各种手段和方法给读者以帮助和启发	营销那些事儿的个中秘辛,求人还不一定告诉你,这本书里就有
	快消品招商的第一本书:从入门到精通 刘　雷　著	深入浅出,不说废话,有工具方法,通俗易懂	让零基础的招商新人快速学习书中最实用的招商技能,成长为骨干人才
	乳业营销第一书 侯军伟　著	对区域乳品企业生存发展关键性问题的梳理	唯一的区域乳业营销书,区域乳品企业一定要看
	食用油营销第一书 余　盛　著	10多年油脂企业工作经验,从行业到具体实操	食用油行业第一书,当之无愧

续表

快消品·食品	中国茶叶营销第一书 柏　翼　著	如何跳出茶行业“大文化小产业”的困境，作者给出了自己的观察和思考	不是传统做茶的思路，而是现在商业做茶的思路
	调味品营销第一书 陈小龙　著	国内唯一一本调味品营销的书	唯一的调味品营销的书，调味品的从业者一定要看
	快消品营销人的第一本书：从入门到精通 刘　雷　伯建新　著	快消行业必读书，从入门到专业	深入细致，易学易懂
	变局下的快消品营销实战策略 杨永华　著	通胀了，成本增加，如何从被动应战变成主动的“系统战”	作者对快消品行业非常熟悉、非常实战
	快消品经销商如何快速做大 杨永华　著	本书完全从实战的角度，评述现象，解析误区，揭示原理，传授方法	为转型期的经销商提供了解决思路，指出了发展方向
	一位销售经理的工作心得 蒋　军　著	一线营销管理人员想提升业绩却无从下手时，可以看看这本书	一线的真实感悟
	快消品营销：一位销售经理的工作心得 2 蒋　军　著	快消品、食品饮料营销的经验之谈，重点图书	来源与实战的精华总结
	快消品营销与渠道管理 谭长春　著	将快消品标杆企业渠道管理的经验和方法分享出来	可口可乐、华润的一些具体的渠道管理经验，实战
	成为优秀的快消品区域经理（升级版） 伯建新　著	用“怎么办”分析区域经理的工作关键点，增加30%全新内容，更贴近环境变化	可以作为区域经理的“速成催化器”
	销售轨迹：一位快消品营销总监的拼搏之路 秦国伟　著	本书讲述了一个普通销售员打拼成为跨国企业营销总监的真实奋斗历程	激励人心，给广大销售员以力量和鼓舞
	快消老手都在这样做：区域经理操盘锦囊 方　刚　著	非常接地气，全是多年沉淀下来的干货，丰富的一线经验和实操方法不可多得	在市场摸爬滚打的“老油条”，那些独家绝招妙招一般你问都是问不来的
	动销四维：全程辅导与新品上市 高继中　著	从产品、渠道、促销和新品上市详细讲解提高动销的具体方法，总结作者18年的快消品行业经验，方法实操	内容全面系统，方法实操
农业	新农资如何换道超车 刘祖轲　等著	从农业产业化、互联网转型、行业营销与经营突破四个方面阐述如何让农资企业占领先机、提前布局	南方略专家告诉你如何应对资源浪费、生产效率低下、产能严重过剩、价格与价值严重扭曲等
	中国牧场管理实战：畜牧业、乳业必读 黄剑黎　著	本书不仅提供了来自一线的实际经验，还收入了丰富的工具文档与表单	填补空白的行业必读作品
	中小农业企业品牌战法 韩　旭　著	将中小农业企业品牌建设的方法，从理论讲到实践，具有指导性	全面把握品牌规划，传播推广，落地执行的具体措施
	农资营销实战全指导 张　博　著	农资如何向“深度营销”转型，从理论到实践进行系统剖析，经验资深	朴实、使用！不可多得的农资营销实战指导
	农产品营销第一书 胡浪球　著	从农业企业战略到市场开拓、营销、品牌、模式等	来源于实践中的思考，有启发
	变局下的农牧企业 9 大成长策略 彭志雄　著	食品安全、纵向延伸、横向联合、品牌建设……	唯一的农牧企业经营实操的书，农牧企业一定要看

续表

医药	**在中国，医药营销这样做：时代方略精选文集** 段继东　主编	专注于医药营销咨询15年，将医药营销方法的精华文章合编，深入全面	可谓医药营销领域的顶尖著作，医药界读者的必读书
	医药新营销：制药企业、医药商业企业营销模式转型 史立臣　著	医药生产企业和商业企业在新环境下如何做营销？老方法还有没有用？如何寻找新方法？新方法怎么用？本书给你答案	内容非常现实接地气，踏实谈问题说方法
	医药企业转型升级战略 史立臣　著	药企转型升级有5大途径，并给出落地步骤及风险控制方法	实操性强，有作者个人经验总结及分析
	新医改下的医药营销与团队管理 史立臣　著	探讨新医改对医药行业的系列影响和医药团队管理	帮助理清思路，有一个框架
	医药营销与处方药学术推广 马宝琳　著	如何用医学策划把"平民产品"变成"明星产品"	有真货、讲真话的作者，堪称处方药营销的经典！
	新医改了，药店就要这样开 尚　锋　著	药店经营、管理、营销全攻略	有很强的实战性和可操作性
	电商来了，实体药店如何突围 尚　锋　著	电商崛起，药店该如何突围？本书从促销、会员服务、专业性、客单价等多重角度给出了指导方向	实战攻略，拿来就能用
	OTC医药代表药店销售36计 鄢圣安　著	以《三十六计》为线，写OTC医药代表向药店销售的一些技巧与策略	案例丰富，生动真实，实操性强
	OTC医药代表药店开发与维护 鄢圣安　著	要做到一名专业的医药代表，需要做什么、准备什么、知识储备、操作技巧等	医药代表药店拜访的指导手册，手把手教你快速上手
	引爆药店成交率1：店员导购实战 范月明　著	一本书解决药店导购所有难题	情景化、真实化、实战化
	引爆药店成交率2：经营落地实战 范月明　著	最接地气的经营方法全指导	揭示了药店经营的几类关键问题
	引爆药店成交率：专业化销售解决方案 范月明　著	药品搭配分析与关联销售	为药店人专业化助力
建材家居	**家具行业操盘手** 王献永　著	家具行业问题的终结者	解决了干家具还有没有前途？为什么同城多店的家具经销商很难做大做强等问题
	建材家居营销：除了促销还能做什么 孙嘉晖　著	一线老手的深度思考，告诉你在建材家居营销模式基本停滞的今天，除了促销，营销还能怎么做	给你的想法一场革命
	建材家居营销实务 程绍珊　杨鸿贵　主编	价值营销运用到建材家居，每一步都让客户增值	有自己的系统、实战
	建材家居门店销量提升 贾同领　著	店面选址、广告投放、推广助销、空间布局、生动展示、店面运营等	门店销量提升是一个系统工程，非常系统、实战

续表

建材家居	**10 步成为最棒的建材家居门店店长** 徐伟泽　著	实际方法易学易用，让员工能够迅速成长，成为独当一面的好店长	只要坚持这样干，一定能成为好店长
	手把手帮建材家居导购业绩倍增：成为顶尖的门店店员 熊亚柱　著	生动的表现形式，让普通人也能成为优秀的导购员，让门店业绩长红	读着有趣，用着简单，一本在手、业绩无忧
	建材家居经销商实战 42 章经 王庆云　著	告诉经销商：老板怎么当、团队怎么带、生意怎么做	忠言逆耳，看着不舒服就对了，实战总结，用一招半式就值了
工业品	**销售是门专业活：B2B 、工业品** 陆和平　著	销售流程就应该跟着客户的采购流程和关注点的变化向前推进，将一个完整的销售过程分成十个阶段，提供具体方法	销售不是请客吃饭拉关系，是个专业的活计！方法在手，走遍天下不愁
	解决方案营销实战案例 刘祖轲　著	用 10 个真案例讲明白什么是工业品的解决方案式营销，实战、实用	有干货、真正操作过的才能写得出来
	变局下的工业品企业 7 大机遇 叶敦明　著	产业链条的整合机会、盈利模式的复制机会、营销红利的机会、工业服务商转型机会……	工业品企业还可以这样做，思维大突破
	工业品市场部实战全指导 杜　忠　著	工业品市场部经理工作内容全指导	系统、全面、有理论、有方法，帮助工业品市场部经理更快提升专业能力
	工业品营销管理实务 李洪道　著	中国特色工业品营销体系的全面深化、工业品营销管理体系优化升级	工具更实战，案例更鲜活，内容更深化
	工业品企业如何做品牌 张东利　著	为工业品企业提供最全面的品牌建设思路	有策略、有方法、有思路、有工具
	丁兴良讲工业 4.0 丁兴良　著	没有枯燥的理论和说教，用朴实直白的语言告诉你工业 4.0 的全貌	工业 4.0 是什么？本书告诉你答案
	资深大客户经理：策略准，执行狠 叶敦明　著	从业务开发、发起攻势、关系培育、职业成长四个方面，详述了大客户营销的精髓	满满的全是干货
	一切为了订单：订单驱动下的工业品营销实战 唐道明　著	其实，所有的企业都在围绕着两个字在开展全部的经营和管理工作，那就是"订单"	开发订单、满足订单、扩大订单。本书全是实操方法，字字珠玑、句句干货，教你获得营销的胜利
金融	**交易心理分析** (美)马克·道格拉斯　著 刘真如　译	作者一语道破赢家的思考方式，并提供了具体的训练方法	不愧是投资心理的第一书，绝对经典
	精品银行管理之道 崔海鹏　何　屹　主编	中小银行转型的实战经验总结	中小银行的教材很多，实战类的书很少，可以看看
	支付战争 Eric M. Jackson　著 徐　彬　王　晓　译	PayPal 创业期营销官，亲身讲述 PayPal 从诞生到壮大到成功出售的整个历史	激烈、有趣的内幕商战故事！了解美国支付市场的风云巨变
	中外并购名著专业阅读指南 叶兴平　等著	在 5000 多本并购类图书中精选的 200 著作，在阅读的基础上写的读书评价	精挑细选 200 本并一一评介，省去读者挑选的烦恼，快捷、高效
	互联网时代的银行转型 韩友诚　著	以大量案例形式为读者全面展示和分析了银行的互联网金融转型应对之道	结合本土银行转型发展案例的书籍

续表

	书名．作者	内容/特色	读者价值
房地产	产业园区/产业地产规划、招商、运营实战 阎立忠　著	目前中国第一本系统解读产业园区和产业地产建设运营的实战宝典	从认知、策划、招商到运营全面了解地产策划
房地产	人文商业地产策划 戴欣明　著	城市与商业地产战略定位的关键是不可复制性，要发现独一无二的“味道”	突破千城一面的策划困局
房地产	电影院的下一个黄金十年：开发·差异化·案例 李保煜　著	对目前电影院市场存大的问题及如何解决进行了探讨与解读	多角度了解电影院运营方式及代表性案例
经营类：企业如何赚钱，如何抓机会，如何突破，如何“开源”			
	书名．作者	内容/特色	读者价值
抓方向	让经营回归简单．升级版 宋新宇　著	化繁为简抓住经营本质：战略、客户、产品、员工、成长	经典，做企业就这几个关键点！
抓方向	混沌与秩序Ⅰ：变革时代企业领先之道 混沌与秩序Ⅱ：变革时代管理新思维 彭剑锋　尚艳玲　主编	汇集华夏基石专家团队10年来研究成果，集中选择了其中的精华文章编纂成册	作者都是既有深厚理论积淀又有实践经验的重磅专家，为中国企业和企业家的未来提出了高屋建瓴的观点
抓方向	活系统：跟任正非学当老板 孙行健　尹　贤　著	以任正非的独到视角，教企业老板如何经营公司	看透公司经营本质，激活企业活力
抓方向	重构：中国企业重生战略 杨永华　著	从7个角度，帮助企业实现系统性的改造	提供转型思想与方法，值得参考
抓方向	公司由小到大要过哪些坎 卢　强　著	老板手里的一张“企业成长路线图”	现在我在哪儿，未来还要走哪些路，都清楚了
抓方向	企业二次创业成功路线图 夏惊鸣　著	企业曾经抓住机会成功了，但下一步该怎么办？	企业怎样获得第二次成功，心里有个大框架了
抓方向	老板经理人双赢之道 陈　明　著	经理人怎养选平台、怎么开局，老板怎样选/育/用/留	老板生闷气，经理人牢骚大，这次知道该怎么办了
抓方向	简单思考：AMT咨询创始人自述 孔祥云　著	著名咨询公司（AMT）的CEO创业历程中点点滴滴的经验与思考	每一位咨询人，每一位创业者和管理经营者，都值得一读
抓方向	企业文化的逻辑 王祥伍　黄健江　著	为什么企业绩效如此不同，解开绩效背后的文化密码	少有的深刻，有品质，读起来很流畅
抓方向	使命驱动企业成长 高可为　著	钱能让一个人今天努力，使命能让一群人长期努力	对于想做事业的人，‘使命’是绕不过去的
思维突破	盈利原本就这么简单 高可为　著	从财务的角度揭示企业盈利的秘密	多方面解读商业模式与盈利的关系，通俗易懂，受益匪浅
思维突破	移动互联新玩法：未来商业的格局和趋势 史贤龙　著	传统商业、电商、移动互联，三个世界并存，这种新格局的玩法一定要懂	看清热点的本质，把握行业先机，一本书搞定移动互联网
思维突破	画出公司的互联网进化路线图：用互联网思维重塑产品、客户和价值 李　蓓　著	18个问题帮助企业一步步梳理出互联网转型思路	思路清晰、案例丰富，非常有启发性
思维突破	重生战略：移动互联网和大数据时代的转型法则 沈　拓　著	在移动互联网和大数据时代，传统企业转型如同生命体打算与再造，称之为“重生战略”	帮助企业认清移动互联网环境下的变化和应对之道

续表

思维突破	**创造增量市场:传统企业互联网转型之道** 刘红明　著	传统企业需要用互联网思维去创造增量,而不是用电子商务去转移传统业务的存量	教你怎么在"互联网+"的海洋中创造实实在在的增量
	7个转变,让公司3年胜出 李　蓓　著	消费者主权时代,企业该怎么办	这就是互联网思维,老板有能这样想,肯定倒不了
	跳出同质思维,从跟随到领先 郭　剑　著	66个精彩案例剖析,帮助老板突破行业长期思维惯性	做企业竟然有这么多玩法,开眼界
	麻烦就是需求　难题就是商机 卢根鑫　著	如何借助客户的眼睛发现商机	什么是真商机,怎么判断、怎么抓,有借鉴
	互联网+"变"与"不变":本土管理实践与创新论坛集萃·2016 本土管理实践与创新论坛　著	加速本土管理思想的孕育诞生,促进本土管理创新成果更好地服务企业、贡献社会	各个作者本年度最新思想,帮助读者拓宽眼界、突破思维
财务	**写给企业家的公司与家庭财务规划——从创业成功到富足退休** 周荣辉　著	本书以企业的发展周期为主线,写各阶段企业与企业主家庭的财务规划	为读者处理人生各阶段企业与家庭的财务问题提供建议及方法,让家庭成员真正享受财富带来的益处
	互联网时代的成本观 程　翔　著	本书结合互联网时代提出了成本的多维观,揭示了多维组合成本的互联网精神和大数据特征,论述了其产生背景、实现思路和应用价值	在传统成本观下为盈利的业务,在新环境下也许就成为亏损业务。帮助管理者从新的角度来看待成本,进一步做好精益管理

管理类:效率如何提升,如何实现经营目标,如何"节流"

	书名．作者	内容/特色	读者价值
通用管理	**让管理回归简单·升级版** 宋新宇　著	从目标、组织、决策、授权、人才和老板自己层面教你怎样做管理	帮助管理抓住管理的要害,让管理变得简单
	让经营回归简单·升级版 宋新宇　著	从战略、客户、产品、员工、成长、经营者自身等七个方面,归纳总结出简单有效的经营法则	总结出的真正优秀企业的成功之道:简单
	让用人回归简单 宋新宇　著	从用人的原则、用人的难题与误区、用人的方法和用人者的修炼四大方面,总结出适合中小企业做好人才管理工作的法则	帮助管理者抓住用人的要害,让用人变得简单
	管理:以规则驾驭人性 王春强　著	详细解读企业规则的制定方法	从人与人博弈角度提升管理的有效性
	员工心理学超级漫画版 邢　雷　著	以漫画的形式深度剖析员工心理	帮助管理者更了解员工,从而更轻松地管理员工
	帅抓战略,将抓执行 王清华　著	深入剖析老板与高管的异同	各司其职,各行其是,相辅相成
	分股合心:股权激励这样做 段磊　周剑　著	通过丰富的案例,详细介绍了股权激励的知识和实行方法	内容丰富全面、易读易懂,了解股权激励,有这一本就够了

续表

通用管理	**边干边学做老板** 黄中强　著	创业20多年的老板，有经验、能写、又愿意分享，这样的书很少	处处共鸣，帮助中小企业老板少走弯路
	中国式阿米巴落地实践之从交付到交易 胡八一　著	本书主要讲述阿米巴经营会计，"从交付到交易"，这是成功实施了阿米巴的标志	阿米巴经营会计的工作是有逻辑关联的，一本书就能搞定
	中国式阿米巴落地实践之激活组织 胡八一　著	重点讲解如何科学划分阿米巴单元，阐述划分的实操要领、思路、方法、技术与工具	最大限度减少"推行风险"和"摸索成本"，利于公司成功搭建适合自身的个性化阿米巴经营体系
	集团化企业阿米巴实战案例 初勇钢　著	一家集团化企业阿米巴实施案例	指导集团化企业系统实施阿米巴
	阿米巴经营的中国模式 李志华　著	让员工从"要我干"到"我要干"，价值量化出来	阿米巴在企业如何落地，明白思路了
	欧博心法：好管理靠修行 曾　伟　著	用佛家的智慧，深刻剖析管理问题，见解独到	如果真的有'中国式管理'，曾老师是其中标志性人物
流程管理	**1. 用流程解放管理者** **2. 用流程解放管理者2** 张国祥　著	中小企业阅读的流程管理、企业规范化的书	通俗易懂，理论和实践的结合恰到好处
	跟我们学建流程体系 陈立云　著	畅销书《跟我们学做流程管理》系列，更实操，更细致，更深入	更多地分享实践，分享感悟，从实践总结出来的方法论
质量管理	IATF16949质量管理体系详解与案例文件汇编：TS16949转版IATF16949:2016 谭洪华　著	针对IATF的新标准做了详细的解说，同时指出了一些推行中容易犯的错误，提供了大量的表单、案例	案例、表单丰富，拿来就用
	五大质量工具详解及运用案例：APQP/FMEA/PPAP/MSA/SPC 谭洪华　著	对制造业必备的五大质量工具中每个文件的制作要求、注意事项、制作流程、成功案例等进行了解读	通俗易懂、简便易行，能真正实现学以致用
	ISO9001:2015新版质量管理体系详解与案例文件汇编 谭洪华　著	紧密围绕2015年新版质量管理体系文件逐条详细解读，并提供可以直接套用的案例工具，易学易上手	企业质量管理认证、内审必备
	ISO14001:2015新版环境管理体系详解与案例文件汇编 谭洪华　著	紧密围绕2015年新版环境管理体系文件逐条详细解读，并提供可以直接套用的案例工具，易学易上手	企业环境管理认证、内审必备
	SA8000:2014社会责任管理体系认证实战 吕　林　著	作者根据自己的操作经验，按认证的流程，以相关案例进行说明SA8000认证体系	简单，实操性强，拿来就能用
战略落地	**重生——中国企业的战略转型** 施　炜　著	从前瞻和适用的角度，对中国企业战略转型的方向、路径及策略性举措提出了一些概要性的建议和意见	对企业有战略指导意义
	公司大了怎么管：从靠英雄到靠组织 AMT 金国华　著	第一次详尽阐释中国快速成长型企业的特点、问题及解决之道	帮助快速成长型企业领导及管理团队理清思路，突破瓶颈

续表

战略落地	**低效会议怎么改:每年节省一半会议成本的秘密** AMT 王玉荣 著	教你如何系统规划公司的各级会议,一本工具书	教会你科学管理会议的办法
	年初订计划,年尾有结果:战略落地七步成诗 AMT 郭晓 著	7 个步骤教会你怎么让公司制定的战略转变为行动	系统规划,有效指导计划实现
人力资源	**HRBP 是这样炼成的之"菜鸟起飞"** 新 海 著	以小说的形式,具体解析 HRBP 的职责,应该如何操作,如何为业务服务	实践者的经验分享,内容实务具体,形式有趣
	HRBP 是这样炼成的之中级修炼 新 海 著	本书以案例故事的方式,介绍了 HRBP 在实际工作中碰到的问题和挑战	书中的 HR 解决方案讲究因时因地制宜、简单有效的原则,重在启发读者思路,可供各类企业 HRBP 借鉴
	HRBP 是这样炼成的之高级修炼 新 海 著	以故事的形式,展现了 HRBP 工作者在职业发展路上的层层深入和递进	为读者提供 HRBP 在实际工作中遇到种种问题的解决方案
	把面试做到极致:首席面试官的人才甄选法 孟广桥 著	作者用自己几十年的人力资源经验总结出的一套实用的确定岗位招聘标准、提升面试官技能素质的简便方法	面试官必备,没有空泛理论,只有巧妙的实操技能
	人力资源体系与 e－HR 信息化建设 刘书生 陈 莹 王美佳 著	将作者经历的人力资源管理变革、人力资源管理信息化咨询项目方法论、工具和成果全面展现给读者,使大家能够将其快速应用到管理实践中	系统性非常强,没有废话,全部是浓缩的干货
	回归本源看绩效 孙 波 著	让绩效回顾"改进工具"的本源,真正为企业所用	确实是来源于实践的思考,有共鸣
	世界 500 强资深培训经理人教你做培训管理 陈 锐 著	从 7 大角度具体细致地讲解了培训管理的核心内容	专业、实用、接地气
	曹子祥教你做激励性薪酬设计 曹子祥 著	以激励性为指导,系统性地介绍了薪酬体系及关键岗位的薪酬设计模式	深入浅出,一本书学会薪酬设计
	曹子祥教你做绩效管理 曹子祥 著	复杂的理论通俗化,专业的知识简单化,企业绩效管理共性问题的解决方案	轻松掌握绩效管理
	把招聘做到极致 远 鸣 著	作为世界 500 强高级招聘经理,作者数十年招聘经验的总结分享	带来职场思考境界的提升和具体招聘方法的学习
	人才评价中心.超级漫画版 邢 雷 著	专业的主题,漫画的形式,只此一本	没想到一本专业的书,能写成这效果
	走出薪酬管理误区 全怀周 著	剖析薪酬管理的 8 大误区,真正发挥好枢纽作用	值得企业深读的实用教案
	集团化人力资源管理实践 李小勇 著	对搭建集团化的企业很有帮助,务实,实用	最大的亮点不是理论,而是结合实际的深入剖析
	我的人力资源咨询笔记 张 伟 著	管理咨询师的视角,思考企业的 HR 管理	通过咨询师的眼睛对比很多企业,有启发
	本土化人力资源管理 8 大思维 周 剑 著	成熟 HR 理论,在本土中小企业实践中的探索和思考	对企业的现实困境有真切体会,有启发

续表

企业文化	**36 个拿来就用的企业文化建设工具** 海融心胜　主编	数十个工具，为了方便拿来就用，每一个工具都严格按照工具属性、操作方法、案例解读划分，实用、好用	企业文化工作者的案头必备书，方法都在里面，简单易操作
	企业文化建设超级漫画版 邢　雷　著	以漫画的形式系统教你企业文化建设方法	轻松易懂好操作
	华夏基石方法：企业文化落地本土实践 王祥伍　谭俊峰　著	十年积累、原创方法、一线资料，和盘托出	在文化落地方面真正有洞察，有实操价值的书
	企业文化的逻辑 王祥伍　著	为什么企业之间如此不同，解开绩效背后的文化密码	少有的深刻，有品质，读起来很流畅
	企业文化激活沟通 宋杼宸　安　琪　著	透过新任 HR 总经理的眼睛，揭示出沟通与企业文化的关系	有实际指导作用的文化落地读本
	在组织中绽放自我：从专业化到职业化 朱仁健　王祥伍　著	个人如何融入组织，组织如何助力个人成长	帮助企业员工快速认同并投入到组织中去，为企业发展贡献力量
	企业文化定位·落地一本通 王明胤　著	把高深枯燥的专业理论创建成一套系统化、实操化、简单化的企业文化缔造方法	对企业文化不了解，不会做？有这一本从概念到实操，就够了
生产管理	**精益思维：中国精益如何落地** 刘承元　著	笔者二十余年企业经营和咨询管理的经验总结	中国企业需要灵活运用精益思维，推动经营要素与管理机制的有机结合，推动企业管理向前发展
	300 张现场图看懂精益 5S 管理 乐　涛　编著	5S 现场实操详解	案例图解，易懂易学
	高员工流失率下的精益生产 余伟辉　著	中国的精益生产必须面对和解决高员工流失率问题	确实来源于本土的工厂车间，很务实
	车间人员管理那些事儿 岑立聪　著	车间人员管理中处理各种“疑难杂症”的经验和方法	基层车间管理者最闹心、头疼的事，‘打包’解决
	1. 欧博心法：好管理靠修行 **2. 欧博心法：好工厂这样管** 曾　伟　著	他是本土最大的制造业管理咨询机构创始人，他从 400 多个项目、上万家企业实践中锤炼出的欧博心法	中小制造型企业，一定会有很强的共鸣
	欧博工厂案例 1：生产计划管控对话录 **欧博工厂案例 2：品质技术改善对话录** **欧博工厂案例 3：员工执行力提升对话录** 曾　伟　著	最典型的问题、最详尽的解析，工厂管理 9 大问题 27 个经典案例	没想到说得这么细，超出想象，案例很典型，照搬都可以了
	工厂管理实战工具 欧博企管　编著	以传统文化为核心的管理工具	适合中国工厂
	苦中得乐：管理者的第一堂必修课 曾　伟　编著	曾伟与师傅大愿法师的对话，佛学与管理实践的碰撞，管理禅的修行之道	用佛学最高智慧看透管理
	比日本工厂更高效 1：管理提升无极限 刘承元　著	指出制造型企业管理的六大积弊；颠覆流行的错误认知；掌握精益管理的精髓	每一个企业都有自己不同的问题，管理没有一剑封喉的秘笈，要从现场、现物、现实出发

续表

生产管理	**比日本工厂更高效2:超强经营力** 刘承元　著	企业要获得持续盈利,就要开源和节流,即实现销售最大化,费用最小化	掌握提升工厂效率的全新方法
	比日本工厂更高效3:精益改善力的成功实践 刘承元　著	工厂全面改善系统有其独特的目的取向特征,着眼于企业经营体质(持续竞争力)的建设与提升	用持续改善力来飞速提升工厂的效率,高效率能够带来意想不到的高效益
	3A顾问精益实践1:IE与效率提升 党新民　苏迎斌　蓝旭日　著	系统的阐述了IE技术的来龙去脉以及操作方法	使员工与企业持续获利
	3A顾问精益实践2:JIT与精益改善 肖志军　党新民　著	只在需要的时候,按需要的量,生产所需的产品	提升工厂效率
员工素质提升	**TTT培训师精进三部曲(上):深度改善现场培训效果** 廖信琳　著	现场把控不用慌,这里有妙招一用就灵	课程现场无论遇到什么样的情况都能游刃有余
	TTT培训师精进三部曲(中):构建最有价值的课程内容 廖信琳　著	这样做课程内容,学员有收获 培训师也有收获	优质的课程内容是树立个人品牌的保证
	TTT培训师精进三部曲(下):职业功力沉淀与修为提升 廖信琳　著	从内而外提升自己,职业的道路一帆风顺	走上职业TTT内训师的康庄大道
	管理咨询师的第一本书:百万年薪 千万身价 熊亚柱　著	从问题出发,发现问题、分析问题、解决问题,让两眼一抹黑的新人快速成长	管理咨询师初入职场,让这本书开启百万年薪之路
	手把手教你做专业督导:专卖店、连锁店 熊亚柱　著	从督导的职能、作用,在工作中需要的专业技能、方法,都提供了详细的解读和训练办法,同时附有大量的表单工具	无论是店铺需要统一培训,还是个人想成为优秀的督导,有这一本就够了
	跟老板"偷师"学创业 吴江萍　余晓雷　著	边学边干,边观察边成长,你也可以当老板	不同于其他类型的创业书,让你在工作中积累创业经验,一举成功
	销售轨迹:一位快消品营销总监的拼搏之路 秦国伟　著	本书讲述了一个普通销售员打拼成为跨国企业营销总监的真实奋斗历程	激励人心,给广大销售员以力量和鼓舞
	在组织中绽放自我:从专业化到职业化 朱仁健　王祥伍　著	个人如何融入组织,组织如何助力个人成长	帮助企业员工快速认同并投入到组织中去,为企业发展贡献力量
	企业员工弟子规:用心做小事,成就大事业 贾同领　著	从传统文化《弟子规》中学习企业中为人处事的办法,从自身做起	点滴小事,修养自身,从自身的改善得到事业的提升
	手把手教你做顶尖企业内训师:TTT培训师宝典 熊亚柱　著	从课程研发到现场把控、个人提升都有涉及,易读易懂,内容丰富全面	想要做企业内训师的员工有福了,本书教你如何抓住关键,从入门到精通

续表

营销类:把客户需求融入企业各环节,提供“客户认为”有价值的东西			
	书名．作者	内容/特色	读者价值
营销模式	**精品营销战略** 杜建君　著	以精品理念为核心的精益战略和营销策略	用精品思维赢得高端市场
	变局下的营销模式升级 程绍珊　叶　宁　著	客户驱动模式、技术驱动模式、资源驱动模式	很多行业的营销模式被颠覆,调整的思路有了!
	卖轮子 科克斯【美】	小说版的营销学!营销理念巧妙贯穿其中,贵在既有趣,又有深度	经典、有趣!一个故事读懂营销精髓
	动销操盘:节奏掌控与社群时代新战法 朱志明　著	在社群时代把握好产品生产销售的节奏,解析动销的症结,寻找动销的规律与方法	都是易读易懂的干货!对动销方法的全面解析和操盘
	弱势品牌如何做营销 李政权　著	中小企业虽有品牌但没名气,营销照样能做的有声有色	没有丰富的实操经验,写不出这么具体、详实的案例和步骤,很有启发
	老板如何管营销 史贤龙　著	高段位营销16招,好学好用	老板能看,营销人也能看
	洞察人性的营销战术:沈坤教你28式 沈　坤　著	28个匪夷所思的营销怪招令人拍案叫绝,涉及商业竞争的方方面面,大部分战术可以直接应用到企业营销中	各种谋略得益于作者的横向思维方式,将其操作过的案例结合其中,提供的战术对读者有参考价值
	动销:产品是如何畅销起来的 吴江萍　余晓雷　著	真真切切告诉你,产品究竟怎么才能卖出去	击中痛点,提供方法,你值得拥有
销售	**资深大客户经理:策略准,执行狠** 叶敦明　著	从业务开发、发起攻势、关系培育、职业成长四个方面,详述了大客户营销的精髓	满满的全是干货
	成为资深的销售经理:B2B、工业品 陆和平　著	围绕“销售管理的六个关键控制点”一一展开,提供销售管理的专业、高效方法	方法和技术接地气,拿来就用,从销售员成长为经理不再犯难
	销售是门专业活:B2B、工业品 陆和平　著	销售流程就应该跟着客户的采购流程和关注点的变化向前推进,将一个完整的销售过程分成十个阶段,提供具体方法	销售不是请客吃饭拉关系,是个专业的活计!方法在手,走遍天下不愁
	向高层销售:与决策者有效打交道 贺兵一　著	一套完整有效的销售策略	有工具,有方法,有案例,通俗易懂
	卖轮子 科克斯　【美】	小说版的营销学!营销理念巧妙贯穿其中,贵在既有趣,又有深度	经典、有趣!一个故事读懂营销精髓
	学话术　卖产品 张小虎　著	分析常见的顾客异议,将优秀的话术模块化	让普通导购员也能成为销售精英
组织和团队	**升级你的营销组织** 程绍珊　吴越舟　著	用“有机性”的营销组织替代“营销能人”,营销团队变成“铁营盘”	营销队伍最难管,程老师不愧是营销第1操盘手,步骤方法都很成熟
	用数字解放营销人 黄润霖　著	通过量化帮助营销人员提高工作效率	作者很用心,很好的常备工具书

续表

组织和团队	**成为优秀的快消品区域经理(升级版)** 伯建新　著	用“怎么办”分析区域经理的工作关键点,增加30%全新内容,更贴近环境变化	可以作为区域经理的“速成催化器”
	成为资深的销售经理:B2B、工业品 陆和平　著	围绕“销售管理的六个关键控制点”一一展开,提供销售管理的专业、高效方法	方法和技术接地气,拿来就用,从销售员成长为经理不再犯难
	一位销售经理的工作心得 蒋　军　著	一线营销管理人员想提升业绩却无从下手时,可以看看这本书	一线的真实感悟
	快消品营销:一位销售经理的工作心得2 蒋　军　著	快消品、食品饮料营销的经验之谈,重点突出	来源于实战的精华总结
	销售轨迹:一位快消品营销总监的拼搏之路 秦国伟　著	本书讲述了一个普通销售员打拼成为跨国企业营销总监的真实奋斗历程	激励人心,给广大销售员以力量和鼓舞
	用营销计划锁定胜局:用数字解放营销人2 黄润霖　著	全方位教你怎么做好营销计划,好学好用真简单	照搬套用就行,做营销计划再也不头痛
	快消品营销人的第一本书:从入门到精通 刘　雷　伯建新　著	快消行业必读书,从入门到专业	深入细致,易学易懂
产品	**新产品开发管理,就用IPD** 郭富才　著	10年IPD研发管理咨询总结,国内首部IPD专业著作	一本书掌握IPD管理精髓
	资深项目经理这样做新产品开发管理 秦海林　著	以IPD为思想,系统讲解新产品开管理的细节	提供管理思路和实用工具
	产品炼金术Ⅰ:如何打造畅销产品 史贤龙　著	满足不同阶段、不同体量、不同行业企业对产品的完整需求	必须具备的思维和方法,避免在产品问题上走弯路
	产品炼金术Ⅱ:如何用产品驱动企业成长 史贤龙　著	做好产品、关注产品的品质,就是企业成功的第一步	必须具备的思维和方法,避免在产品问题上走弯路
品牌	**中小企业如何建品牌** 梁小平　著	中小企业建品牌的入门读本,通俗、易懂	对建品牌有了一个整体框架
	采纳方法:破解本土营销8大难题 朱玉童　编著	全面、系统、案例丰富、图文并茂	希望在品牌营销方面有所突破的人,应该看看
	中国品牌营销十三战法 朱玉童　编著	采纳20年来的品牌策划方法,同时配有大量的案例	众包方式写作,丰富案例给人启发,极具价值
	今后这样做品牌:移动互联时代的品牌营销策略 蒋　军　著	与移动互联紧密结合,告诉你老方法还能不能用,新方法怎么用	今后这样做品牌就对了
	中小企业如何打造区域强势品牌 吴　之　著	帮助区域的中小企业打造自身品牌,如何在强壮自身的基础上往外拓展	梳理误区,系统思考品牌问题,切实符合中小区域品牌的自身特点进行阐述
渠道通路	**快消品营销与渠道管理** 谭长春　著	将快消品标杆企业渠道管理的经验和方法分享出来	可口可乐、华润的一些具体的渠道管理经验,实战

续表

渠道通路	**传统行业如何用网络拿订单** 张　进　著	给老板看的第一本网络营销书	适合不懂网络技术的经营决策者看
	采纳方法:化解渠道冲突 朱玉童　编著	系统剖析渠道冲突,21 个渠道冲突案例、情景式讲解,37 篇讲义	系统、全面
	学话术　卖产品 张小虎　著	分析常见的顾客异议,将优秀的话术模块化	让普通导购员也能成为销售精英
	向高层销售:与决策者有效打交道 贺兵一　著	一套完整有效的销售策略	有工具,有方法,有案例,通俗易懂
	通路精耕操作全解:快消品 20 年实战精华 周　俊　陈小龙　著	通路精耕的详细全解,每一步的具体操作方法和表单全部无保留提供	康师傅二十年的经验和精华,实践证明的最有效方法,教你如何主宰通路

管理者读的文史哲·生活

	书名.作者	内容/特色	读者价值
思想·文化	**德鲁克管理思想解读** 罗　珉　著	用独特视角和研究方法,对德鲁克的管理理论进行了深度解读与剖析	不仅是摘引和粗浅分析,还是作者多年深入研究的成果,非常可贵
	德鲁克与他的论敌们:马斯洛、戴明、彼得斯 罗　珉　著	几位大师之间的论战和思想碰撞令人受益匪浅	对大师们的观点和著作进行了大量的理论加工,去伪存真、去粗存精,同时有自己独特的体系深度
	德鲁克管理学 张远凤　著	本书以德鲁克管理思想的发展为线索,从一个侧面展示了 20 世纪管理学的发展历程	通俗易懂,脉络清晰
	王阳明"万物一体"论——从"身体"的立场看 陈立胜　著	以身体哲学分析王阳明思想中的"仁"与"乐"	进一步了解传统文化,了解王阳明的思想
	自我与世界:以问题为中心的现象学运动研究 陈立胜　著	以问题为中心,对现象学运动中的"意向性""自我""他人""身体"及"世界"各核心议题之思想史背景与内在发展理路进行深入细致的分析	深入了解现象学中的几个主要问题
	作为身体哲学的中国古代哲学 张再林　著	上篇为中国古代身体哲学理论体系奠基性部分,下篇对由"上篇"所开出的中国身体哲学理论体系的进一步的阐发和拓展	了解什么是真正原生态意义上的中国哲学,把中国传统哲学与西方传统哲学加以严格区别
	中西哲学的歧异与会通 张再林　著	本书以一种现代解释学的方法,对中国传统哲学内在本质尝试一种全新的和全方位的解读	发掘出掩埋在古老传统形式下的现代特质和活的生命,在此基础上揭示中西哲学"你中有我,我中有你"之旨
	治论:中国古代管理思想 张再林　著	本书主要从儒、法墨三家阐述中国古代管理思想	看人本主义的管理理论如何不留斧痕地克服似乎无法调解的存在于人类社会行为与社会组织中的种种两难和对立

续表

思想·文化	**中国古代政治制度(修订版)上:皇帝制度与中央政府(待出版)** 刘文瑞　著	全面论证了古代皇帝制度的形成和演变的历程	有助于读者从政治制度角度了解中国国情的历史渊源
	中国古代政治制度(修订版)下:地方体制与官僚制度(待出版) 刘文瑞　著	全面论证了古代地方政府的发展演变过程	有助于读者从政治制度角度了解中国国情的历史渊源
	中国思想文化十八讲(修订版)(待出版) 张茂泽　著	中国古代的宗教思想文化,如对祖先崇拜、儒家天命观、中国古代关于“神”的讨论等	宗教文化和人生信仰或信念紧密相联,在文化转型时期学习和研究中国宗教文化就有特别的现实意义
	史幼波《大学》讲记 史幼波　著	用儒释道的观点阐释大学的深刻思想	一本书读懂传统文化经典
	史幼波《周子通书》《太极图说》讲记 史幼波　著	把形而上的宇宙、天地,与形而下的社会、人生、经济、文化等融合在一起	将儒家的一整套学修系统融合起来
	史幼波《中庸》讲记(上下册) 史幼波　著	全面、深入浅出地揭示儒家中庸文化的真谛	儒释道三家思想融会贯通
	梁涛讲《孟子》之《万章篇》 梁　涛　著	《万章》主要记录孟子与万章的对话,涉及孝道、亲情、友情、出仕为官等	作者的解读能帮助读者更好地理解孟子及儒学
	每个中国人身上的春秋基因 史贤龙　著	春秋368年(公元前770－公元前403年),每一个中国人都可以在这段时期的历史中找到自己的祖先,看到真实发生的事件,同时也看到自己	长情商、识人心
	与《老子》一起思考:德篇 史贤龙　著	打通文史,回归哲慧,纵贯古今,放眼中外,妙语迭出,在当今的老子读本中别具一格	深读有深读的回味,浅尝有浅尝的机敏,可给读者不同的启发
	郑子太极拳理拳法丛书 杨竣雄　著	走进郑子太极拳完整训练体系的大门,随着书中另一主角——师父的课程安排与每日功课的练习	当您学完这套书后,在掌握拳架的同时具备诸多正确的太极理念与系统知识
	内功太极拳训练教程 王铁仁　编著	杨式(内功)太极拳(俗称老六路)的详细介绍及具体修炼方法,身心的一次升华	书中含有大量图解并有相关视频供读者同步学习
	中医治心脏病 马宝琳　著	引用众多真实案例,客观真实地讲述了中西医对于心脏病的认识及治疗方法	看完这本书,能为您节约10万元医药费